高水平专业群教材建设专项项目
新时代新理念职业教育教材
“互联网+”新形态立体化教学资源特色教材

动车组电机电器

主　编　滕莉娜
副主编　郑　涛

北京交通大学出版社
·北京·

内容简介

本书以 CRH5、CRH380B 和 CR400BF 型动车组为主，结合复兴号系列等最新技术，从动车组牵引传动系统的基本知识入手，以动车组牵引主电路传输过程所需设备为主线，理论联系实际，简要介绍动车组供电系统的基本知识、动车组动力布置方式等，重点讲解受电弓、网侧高压电器、牵引变压器、牵引变流器和牵引电机的结构原理、维护检修和故障处理等内容，并增加电器基本理论和动车组用低电压电器等相关知识以保证教学内容的完整性。

本书适合作为高等职业院校动车组检修技术、高速铁路动车组制造与维护专业的教材，也可作为相关岗位的职工培训教材使用。

图书在版编目（CIP）数据

动车组电机电器 / 滕莉娜主编；郑涛副主编. —北京：北京交通大学出版社，2025.7
新时代新理念职业教育教材　高水平专业群教材建设专项项目
ISBN 978-7-5121-4903-8

Ⅰ. ① 动…　Ⅱ. ① 滕…　② 郑…　Ⅲ. ① 高速动车－电机－高等职业教育－教材 ② 高速动车－电器－高等职业教育－教材　Ⅳ. ① U266

中国版本图书馆 CIP 数据核字（2023）第 039514 号

动车组电机电器
DONGCHEZU DIANJI DIANQI

项目总策划：陈　颖
责 任 编 辑：谭文芳
出 版 发 行：北京交通大学出版社　　电话：010-51686414　　http://www.bjtup.com.cn
地　　　址：北京市海淀区高梁桥斜街 44 号　　邮编：100044
印　刷　者：北京华宇信诺印刷有限公司
经　　　销：全国新华书店
开　　　本：185 mm×260 mm　　印张：14.75　　字数：374 千字
版　印　次：2025 年 7 月第 1 版　　2025 年 7 月第 1 次印刷
定　　　价：56.00 元

本书如有质量问题，请向北京交通大学出版社质监组反映。对您的意见和批评，我们表示欢迎和感谢。
投诉电话：010-51686043，51686008；传真：010-62225406；E-mail：press@bjtu.edu.cn。

前　言

“动车组电机电器”是动车组检修技术专业的一门专业核心课。为适应高职院校人才培养的需求，本书在编写过程中，搜集了大量的技术文件、图片和案例，减少了复杂的理论分析和计算，以便于读者理解。本书以 CRH5、CRH380B 和 CR400BF 型动车组为主，并结合复兴号系列等最新技术介绍其电机、高低压电器的结构组成、技术特点及使用维护。本书与现场紧密结合，编写过程中，得到了企业一线技术人员的大力支持。

本书由吉林铁道职业技术学院滕莉娜担任主编、吉林铁道职业技术学院专任教师郑涛担任副主编，其中，项目 1、项目 2、项目 7 由滕莉娜编写、项目 3 和项目 5 由张利编写、项目 4 由马琛编写、项目 6 由中国铁路沈阳局集团有限公司王金森编写。

鉴于编者水平有限，书中不足之处在所难免，欢迎广大读者批评指正！

编　者
2025 年 5 月

目　　录

项目1

绪　论

项目描述

本项目主要讲述动车组电机电器的发展过程和基本组成。

学习目标

1. 能力目标

了解动车组电机电器相关理论知识。

了解动车组电机电器的发展过程和现状。

掌握动车组电机电器的基本组成。

2. 知识目标

能够区分各型号动车组电机电器。

能够掌握动车组牵引传动系统的工作过程。

3. 素质目标

培养学生探索分析的能力。

培养学生勤奋刻苦的学习态度和严谨的职业素养。

工作任务

掌握动车组电机电器的发展过程。

掌握动车组电机电器的发展现状。

掌握动车组牵引传动系统的组成。

相关配套知识

高速动车组关键技术包含车体、转向架、制动系统、牵引传动、牵引控制、网络控制、配套技术及其他部分等。除车体、转向架及制动系统中的基础制动部分外，其余都与电力传动息息相关。图 1.1 为动车组关键技术在成本中的占比示意图。

而由动车组电机电器组成的牵引传动系统作为实现电能和机械能转化的主要部件，在整个动车运行中起到至关重要的作用。

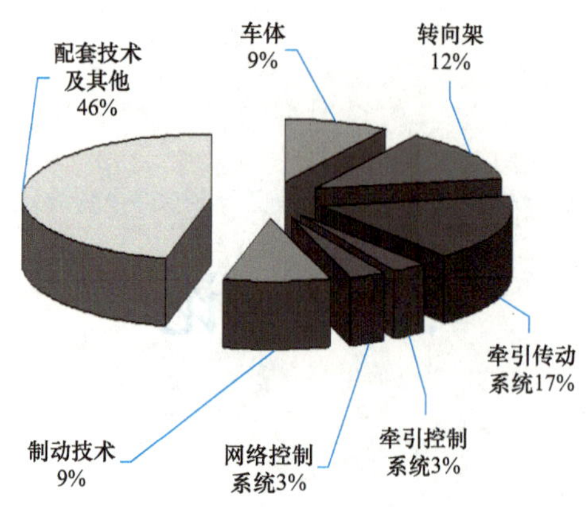

图 1.1　动车组关键技术在成本中的占比示意图

根据牵引传动系统的组成和安装方式，可将动车组分为动力集中型和动力分散型两种，两种方式各有优缺点，见表 1.1。我国现有动车组中以动力分散型为主。

表 1.1　动力集中型和动力分散型比较

类　型	优 缺 点
动力集中型	总功率小，单轴功率大可 1 200 kW
	动轴少，制动功率小
	设备集中布置造价低
	易于维修，费用低
动力分散型	总功率较大，单轴功率小
	动轴多，制动功率高
	设备分散，造价高
	维修工作量大，费用高

随着科学技术的发展，在使用过程中，动车组牵引电机也经历了直流电机到交流电机的转换过程，因此，动车组牵引传动系统根据电能转换形式的不同也可以分为交–直传动、交–交传动和交–直–交传动三种方式。

① 交–直传动方式：采用直流电机，直流电机的换向器结构复杂，使用维护性差。

② 交–交传动方式：采用交流电机，没有中间直流环节。

③ 交–直–交传动方式：先将交流电转换为直流电，然后进一步转换为电压和频率均可调节的交流电，分为电压型和电流型两种。其中，电压型交–直–交传动方式具有以下优点：交流牵引电机重量轻、造价低、可靠性和维修性好；传动系统功率高，适用于高速情况下；运行性能好，黏着利用高；调速范围宽，更符合高速运行需求。

交–直–交传动和交–交传动均采用交流牵引电机，交–直传动采用直流电机，考虑到交流电机结构和性能的优势，我国动车组牵引电机均采用交流电机，并且通过中间直流环节，调整整流和逆变电压，保证牵引电机运行的平稳性。

任务 1.1 中国动车组牵引系统

1.1.1 CRH5 型动车组

2007 年 4 月 18 日，中国铁路成功地实施了第 6 次大提速，开行了时速为 200～250 km 的动车组，CRH5 型动车组担当京哈线的提速任务，并在秦沈段以 250 km/h 的速度持续运行。

目前，CRH5 型动车组分别配属北京、济南、沈阳、哈尔滨、武汉、太原、乌鲁木齐、兰州、呼和浩特等铁路局。

该动车组由长春轨道客车股份有限公司与国外合作伙伴阿尔斯通公司生产，数量 60 列，该动车组是以阿尔斯通公司为芬兰国铁 VR 提供的 SM3 动车组为原型车经改变设计而成的。

动车组采用 8 辆编组，5 动 3 拖，由 2 个动力单元组成。其中，一个动力单元由 3 个动车和 1 个拖车（M–M–T–M）组成；另一个动力单元由 2 个动车和 2 个拖车（T–T–M–M）组成。

该 CRH5 型动车组牵引系统使用交–直–交传动方式，主要由受电弓、主断路器、牵引变压器、牵引变流器及牵引电机组成。受电弓通过电网接入 25 kV 的高压交流电，输送给牵引变压器，降压成 1 770 V 的交流电。降压后的交流电再输入牵引变流器，逆变成电压和频率均可控制的三相交流电，输送给牵引电机牵引整个列车，如图 1.2 所示。

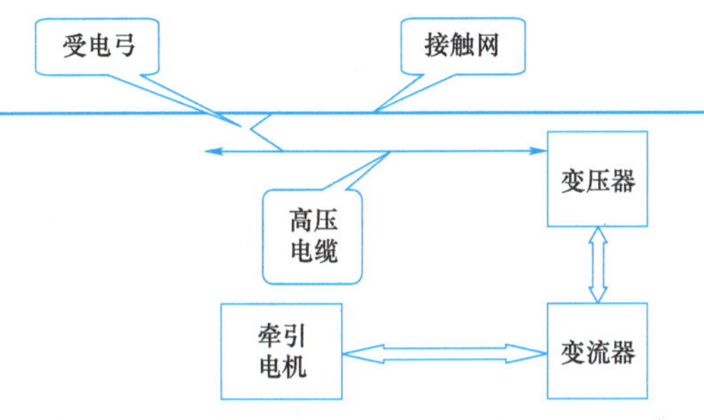

图 1.2 CRH5 牵引系统结构图

CRH5 型动车组牵引系统主变压器使用油冷方式，牵引变流器使用成熟的 IGBT 技术。异步牵引电机的功率为 550 kW，采用体悬方式，由万向轴传递牵引力。动车组有 2 个相对独立的主牵引系统，每个牵引单元配备一个完整的集电、牵引及辅助系统，以实现所需的牵引和辅助电路冗余，在正常运行中，每列车只启用 1 个受电弓，如图 1.3 所示。

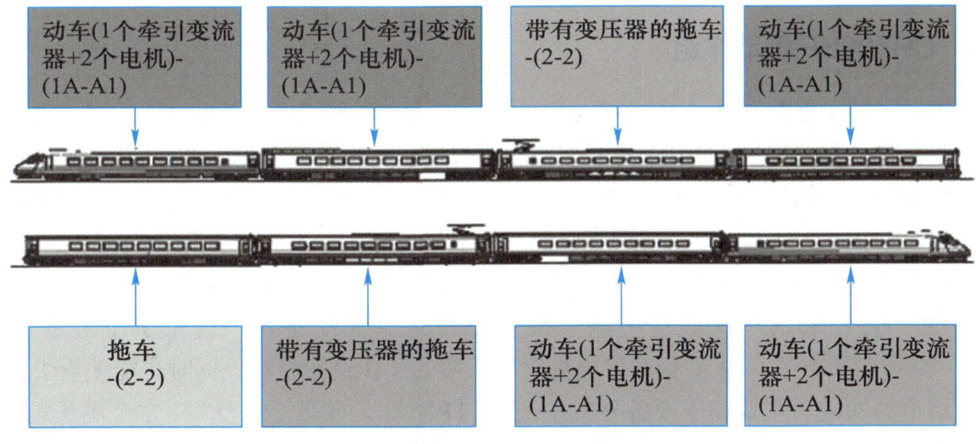

图 1.3 CRH5 型动车组牵引单元布置图

每个牵引单元主要由下列设备组成：

① 1 个高压单元，带受电弓和保护装置；

② 1 个主变压器；

③ 2 套或 3 套 IGBT 水冷技术的主牵引套件；

④ 4 台或 6 台异步牵引电机，每节动车装有 2 台牵引电机。

由于每台电机是由一个独立的牵引逆变器驱动的，在同一车辆内轮对间轮径差最大为 15 mm 的情况下，无须减小负载。

1.1.2 CRH380B 型动车组

CRH380B 型动车组牵引系统是基于 25 kV AC 供电条件下运行设计的。每列动车组都由两组互相对称的牵引单元组成，如图 1.4 所示（01 车到 04 车为一组，05 车到 08 车为另一组），它们之间用车顶电缆连接起来。两列 CRH380B 型动车组可以重联形成一列动车组。

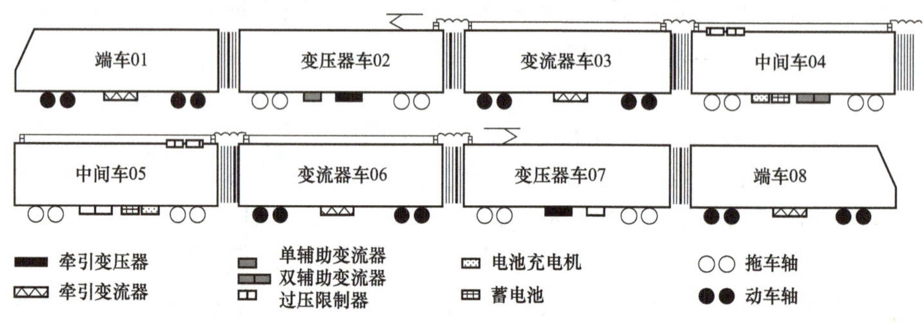

图 1.4　CRH380B 型动车组编组示意图

CRH380B 型动车组车顶高压设备主要包括：受电弓、电压互感器、主断路器、接地闸刀开关、避雷器、电流互感器、隔离开关、高压电缆。CRH380B 型动车组高压设备安装在变压器车车顶上，两个变压器车上安装 2 台受电弓，并经车顶电缆相互连接，正常运行中升起一个受电弓。车顶电缆在各真空断路器后面分路，故障时有真空断路器保护。高压设备通过车顶隔离开关实现冗余控制。

1.1.3 CR400BF 型动车组

中国标准动车组复兴号 CR400 系列分为 AF 与 BF 两种型号。其中 AF 为中车青岛四方轨道车辆有限责任公司生产，BF 为中车长春轨道车辆有限责任公司生产。CR400BF 型动车组牵引系统的主要构成为 2 个牵引单元，如图 1.5 所示。2 个牵引单元则分别由两个动车及拖车组成。2 个牵引单元主要由一台牵引变压器和冷却单元，2 台牵引变流器和冷却单元，8 台牵引电机及 4 台牵引冷却风机构成，如图 1.6 所示。2 台变压器分别布置在 3 号车和 6 号车上，用于为相邻的车辆提供交流电源。每台动车都配备有一台牵引变流器，采用交–直–交传动的方式，为 4 台牵引电机保持正常的工作进行供电，同时也能使牵引电机达到变频调速的功能。主要高压设备分布在 TP03/TP06 车，包括 2 个受电、2 个高压箱、2 个避雷器及高压线缆。2 个高压单元通过高压跳线连接。正常情况下，单弓运行；应急模式下，双弓运行。

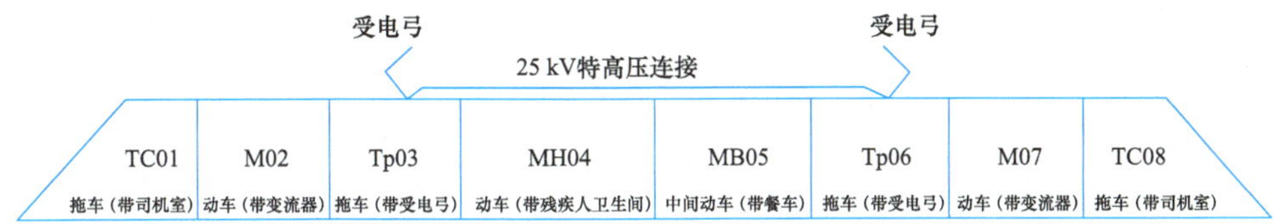

图 1.5 CR400BF 型动车组编组示意图

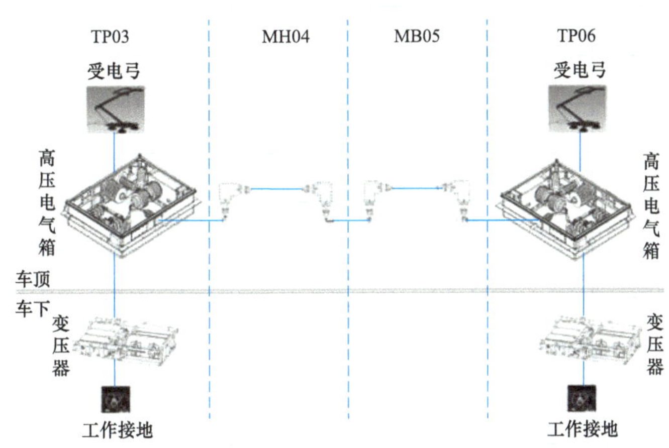

图 1.6 CR400BF 型动车组牵引传动系统示意图

任务 1.2 国外动车组牵引传动系统

1.2.1 法国

法国高速铁路网供电电压主要为 25 kV/50 Hz。法国列车经历了交－直传动、交－直－交传动阶段。在交－直－交传动列车中，牵引电机采用交流异步电机和交流同步电机。第一代 TGV 采用交－直传动方式，第二代 TGV 开始采用交流传动。TGV 技术具有连续性，铰接式连接是其最明显的特征。法国 TGV 一直坚持动力集中配置模式，但从第三代开始采用动力分散模式，命名为 AGV。TGV 采用车头和车尾机车驱动，使用高功率电机和铰接车架，轮轴高度较低且铁路信号灯放置于驾驶室内。TGV 列车造价较便宜，但是摇晃很大，线路的保守费用大，车辆的乘务员数量少。TGV 可以行驶在称为 LGV（lignes àgrandevitesse，高速铁路线）的线路上。TGV 普通列车的商业运行速度可以达到 320 km/h。LGV 高速铁路线是特别设计的，没有急转弯。运行在 LGV 上的 TGV 列车可以获得与磁悬浮列车相同的速度。

1.2.2 德国

德国现代高速铁路于 1982 年 7 月开始动工兴建。德国现代高速列车，简称 ICE（inter city express），即城际快车，ICE 动车组技术参数如表 1.2 所示。德国现代高速列车一开始就采用交流异步电机驱动，一直坚持动力集中模式，变流器元件经历了快速晶闸管、GTO 和 IGBT 三个阶段，相应的动车组也相继发展到了三代。从 ICE3 开始，放弃了动力集中模式，采用动力分散模式。ICE1、ICE2 采用 15 kV/16（2/3）Hz 供电制式。ICE3 在交流供电下最高运行速度为 300 km/h，直流供电下最高速度达 220 km/h。ICE3 变流器元件包括 GTO 和 IGBT 两种，早期车型采用 GTO 元件，改进、派生车型主要以 IGBT 元件为主。

表 1.2　ICE 动车组技术参数

型　号	ICE1	ICE2	ICE3
编组	M+14T+M	M+6T+Tc	2（Mc+Tp+M+T）
最高速度/（km/h）	280	280	330
列车功率/ kW	9 600	5 000	8 000
单轴功率/ kW	1 200	1 250	500
客座数/人	759	404	421
动力转向架	4	2	8
主电路	交流异步驱动		
电制动	再生制动		
投入年代	1991	1996	1998

1.2.3　日本

新干线（Shinkansen）是连接日本全国的高速铁路系统，也是全世界第一个投入商业运营的高速铁路系统，以“子弹列车”闻名。新干线动车组一直采用动力分散模式。最高运行速度自开通时的 210 km/h，提高到目前的 300 km/h，但绝大多数列车运行速度为 270 km/h 左右。牵引传动系统从交－直流传动起步，现已全部实现交流传动。0 系、100、200、400 系采用直流传动，300 系开始采用交流传动技术。新干线动车组技术参数如表 1.3 所示。

表 1.3　新干线动车组技术参数

	300 系	500 系	700 系	800 系
编组形式	5（M+Tp+M′）+Tc	4（M′+M1+Mp+M2）	4（M1+M′+M2+T）	2（M+M+M）
最高速度/（km/h）	270	300	285	260
列车功率/ kW	12 000	18 240	13 200	6 600
单轴功率/ kW	300	285	275	275
客座数/人	1 323	1 124	1 323	392
主电路形式	VVVF　GTO	VVVF　GTO	VVVF　IGBT	VVVF　IPM
电制动	再生+涡流	再生	再生+涡流	再生+涡流
主要特征	交流传动雏形车	最高运营速度	新型集成器件	2+2 座椅
投入年代	1992	1997	2000	2004

任务 1.3 动车组牵引传动系统的组成

动车组多以 8 辆为固定编组，并配备两个牵引系统，首尾两车各设有司机室可双向行驶。正常情况下两个牵引系统均工作，当某一系统发生故障时可自动切断故障源继续行驶。

我国高速动车组牵引传动系统采用动力分散模式，主要由受电弓、牵引变压器、牵引变流器、牵引电机、齿轮传动等组成，如图 1.7 所示。

我国接触网电压为单相 25 kV/50 Hz。受电弓负责从接触网进行受流，在实际使用中，采用单弓受流，另一台受电弓备用。经过受电弓引流下来的高压电要通过主断路器、电压互感器、隔离开关等高压电器传输至牵引变压器输入侧，经过牵引变压器的降压和牵引变流器的整流逆变，最终转换为电压大小可调、频率大小可调的三相交流电供牵引电机使用。

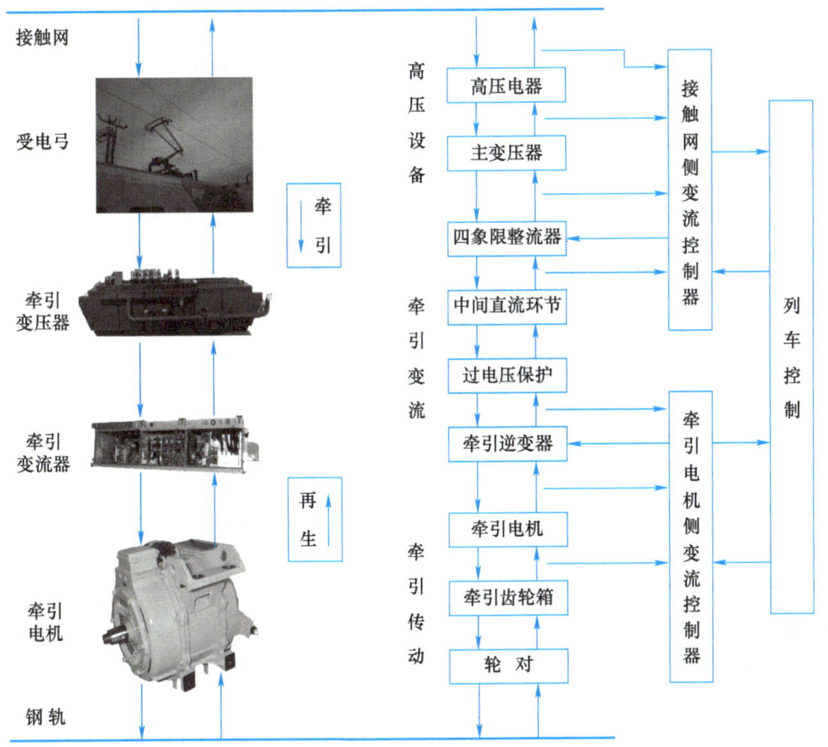

图 1.7 牵引传动系统组成示意图

项目2

动车组网侧高压电器

项目描述

动车组网侧高压电器包括受电弓、带有接地开关的主断路器、避雷器、电压互感器、电流互感器、接地开关、隔离开关、高压线缆及跨接电缆。网侧高压电器负责实现弓网系统的连接，并进行主电路的传输。

本项目主要介绍高压电器的结构组成及工作原理，并在此基础上对高压电器进行维护检修及故障处理。

学习目标

1. 能力目标

掌握动车组高压电器的维护注意事项及维护方法。

掌握动车组高压电器的装配及调试方法。

掌握动车组高压电器故障类型的判断及常见故障的处理方法。

2. 知识目标

掌握动车组高压电器的技术特点。

掌握动车组高压电器的结构组成。

掌握动车组高压电器的性能参数及运行原理。

3. 素质目标

培养学生安全生产、爱岗敬业的意识；增强与别人沟通合作的能力。

培养学生严谨的工作态度和认真负责的精神。

任务 2.1　动车组网侧高压电器的组成及配置

工作任务

掌握动车组网侧高压电器的作用及组成。

掌握动车组不同高压电器的技术特点。

相关配套知识

CRH 系列动车组高压系统是根据我国接触网供电制式 25 kV/50 Hz 设计的。以 8 列编组为例，一列动车组包含两个高压单元，它们既相互联系又彼此独立。当动车组运行时，由其中一个高压单元为整个列车提供动力。动车组高压电器主要设备包括受电弓、带有接地开关的主断路器、避雷器、电压互感器、接地开关、隔离开关、电流互感器、高压线缆及跨接线缆。在动车组运行期间，动车组高压电器负责 25 kV 高压电的传输、检测及故障保护，并保证车辆安全运行。动车组高压系统的组成如图 2.1 所示。

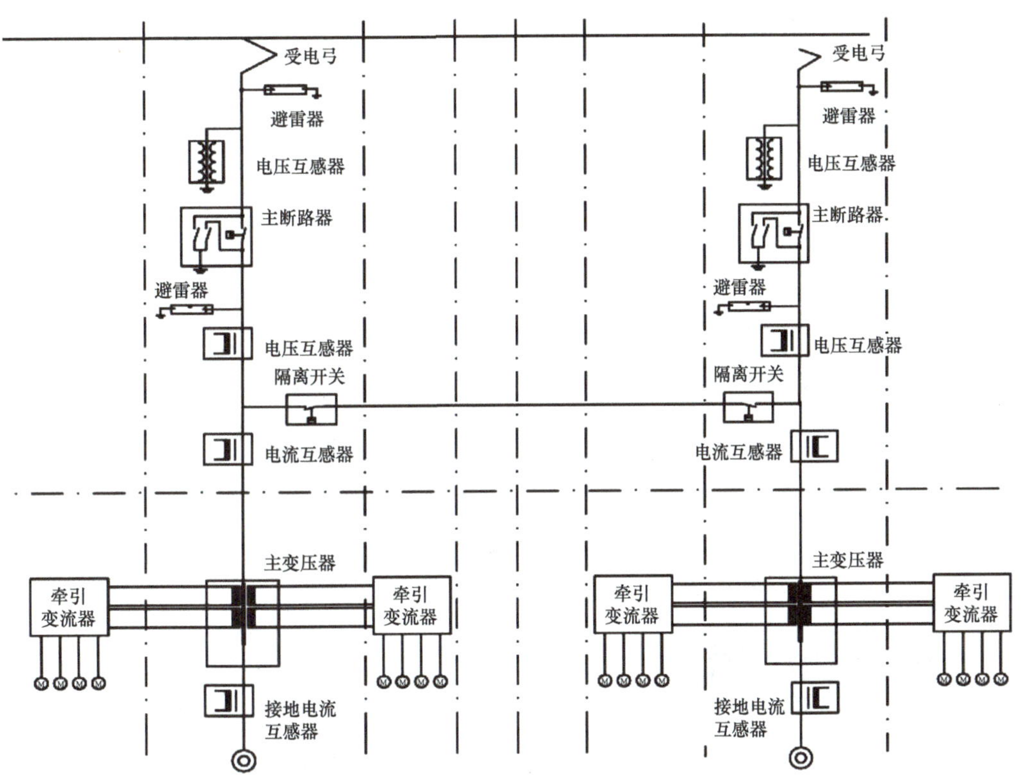

图 2.1　动车组高压系统的组成

2.1.1　受电弓

受电弓负责从接触网进行大功率受电。高速动车组所需要的牵引功率较普通列车大得多，若采用多弓受流必然会增加阻力和加大噪声，并引起接触网的波动干扰。因此受电弓的数量不能太多。CRH 系列动车组多采用单弓受流。在每列动车组上安装两台受电弓，互为冗余。当车辆运行时，选择其中一台受电弓升弓，另一台受电弓处于折叠状态，以供备用。

动车组的受流是通过受电弓与接触网导线紧密接触来实现的，因而受电是否正常直接取决于弓网系统的技术状态是否可靠。因此，弓网系统工作可靠就成为高速动车组良好受流的根本条件。

基于以上几点，高速铁路受电弓应满足以下条件。

① 受电弓的滑板与接触导线间要保持恒定的接触压力，以保证弓网系统可靠地进行电接触。接触压力不能过大或过小，接触压力过大，滑板磨耗多；而接触压力过小，则会使弓网间离线率升高。

② 受电弓运动部件的重量要尽量轻，以实现受电弓良好的动态调整性；在结构设计时应充分考虑空气阻力的影响；弓头滑板材料、形状和尺寸在设计和制造时应满足高速运行的要求；受电弓在升降弓时，初始动作应迅速，结束动作应缓慢。

1. 受电弓的分类

（1）双臂式受电弓

双臂式受电弓亦可称为“菱”形受电弓，因其形状为菱形而得名，如图 2.2 所示。但因其保养成本较高，加上故障时有扯断接触网的风险，已较少使用。

（2）单臂式受电弓

单臂式受电弓亦可称为“之”字形受电弓，如图 2.3 所示。此类受电弓比双臂式受电弓噪声低，发生故障时也不易扯断接触网，因此为最普遍的受电弓类型。依据各铁路车辆制造厂的设计方式不同，此类受电弓在设计上会有些许差异。

图 2.2　双臂式受电弓

图 2.3　单臂式受电弓

（3）垂直式受电弓

垂直式受电弓亦可称为“T”形（或翼形）受电弓，如图 2.4 所示。由于受电弓采用垂直式设计，因此具有低风阻的特性，可减少行车时的噪声，特别适合高速行驶，所以此类受电弓主要用于高速铁路车辆。但是由于成本较高，目前垂直式受电弓已经不再使用（日本新干线 500 系改造时由垂直式受电弓改为单臂式受电弓）。

（4）石津式受电弓

石津式受电弓亦可称为“冈电式”“冈轨式”受电弓，由日本冈山电气轨道的第六代社长石津龙辅于 1951 年发明。

图 2.4　垂直式受电弓

2. 单臂式受电弓的结构

CRH 系列动车组采用的受电弓型号包括北京赛德公司生产的 DSA 系列、西门子生产的 SSS400 型、法维莱生产的 CX 型，它们均为单臂式结构。单臂式受电弓主要由底架、阻尼器、升弓装置、下臂、弓装配、下导杆、上臂、上导杆、弓头、滑板及气路控制阀板等机构组成。升弓装置安装在底架上，通过钢丝绳作用于下臂。上臂和弓头由较轻的铝合金材料制作而成。整个受电弓通过绝缘软管与车辆压缩空气管路连接，通过压缩空气的驱动来实现升弓操作。压缩空气的控制通过车内安装的气路控制阀板来实现。为了确保受电弓发生故障后可以迅速降下，避免故障进一步扩大，每台受电弓都安装了 ADD 自动降弓装置。单臂式受电弓的结构如图 2.5 所示。

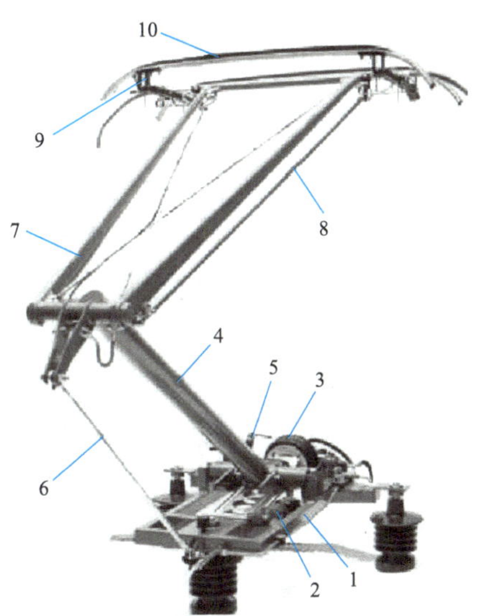

1—底架；2—阻尼器；3—升弓装置；4—下臂；5—弓装配；6—下导杆；
7—上臂；8—上导杆；9—弓头；10—滑板。

图 2.5　单臂式受电弓的结构

2.1.2 主断路器

主断路器用于连接受电弓和牵引变压器原边绕组，通常安装在车顶或高压设备箱内。它是动车组电源的总开关和动车组的总保护电器，担负着控制和保护的双重任务。当主断路器闭合时，动车组通过受电弓从接触网导线上获得电源，投入工作；若动车组主电路和辅助电路发生短路、超载、接地等故障，故障信号可通过相关控制电路使主断路器自动断开，切断动车组总电源，防止故障范围扩大。

图 2.6 动车组用主断路器的结构

主断路器按其灭弧介质不同可分为油断路器、空气断路器、六氟化硫断路器和真空断路器等。动车组用主断路器一般设计为真空型，含有真空放电室，由真空来进行灭弧。与空气断路器相比，真空断路器具有结构简单、工作可靠、分断容量大、动作速度快、绝缘强度高、检修工作量小等优点。主断路器触点的闭合由压缩空气来进行驱动。压缩空气在车辆运行过程中由 MR 总风管提供，整备时，由辅助空压机供给。动车组用主断路器的结构如图 2.6 所示。

2.1.3 接地开关

接地开关可以为高压线路提供保护。当真空断路器不能使主电路断开或当接触网故障，要求接触网无电压时，通过操作接地开关可以强制接触网接地。在日常工作中，当相关人员进行高压设备检修时，为了保护车辆和人身的安全，可以先将接地开关打到接地位，防止触电事故发生。动车组用接地开关的结构如图 2.7 所示。

2.1.4 隔离开关

车顶隔离开关通过支撑绝缘子安装在车顶上。其作用是在牵引单元或车顶高压线缆故障时，隔离相应的牵引单元，让动车组降级继续运行。因此当车辆正常运行时，隔离开关应处于闭合状态。隔离开关为单极开关，由压缩空气进行驱动，风源与主断路器类似。动车组用隔离开关的结构如图 2.8 所示。

图 2.7 动车组用接地开关的结构

图 2.8 动车组用隔离开关的结构

2.1.5　电压互感器和电流互感器

互感器又称为仪用变压器，是电流互感器和电压互感器的统称，如图 2.9 和图 2.10 所示。其功能主要是将高电压或大电流按比例变换成标准低电压（100 V）或标准小电流（5 A 或 1 A，均指额定值），以便实现测量仪表、保护设备及自动控制设备的标准化、小型化。同时，互感器还可用来隔开高电压系统，以保证人身和设备的安全。

图 2.9　动车组用电压互感器

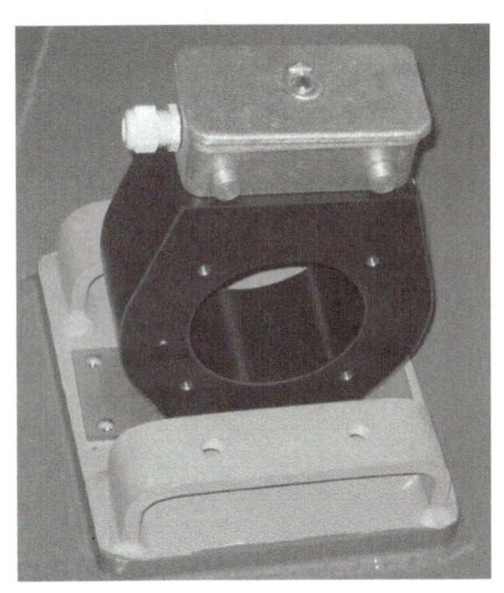

图 2.10　动车组用电流互感器

动车组用互感器用于检测网压或电流，并将检测信号提供给网络系统，网络系统对信号进行分析比较，以判断线路是否正常，进而进行控制。

2.1.6　避雷器

避雷器也叫作电涌放电器，如图 2.11 所示，在正常工作电压下，流过避雷器的电流仅有微安级，相当于一个绝缘体，当遭受过电压的时候，避雷器阻值急剧减小，使流过避雷器的电流可瞬间增大到数千安培，避雷器便处于导通状态，释放过电压能量，从而有效地限制了过电压对输变电设备的侵害。

图 2.11　动车组用避雷器

动车组用避雷器多为金属氧化物避雷器。由于氧化锌电阻片具有十分优良的非线性伏安特性，在正常的工作电压下，仅有几百微安的电流通过，因而可设计成无间隙结构，这就使其具有尺寸小、重量轻、保护性能好的特征。当过电压侵入时，流过电阻片的电流迅速增大，同时限制了过电压的幅值，通过接地线释放过电压能量。此后氧化锌电阻片又恢复高阻状态，使网侧高压系统正常工作。

2.1.7　高压线缆及跨接线缆

在同一辆车上，车顶高压设备通过高压线缆进行连接。高压线缆多采用单心线缆，在车上布置时放入线槽内，并安装到车顶的支撑绝缘子上。

不同车辆之间的电气连接需要通过跨接线缆来实现，如图 2.12 所示。跨接线缆可采用复绕组或单绕组结构设计，采用复绕组结构设计时，两个绕组之间互为冗余，当车辆运行过程中，一个绕组断开，电流可通过另一个绕组流通，提高了车辆运行的可靠性。

图 2.12　动车组用跨接线缆

任务 2.2　DSA250 型受电弓

工作任务

掌握 DSA250 型受电弓的设备组成。

掌握 DSA250 型受电弓的运行原理。

掌握 DSA250 型受电弓的维护与检修流程和作业标准。

掌握 DSA250 型受电弓的故障与处理措施。

相关配套知识

受电弓是动车组上一个重要的电气部件，动车组通过它直接与接触网接触，并将电流从接触网上引入动车组，供车内的电气设备使用。受电弓安装在车顶上，运行时升起至与接触网接触，其余时间处于折叠状态，以供备用。受电弓负责高压电的传输，若受电弓故障将使动车组得不到电力而丧失动力的供应。此外，由于动车组运行速度很高，当受到异物打击，接触网状态不佳时，极易造成受电弓故障。

2.2.1　结构组成

DSA250 型受电弓是在 DSA150、DSA200 的基础上，由北京赛德公司改进设计的，适用于 CRH1、CRH2、CRH5 型动车组。

1. 技术参数

DSA250 型受电弓的技术参数如表 2.1 所示。

表 2.1　DSA250 型受电弓的技术参数

设计速度	250 km/h
额定电压/电流	25 kV/1 000 A
静态接触压力	（70±5）N
动态接触压力	通过弓头翼片调节（选装）
输入空气压力	400～1 000 kPa
正常工作压力	360～380 kPa
自动降弓时间	1.5 s（到离网 150 mm）
落弓保持力	≥120 N
升弓时间	≤5.4 s
降弓时间	≤4 s
升弓驱动方式	气囊装置
精密调压阀耗气量	输入压力<1 MPa 时，≤11.5 L/min
弓头总长度	1 950 mm
弓头宽度	（580±2）mm
弓头（弓头支架、滑板）的垂向移动量	60 mm
滑板工作部分长度	1 250 mm
滑板原始厚度	22 mm（剩 5 mm 禁用）
折叠长度	2 561 mm
最大升弓高度	3 081 mm（含 400 mm 绝缘子）
落弓位高度	669 mm（含 400 mm 绝缘子）
质量	约 130 kg（绝缘子除外）

2. 结构说明

如图 2.13 所示，DSA250 型受电弓主要由底架、阻尼器、升弓装置、下臂、弓装配、下导杆、上臂、上导杆、弓头、滑板及气路控制阀板等机构组成。升弓装置安装在底架上，通过钢丝绳作用于下臂。上臂和弓头由较轻的铝合金材料结构设计而成。

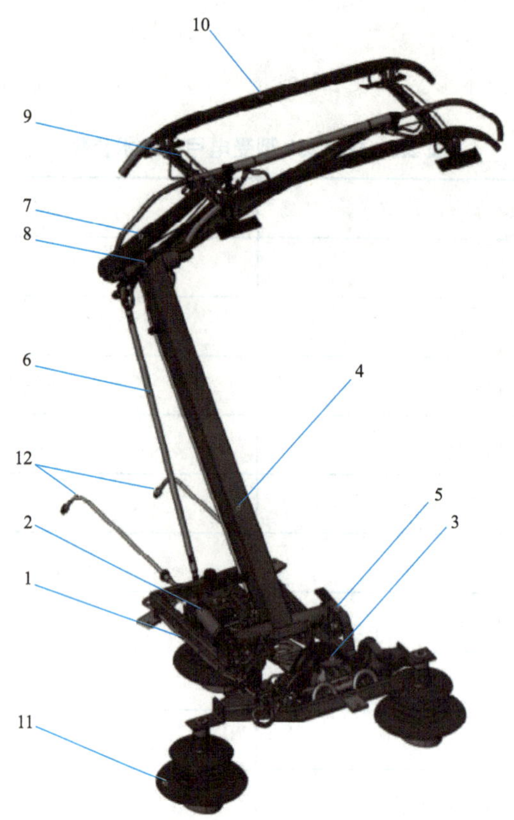

1—底架；2—阻尼器；3—升弓装置；4—下臂；5—弓装配；6—下导杆；
7—上臂；8—上导杆；9—弓头；10—滑板。

图 2.13　DSA250 型受电弓的结构

（1）弓头

弓头也叫作集电头，安装在受电弓框架的顶端，负责与接触网直接接触进行受流，因接触网高度不完全一致，要求受电弓弓头在垂直和水平方向上可调，以便更好地接触受流。弓头主要由滑板座、滑板、幅板、4 个纵向弹簧（拉簧）、2 个横向弹簧（扭簧）及其附属装置组成，其结构如图 2.14 所示。弓头借助框架的伸缩可以上下移动。

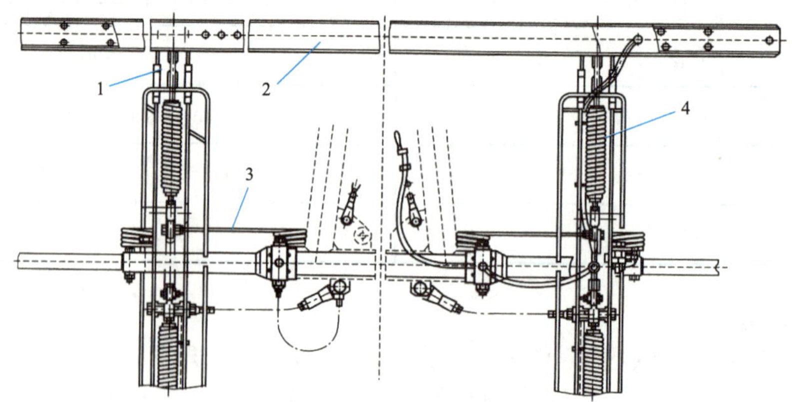

1—幅板；2—滑板；3—横向弹簧；4—纵向弹簧。

图 2.14　弓头的结构

2 个滑板座与 2 个幅板相连，组成相对坚固的弓头支架。弓头支架垂悬在 4 个拉簧下方，2 个扭簧安装在弓头和上臂间，滑板安装在弓头支架上。采用这种结构既能使滑板灵活调整，又能通过弹簧缓冲冲击，大大延长了滑板的使用寿命。

滑板为中空设计，滑板中间的空腔与压缩空气管路连接，这样设计的目的在于，若滑板磨损到限或出现断裂时，压缩空气管路泄漏导致气压下降，自动降弓装置发生作用，受电弓会迅速自动降下，以实现保护弓网系统的作用。

（2）底架

底架由方形钢管焊接而成，如图 2.15 所示。底架通过 3 个支持绝缘子和安装座将受电弓安装到车顶上。底架上包括自动降弓用关闭阀、阻尼器、轴承支架、升弓气囊的安装支撑架，以及弓头的橡胶止挡和弓装配，还装有自动降弓装置使用的快速降弓阀、试验阀。

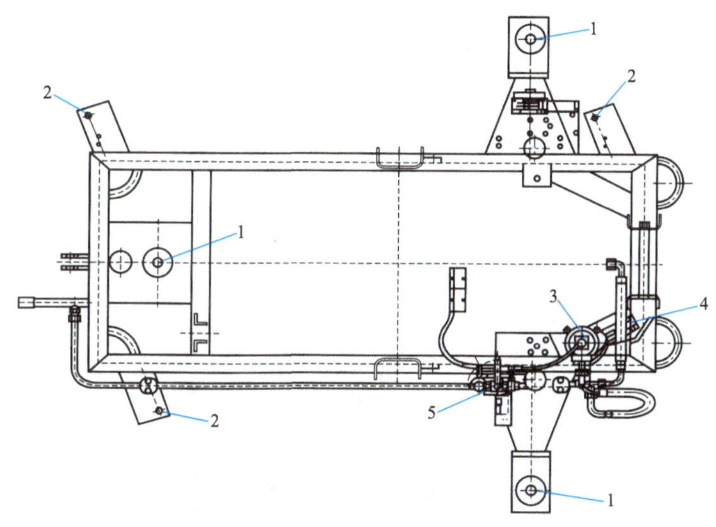

1—安装座；2—电源引线连接点；3—自动降弓用快速降弓阀；

4—试验阀；5—自动降弓用关闭阀。

图 2.15　底架的结构

快速降弓阀用于检测气路压力。当滑板发生破裂时，快速降弓阀将受电弓升弓气囊中的压缩空气直接排向大气，实现自动快速降弓。该装置的性能可以通过试验阀进行人为检测。当自动降弓装置本身发生故障时，可通过关闭阀停止该装置的使用。

（3）升弓装置

升弓装置是受电弓的动力装置，其结构如图 2.16 所示。升弓装置由气囊式气缸和导盘组成，其导盘通过钢索连接在下臂钢索轨道上。

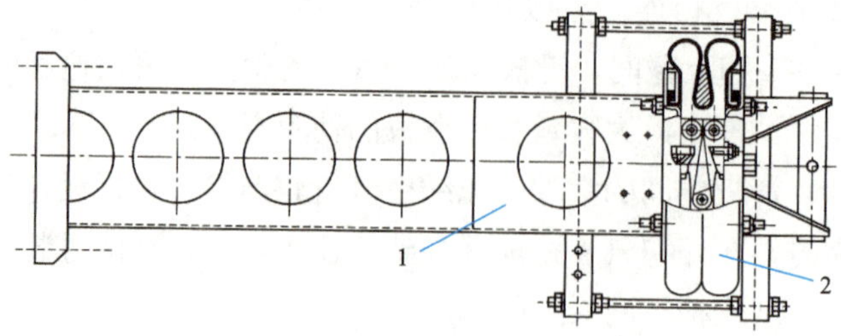

1—导盘；2—气囊式气缸。

图 2.16　升弓装置的结构

进气时气囊胀大，推动导盘向前运动，导盘和钢索轨道间拉紧的钢索带动下臂绕轴向上转动，受电弓升起。排气时气囊回缩，受电弓降弓。

（4）气路控制阀板

气路控制阀板安装在动车组侧墙上，用于调节受电弓升降弓时间和静态接触压力等参数。如图 2.17 所示，整个气路控制阀板由空气过滤器、升降弓节流阀、调压阀及压力表、压力开关、安全阀等组成。其中压缩空气通过空气过滤器可提高空气质量，升降弓节流阀可调节升降弓时间，调压阀可对受电弓与接触网之间的静态接触力进行调整，压力表可显示工作压力并对其进行粗略控制。如果调压阀出现故障，则由安全阀来限制管路压力，提供保护。

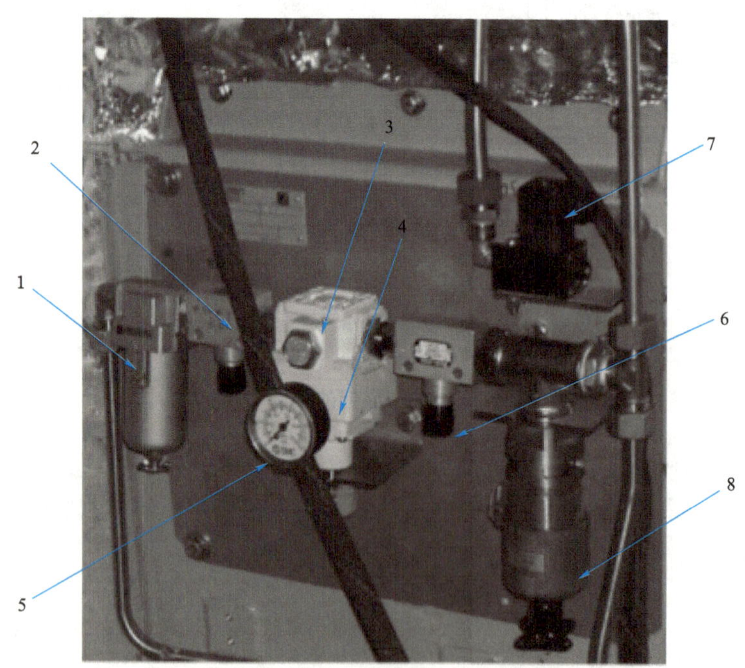

1—空气过滤器；2—升弓节流阀（用于调节升弓时间）；3—消音器；4-调压阀；5—压力表；6—降弓节流阀（用于调节降弓时间）；7—压力开关；8—安全阀。

图 2.17　气路控制阀板

（5）阻尼器

阻尼器安装在底架和下臂之间，可吸收由车辆运行和接触网引起的受电弓的振动，并且当受电弓损坏时，安装阻尼器可将受电弓控制在最低工作高度，防止受电弓升起。

阻尼器包括防护套、防尘盖、安装座和锁紧螺母。安装时通过锁紧螺母可调节并锁定阻尼器的长度。

（6）铰链机构

铰链机构用于连接受电弓的弓头和底架，主要由两个四铰链机构组成，如图 2.18 所示。下部四铰链机构由下臂、上臂的 T 形部分、推杆和底架组成，其作用是当下臂转动角 Φ 角时使弓头上升或下降，并保持其运动轨迹基本上为一铅垂线。上部四铰链机构由上臂框架部分、弓头导杆及弓头支架组成，其作用是使滑板在整个运动高度保持水平状态。

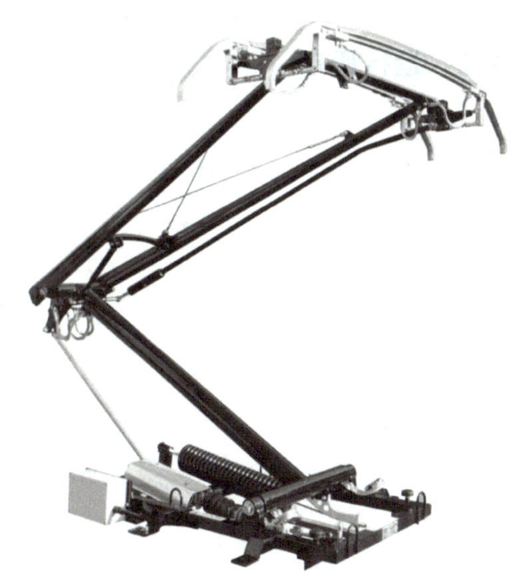

图 2.18　四铰链机构的组成

下臂为钢管材质，其结构如图 2.19 所示。下臂主要用于支承受电弓重量，传递升降弓力矩，其长度决定了受电弓的工作高度。其一端固定在底架上，另一端通过铰链和上臂相连。其上设有钢索导轨，通过钢索和升弓装置相连，升弓装置带动下臂绕轴转动。其内有空气管路，通过管接头和软管连接，作为自动降弓装置的气路。

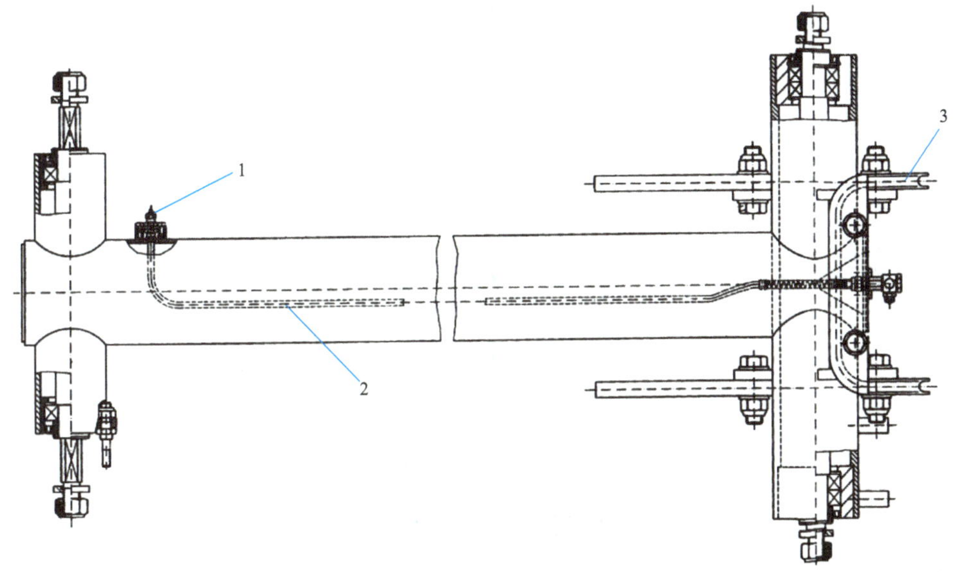

1—管接头；2—空气管路；3—钢索导轨。

图 2.19　下臂结构

下导杆分别接在上臂下端和底架上，用于调整最大升弓高度和滑板运动轨迹。

上臂为铝合金框架（轻量化要求），用于支承弓头，传递受电弓向上的压力，保证受电弓工作高度。

上导杆一端接在下臂，另一端接在弓头支架的幅板下方，其作用是调整滑板在各运动高度均处于水平位置。

2.2.2 运行原理

受电弓的升降弓是通过压缩空气的驱动来实现的，当升弓气囊内充满压缩空气时，受电弓升弓，反之，受电弓降弓。在此过程中，压缩空气的供应管路则由电磁阀进行控制，采用此种方式可保证以下几个方面。

① 受电弓无振动而有规律地升起，直至最大工作高度。

② 受电弓弓头从开始上升算起，最多在 5.4 s 内无异常冲击地抵达接触网线上。

③ 从任意高度上（包括工作区间）的降弓都较迅速，降弓时间不大于 4 s。

④ 实现不会使受电弓及其他车顶设备受到任何损坏的完全降弓。

1. 升降弓原理

受电弓的升降弓气动原理图，如图 2.20 所示。

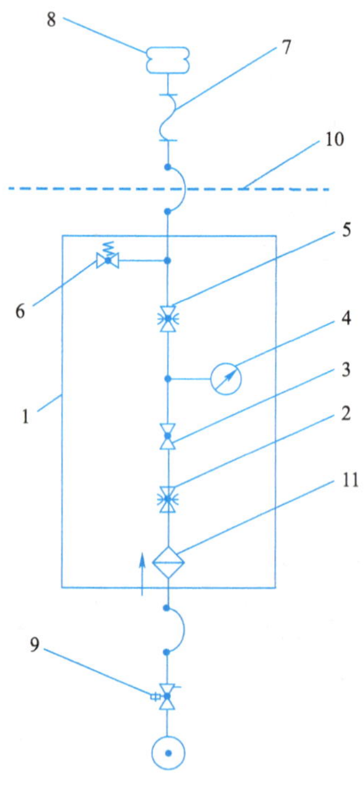

1—阀板；2—升弓节流阀；3—精密调压阀；4—压力表；5—降弓节流阀；6—安全阀；7—绝缘软管；8—升弓装置；9—电磁阀；10—车顶界线；11—压缩空气过滤器。

图 2.20 受电弓的升降弓气路原理图

（1）升弓原理

升弓时，司机将受电弓扳键开关扳至“升”位，控制受电弓电磁阀使压缩空气通过电磁阀流经由空气过滤器、升弓用单向节流阀、精密调压阀、压力表、降弓用单向节流阀、安全阀组成的受电弓气路控制阀板和高压绝缘软管进入车顶受电弓升弓装置。

气囊充气，推动导盘前移，通过钢索带动下臂绕轴顺时针旋转，此时上臂在推杆的作用下逆时针转动，使受电弓弓头升起。

在此过程中，通过升弓节流阀可以调整升弓时间，通过调压阀可以调整滑板对接触网的压力。

（2）降弓原理

降弓时，司机将受电弓扳键开关扳到“降”位，控制受电弓电磁阀使气路与大气接通，气囊收缩，下臂做逆时针转动，依靠受电弓的自重使受电弓弓头降到落弓位，并通过阻尼器使其保持在落弓位。

调节降弓节流阀可调整降弓时间。

2. 自动降弓装置的工作原理

当受电弓发生故障或碳滑板磨耗过限时，为避免接触网和受电弓的损坏，与接触网接触的受电弓应能自动下落。此时受电弓降落时间更短，此功能就需要自动降弓装置（ADD）来实现。

自动降弓装置由快速降弓阀、ADD 关闭阀、ADD 试验阀及相应气路组成。受电弓自动降弓装置的工作原理如图 2.21 所示。

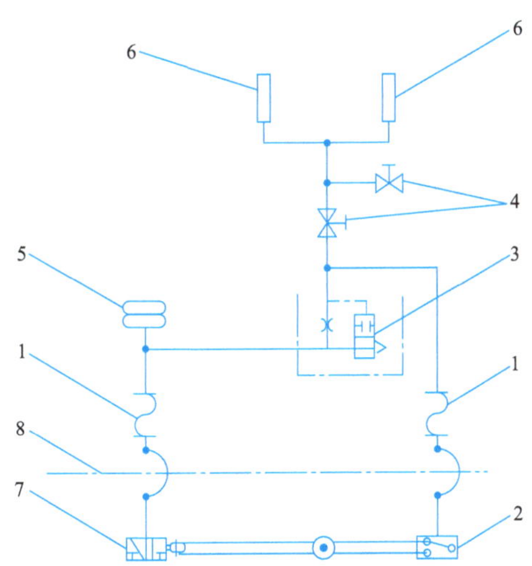

1—绝缘软管；2—压力开关；3—快速降弓阀；4—ADD 试验阀、ADD 关闭阀；
5—升弓装置；6—碳滑板；7—电磁阀；8—车顶界线。

图 2.21　受电弓自动降弓装置的工作原理

升弓压缩空气在进入升弓装置的同时，还有一路进入自动降弓装置，经快速降弓阀、ADD 关闭阀及下臂中气路、上臂或软管气路至受电弓滑板座下部。碳滑板的边缘设有一个通道，里面充有来自受电弓供气系统的空气。当受电弓的自动降弓功能处于开启状态（ADD 关闭阀打在“开”位）且受电弓升起，若动车组行驶过程中，滑板破裂或磨损到限，控制管路内的压缩空气经滑板的破损处排入大气，控制管路内的气压下降并控制快速降弓阀打开，升弓气囊内的压缩空气直接由快速降弓阀排入大气，使受电弓快速下降，从而实现弓网故障时快速自动降弓的功能（滑板若存在微小裂缝和少量的漏气，但能够正常升弓，则属于正常允许范围，不会影响其正常使用）。

当快速降弓阀和滑板间的连接断裂时，自动降弓装置可通过关闭阀来停止该功能。

试验阀接在关闭阀后面，用于检测受电弓自动降弓装置的功能是否完好。

3. 调试

1）注意事项

以下工作必须要由专业技术人员和乘务员承担。在任何情况下，必须采取必要的安全和防护措施。

① 在车顶工作时，必须切断接触网线供电电源并穿戴安全防护用品。

② 受电弓升弓时，确保压缩空气供应无意外故障发生。因为一旦压缩空气供应发生故障，受电弓就会下降，可能造成受电弓下作业人员的人身伤害。

③ 维修时，需用约 0.9 m 长的木棒支撑在底架和上交叉管间。注意：不能将木棒放在气囊或升弓装置的某些部件上。

④ 当调节受电弓的接触压力时，为防止受电弓意外下降（如自动降弓装置出现故障时），应使自动降弓装置关闭阀处于关闭状态。

⑤ 当受电弓的空气管路出现故障时，在重新运行前应将渗入其中的水或杂质清理干净。

⑥ 发生过自动降弓的受电弓须经全面调试，才能重新使用。

2）车顶调试

车顶调试作业前准备事项如下。

调试必须由两个人进行（一人在车内或司机室内，另一人在车顶）。

调试前，受电弓应进行至少 2～3 次的升弓和降弓。

使用测量范围为 0～100 N 的弹簧秤进行接触力的测试。

受电弓调试包括以下几个项目：静态接触压力值的调整、升降弓时间的调整、自动降弓装置的测试、橡胶减震器安装位置的检测。

（1）静态接触压力值的调整

静态接触压力值的调整需按下列步骤进行。

① 在车内使电磁阀得电，升起受电弓。

② 将弹簧秤和受电弓的上交叉管相连，如果需要，在上交叉管上套上绳子。

③ 调整精密调压阀使受电弓慢慢上升，在高出车顶 1.6 m 处用弹簧秤均匀阻止受电弓的上升。弹簧秤显示为 70 N 时调节好精密调压阀。

④ 拧紧精密调压阀手轮的防松螺母，固定调整的最终压力。

精确调整接触压力的方法是：先通过弹簧秤使受电弓以 0.05 m/s 的速度匀速向下运动，然后再使受电弓以相同速度匀速向上运动（上升和下降运动均在大约 1.6 m 的高度上进行，并且每次向上或向下移动的距离为 0.5 m）。从弹簧秤上读出所测得的力，相加并平均，最终结果即为平均接触压力，其值为 70 N。图 2.22 为接触压力与弓头高度的关系图；图 2.23 为精密调压阀的结构示意图。

注意：在接触压力调整过程中，向下运动时，力的最大值不超过（80±5）N，向上运动时，力的最小值不低于（60±5）N，在同一升弓高度，两个值之差都不应超过 20 N。由于滑板的磨损（重量减轻），接触压力最大可以增加 10 N，这时不必再调整压力，因为一旦安装上新的滑板时又恢复到以前接触压力值，精密调压阀上的压力表的示值能用于粗略检查，而不能用于调整校正目的。

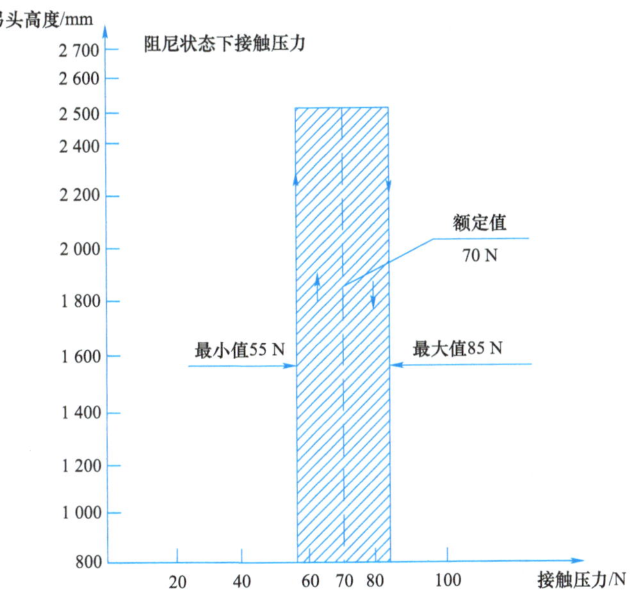

图 2.22　接触压力与弓头高度的关系图

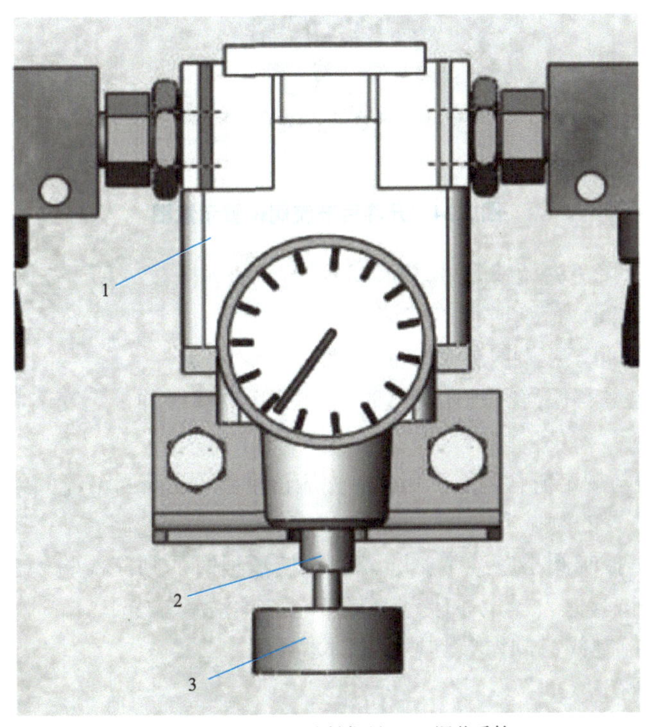

1—精密调压阀；2—防松螺母；3—调节手轮。

图 2.23　精密调压阀的结构示意图

（2）升降弓时间的调整

静态接触压力调好后，通过升弓节流阀和降弓节流阀调整受电弓从降弓位到工作位置（即从降弓位升高到约 2 m 处）的升弓和降弓时间。

升降弓时间是指静态接触压力及气囊压缩空气均为正常时，滑板自落弓位上升至 2 m 高度（自绝缘子下平面）或自 2 m 高度（自绝缘子下平面）降至落弓位所需时间。升弓时从弓头动作开始计时，升至 2 m 停止计时。降弓时从弓头动作开始计时，降至落弓位停止计时。

① 使用节流阀（升弓）调整升弓时间，升弓节流阀如图 2.24 所示，升弓时间不大于 5.4 s：

➢ 顺时针旋转调节螺钉，降低空气阻力，从而减少升弓时间；

➢ 逆时针旋转调节螺钉，增大空气阻力，从而增加升弓时间。

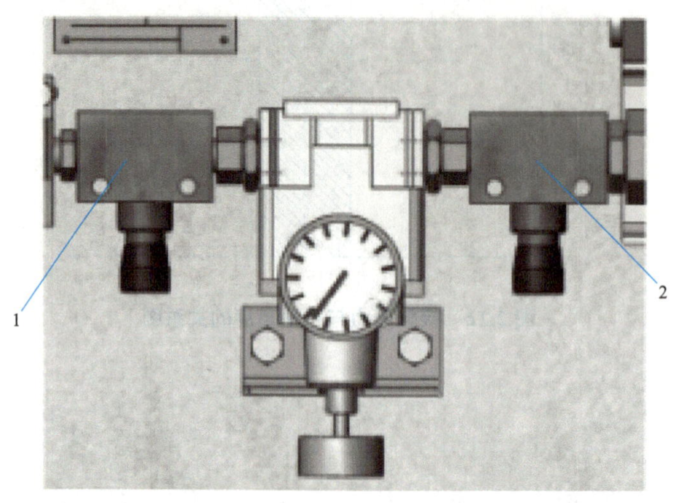

1—升弓节流阀；2—降弓节流阀。

图 2.24　升降弓节流阀位置示意图

② 使用节流阀（降弓）调整降弓时间，降弓节流阀如图 2.24 所示，降弓时间不大于 4 s：

➢ 为增加降弓时间，应逆时针旋转调节螺钉；

➢ 为减少降弓时间，应顺时针旋转调节螺钉。

升弓时不许受电弓有任何回跳；降弓时受电弓必须有缓冲，上交叉管落于两个橡胶减震器上。

如果实际操作值与规定值有偏差，那么首先应该重新调试升弓节流阀或降弓节流阀。

（3）自动降弓装置的测试

受电弓的 ADD 控制阀不应经常试验，在更换滑板时，则应检验 ADD 性能，即将受电弓升起 0.6 m，打开试验阀，受电弓应迅速降下（必须注意安全）。

工作时，ADD 控制阀必须调节到以下基本位置：

① ADD 关闭阀在“ON”（打开）位；

② ADD 试验阀在“OPERATION”（运转）位。

如果关闭阀在“OFF”（关）位，将切断试验阀功能和通往滑板的气路。

（4）橡胶减震器安装位置的检测

在落弓位置，受电弓放在 3 个橡胶减震器上。

3 个橡胶减震器承载着受电弓上、下臂和弓头，且在落弓时，由弓装配来防护弓头，图 2.25 为橡胶减震器示意图。

图 2.25　橡胶减震器示意图

由于在车顶和受电弓底架之间存在水平差异，受电弓安装到机车上后，必须通过目测查看底架上橡胶减震器是否水平。如果不平，应该通过重新调整橡胶减震器的高度来消除底架水平误差。另外，在落弓状态时，弓装配与弓头之间的间隙应为 8～12 mm，这可以通过调整弓装配来实现。

要确保上臂组装的上交叉管由 2 个橡胶减震器均匀支撑。支撑下臂的橡胶减震器位置应稍低于落弓位置。

4. 各部件的组装

1）装配检查项目

受电弓在各部件装配后，应检查以下项目。

（1）各轴的机械连接

调整上导杆的长度，使弓头在 1.6 m 高处保持水平。

（2）空气管路

ADD 管路、快速降弓阀、绝缘软管各管路密封良好，无泄漏。

（3）升弓装置

钢丝绳张紧适中，落弓位置无凹陷无扭曲。

（4）上臂

张紧绳应绷紧。

（5）弓头和软连接线

软连接线组装时不应扭曲，任何位置下软连接线不应突出滑板。在最终位置上无死弯，所有接线端子应紧固。

（6）自动降弓装置

自动降弓装置外观状态良好。

2）零部件的装配

（1）下导杆和底架操作步骤

① 下导杆（左旋螺纹端）安装在底架上，如图 2.26 所示。

② 在关节轴承处使用油杯润滑（油杯帽应安装可靠，防止灰尘和水的进入，在油杯内注 Shell Alvania R3 型壳牌润滑脂进行润滑）。

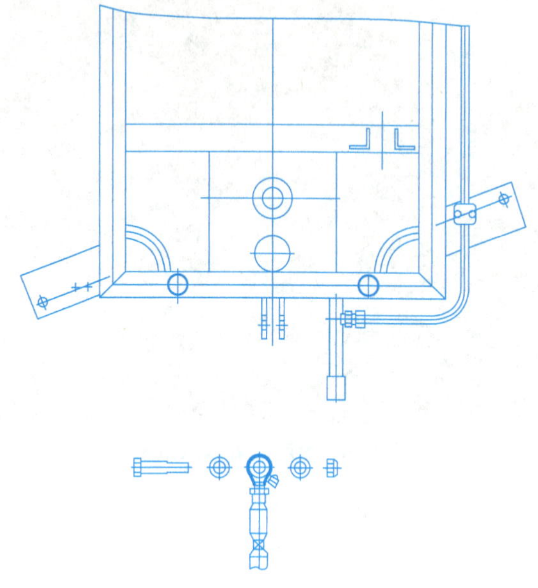

图 2.26 底架上固定下导杆的各元件

（2）下臂和底架操作步骤

① 组装下臂和底架，在底架下臂支撑放置垫圈。

② 软连接线的安装（两边的连接突出大约 30° 角）。

③ 在软连接线和底架之间不需放置垫圈。

④ 由于接触不充分（如螺栓未拧紧，短路）而引起电弧时则必须重新安装。必要时应使用备用连接点或连接线进行连接。图 2.27 为下臂和底架装配图。

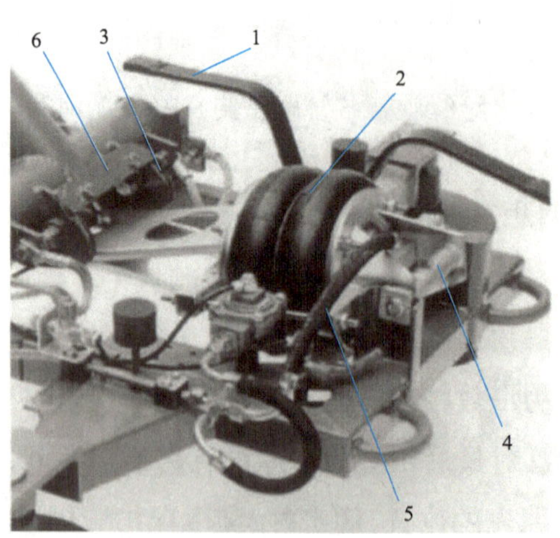

1—弓装配；2—升弓装置；3—钢丝绳；4—销轴；5—主通气管；6—线导向。

图 2.27 下臂和底架装配图

（3）下臂和升弓装置操作步骤

用木棒支撑下臂，安装升弓装置上的钢丝绳，把升弓装置安装在底架上，插上销轴和开口销，轻轻放下下臂，确保钢丝绳的两端张紧程度一样。在下限位置，升弓装置的桁架装配不能从底架底部突出超过 20 mm，钢丝绳不得绷紧，待组装完后应重新调节它的张紧状态，同时进行润滑。图 2.28 为装有升弓装置的底架。

图 2.28　装有升弓装置的底架

（4）阻尼器操作步骤

① 在装配前，在竖直方向上完整地拉伸和压缩阻尼器 5 次，无卡死现象。

② 在落弓位置分别按长度 1=54 mm，长度 2=（480±1.5）mm 进行安装，如图 2.29 所示。

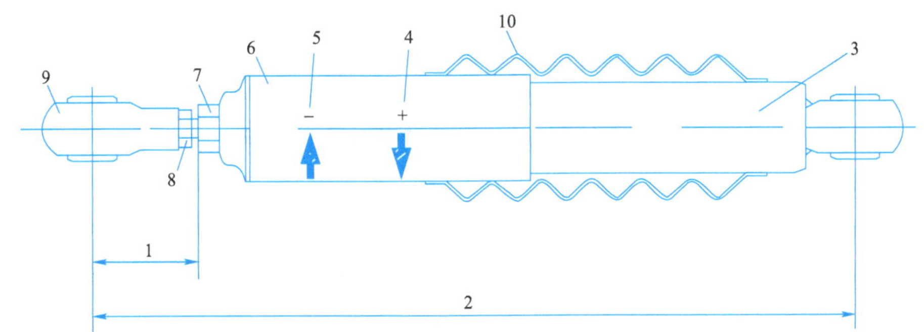

1—长度=54 mm；2—长度=（480±1.5）mm；3—阻尼器；4—右侧；5—左侧；6—防尘盖；7—锁紧螺母（气缸）；8—锁紧螺母（安装座）；9—安装座；10—防护套。

图 2.29　阻尼器调试说明图

（5）上臂操作步骤

① 在落弓位置组装上臂、安装下导杆（右旋螺纹端），安装过程中下导杆两端关节轴承应在同一面上。

② 用紧固件安装下臂和上臂之间的软连接线。

（6）弓头操作步骤

图 2.30 为弓头与上臂的组装图，给出了带有弓头翼片的弓头结构，注意：弓头翼片的

确切位置和尺寸由空气动力学试验结果来定，属可选项。图 2.31 为弓头与上臂之间各连接紧固件位置示意图。

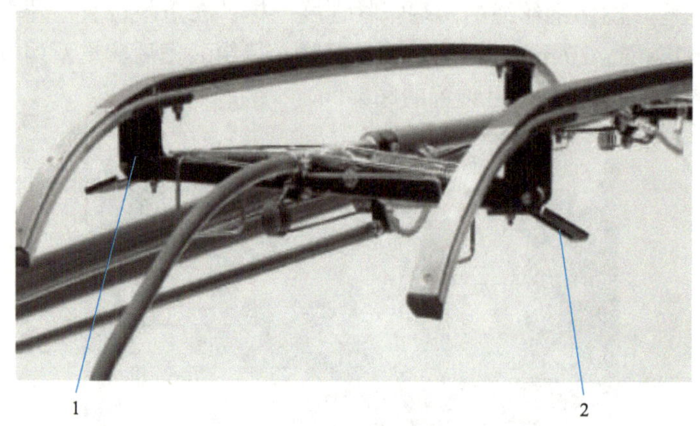

1—弓头支架；2—弓头翼片。

图 2.30　弓头与上臂组装图

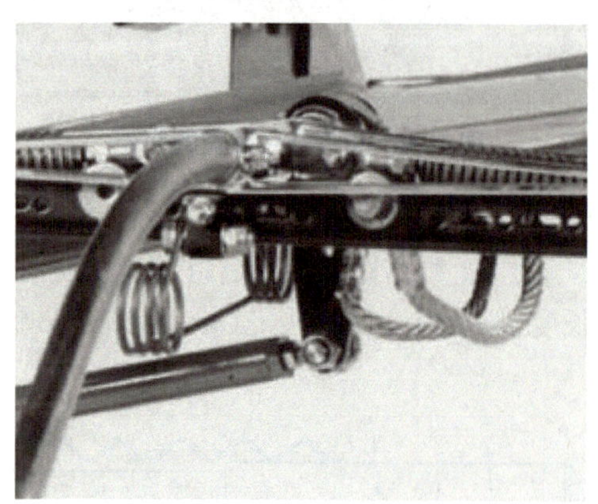

图 2.31　弓头与上臂之间各连接紧固件位置示意图

① 将管轴插入上臂、柱头、传力柱头中，将左支撑装配和右支撑装配伸入轴里并用 M8X60 螺丝钉固定拧紧。

② 将弓角插入支架并用 M6X35 螺栓固定。

③ 依据顺序装配拉簧和其他部件。注：双金属垫圈的铝面必须朝向铝件。

④ 调整上导杆，使弓头在运行时处于水平位置（在升弓约 1.6 m 高处调节）。

注：当安装扭簧时，预落下 20 mm，模拟弓头静态作用于接触网线时的状态。

（7）自动降弓装置操作步骤

① 安装关闭阀、快速降弓阀和 ADD 试验阀。

② 调整受电弓的总高度为 3 080 mm（包含绝缘子）。

3）受电弓的运输

在长距离装载运输情况下，建议使用专门的可堆叠的格式箱，要求如下。

尺寸——2 750 mm×1 800 mm×1 000 mm。

重量——230 kg（空）；480 kg（带 2 个受电弓时的总重）。

容量——1 或 2 个弓头宽度为 1 650 mm 的 DSA250 型受电弓（弓角卸下）自动装卸车运输。

空格式箱——自动装卸车可以从所有侧面吊起。

装满的格式箱——起重机只能从三面吊起，重心在受电弓的升弓装置侧装箱时一定要拆下弓头的两个弓角（总长度为 1 950 mm）。

受电弓只能放在方形木材上，弓角和升弓装置从底面向下伸出。

① 当用汽车等运输时，要确保受电弓弓头部分不受冲击。

② 当用吊车运输时，受电弓按如图 2.32 所示的方式进行连接，即在底架的弯钩上套上吊索（注意吊索长 1 200 mm）。

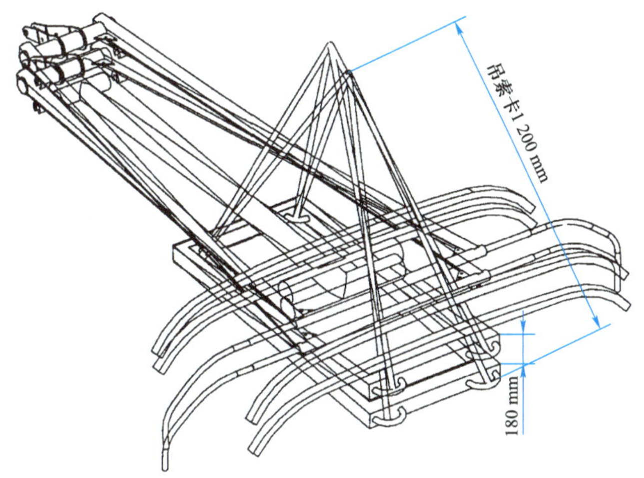

图 2.32　吊绳上悬挂的受电弓（4 组）

4）受电弓的日常保管

受电弓日常保管可放在运转架中（参见图 2.32），最大叠垛高度为 4 组，共包含 4 架受电弓。

5. 受电弓的维护

必须由专业技术人员调整和维护受电弓。在任何情况下，必须采取必要的安全和防护措施。

1）检查

使用前，在降弓位置检查钢丝绳的松紧程度，两边的张紧程度应一致。清洗阀板上的滤清器。拧开滤清器的外罩，清理灰尘和水。

（1）间隔 4 周的维修内容

目测整个受电弓。若存在损坏的绝缘子、破损的软连接线、损坏的滑动轴承和变形的部件都应更换。若磨损部件超过其磨损极限，也应当更换。

车顶与受电弓之间的绝缘管可用中性清洁剂清洁，不得使用带油棉纱。每天用干棉纱擦拭，防止灰尘吸附，导致一次短路。

（2）间隔 6 个月的维修内容

整个受电弓性能检测。

目测软连接线，用卡尺测量滑板厚度，若磨损到限则应更换。

（3）间隔 1 年的维修内容

螺栓连接的检测，尤其是整个弓头弹性系统的零部件。如果需要拧紧螺母，应注意保证相应的扭矩。M8 螺栓扭矩为（12±2）N • m。

（4）间隔 2 年的维修内容

轴承的润滑。滑动轴承可自润滑，对于下导杆两端的关节轴承及升弓装置销轴处的润滑，可用注油枪向润滑油杯内注 Shell Alvania R3 型润滑脂。注完后用油杯帽密封。进行下臂上的 6 个滚动轴承的润滑时，需拆下下臂，从有弹性挡圈的一端将轴拆下，衬套内注 Shell Alvania R3 型润滑脂后，装上下臂。拆装下臂时请向厂家索取拆装工艺。

（5）间隔 4 年的维修内容

更换电源软连接线。

（6）间隔 8 年的维修内容

更换轴承。

2）润滑

润滑滚动轴承是为了提高其使用寿命。在最初安装时、两年一次的维修期或常规维修时，油杯应注意密封以防尘土和水。滑动轴承可自行润滑，不需维护。

3）清洗

阀板上的空气过滤器应定期清洗，其周期由压缩空气供应装置的情况决定，特别是空气的污染程度。建议一开始 1 周检查一次，随着时间延长而延长检查周期。

4）更换滑板

出现下列情况时，必须更换滑板。

① 碳条磨耗后高度小于 5 mm 或滑板总高度小于 22 mm。

② 由于发生弓网故障，造成滑板扭曲、断裂等。

③ 由于产生电弧，造成滑板变形和缺陷，并自动降弓。

如果仅需更换一个滑板，新滑板与另一个旧滑板的高度差应不超过 3 mm，且应注意滑板 ADD 接口安装的正确位置。如有必要，则更换两块滑板。更换时，拧开底部的 4 个 M8 螺母便可拆下滑板。

注意：当将压缩空气软管装配到滑板上时，必须注意，在均匀地拧紧管接螺母过程中（拧紧力矩≤3 N • m），铝制型材的空气通道柱头螺栓要用扳手施加反向力。

无论何时更换滑板，一定要检查翼型板的正确位置。

5）调试更换阻尼器

阻尼器在安装受电弓前必须经过调试。如果受电弓实际动作特性与额定值之间有较大差别，有必要检查阻尼器的安装情况。

当阻尼器发生损坏、动作不灵活或漏油时，须更换阻尼器。

调节时一定要拆下阻尼器，安装时一定要使阻尼器卡在垂直位，并使安装座朝下。

具体操作为：先将阻尼器拉伸、压缩 5 次，保证长度 L=54 mm，落弓位置的安装长度 L=（480±1.5）mm。

6）检查升弓装置

建议每 4～6 周在落弓位置检查一次钢丝绳的松紧。如需要，则将钢丝绳拉紧，但两螺母拧紧量要相同，避免升弓装置松弛（落弓位置）。

7）检查自动降弓装置功能

注意： 在操纵台上扳动受电弓开关置“升弓”位，降弓范围内不许有人。

自动降弓装置应有如下性能。

① 如果自动降弓装置关闭阀在“开”位，试验阀在“工作状态”位，接触网与滑板接触力良好，则气囊工作正常。

② 如果试验阀处于“试验状态”位，快速降弓阀排气，则受电弓快速降下。

③ 检查自动降弓装置后重新检查受电弓。

如果受电弓运行中由于滑板磨损或断裂而导致自动降弓装置作用，受电弓在重新使用前应有专门技术人员检查，要检查静态接触压力和升弓、降弓时间。降弓时，在离落弓位置1 m高处要注意弓的下降速度。

8）弓网故障后的检修、检测

当发生弓网故障时，造成受电弓滑板、弓头、上臂等零部件变形或损坏，应将受电弓从车顶拆下，进行全面调修或更换零部件，检修完成后在专用试验台上对受电弓进行例行试验（包括动作试验、弓头自由度测量、气密性试验、静态压力特性试验、ADD 性能试验等），试验合格后方可重新装车投入使用。

对于较轻的刮弓，可在车顶调试升降弓时间，进行静态压力特性试验、ADD 性能试验等。

注意：

① 更换滑板时，在滑板安装座接触表面加导电膏，用力矩扳手拧紧螺母，扭紧力矩为15 N·m。连接气管接头时，用手拧紧锁紧螺母，最多用扳手再拧紧一周。

② 在车顶不用调试快速降弓，检查关闭阀及试验阀是否用尼龙扎带扎紧。调试升弓高度时，升弓高度不大于0.8 m。

任务 2.3　CX-GI 型受电弓

任务描述

1. 掌握 CX-GI 型受电弓的结构组成及技术特点。
2. 掌握 CX-GI 型受电弓的维护及检修方法。
3. 掌握 CX-GI 型受电弓的常见故障及处理方法。

相关知识

CX-GI 型受电弓也称为主动控制型受电弓，是由法维莱公司生产的，适用于 CRH380B、CR400BF 等车型。与普通受电弓不同，该受电弓采用了大量的新技术：采用单滑板受流，滑板采用渗铜碳滑板，结构简单，抗磨性好；实现了在一定速度范围内对弓网接触力进行多级控制调整，提高了受电弓动态运行的稳定性；采用电子控制和空气伺服阀的前馈控制技术；采用高精度的空气调节装置；采用新型合成材料使受电弓减重30%～40%。因此，CX-GI 型受电弓重量轻、结构简单、接触力可控、具有高可靠性及优良的空气动力学性能。

2.3.1 技术参数

CX-GI 型受电弓的技术参数见表 2.2。

表 2.2 CX-GI 型受电弓的技术参数

类别	参数	数值
电气参数	运行时额定电流	1 000 A
	静止时额定电流	120 A
	额定电压	25 kV
	额定频率	50 Hz
	最小绝缘距离	340 mm
弓头参数	最大集电头（弓头）长度	（1 950±12）mm
	最大集电头（弓头）高度	（365±5）mm
碳滑板参数	碳条长度	1 050 mm
	滑板材料	渗金属碳条
	碳条高度	13～15 mm
	碳条宽度	54 mm
弓角参数	弓角材料	全部绝缘
时间参数	最大升弓时间	10 s
	最大降弓时间	10 s
	ADD 触发后，受电弓降到考核高度下 200 mm 处的最大时间	1 s
气动参数	气控单元接口规格	G1/4′ 内螺纹
接触力	气控单元供风压力	6.5～10 bar
	静态接触力	（80±10）N
升降弓高度	最大落弓高度 D1	741.5 mm
	最小工作高度 D2	470 mm
	最大工作高度 D3	2 500 mm
	最大升弓高度 D4	2 600 mm
	D4 D3 D2 D1	

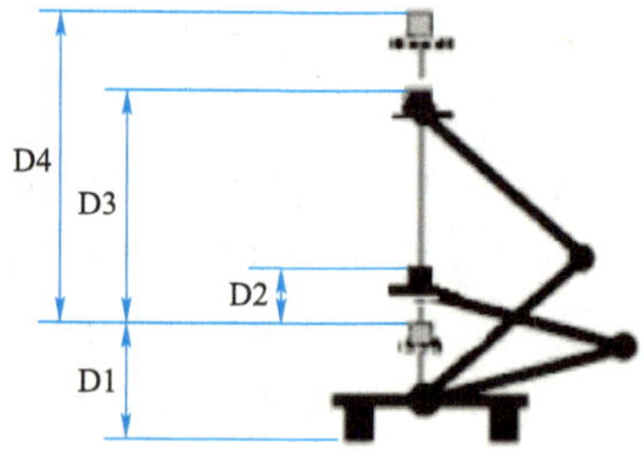

2.3.2　结构组成

受电弓是利用车顶接触网获取和传递电流的机械组成，图 2.33 为受电弓结构组成。

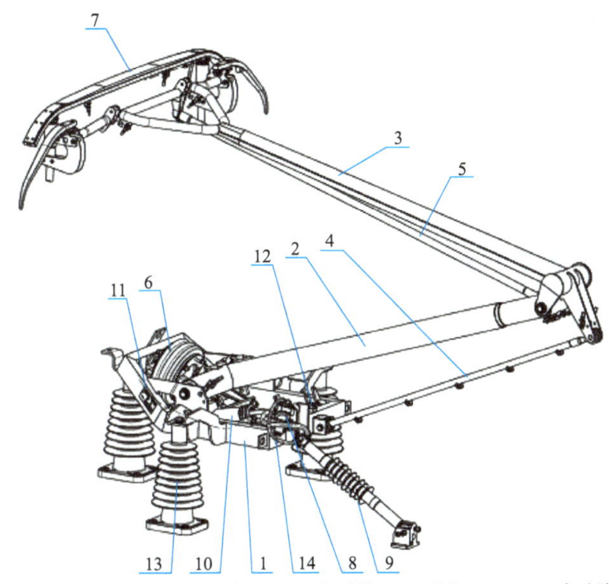

1—底架；2—下臂；3—上臂；4—下拉杆；5—上拉杆；6—平衡系统；7—弓头；8—ADD 自动降弓装置；9—APIM 装置；10—阻尼器；11—铭牌；12—止挡；13—支撑绝缘子；14—管路。

图 2.33　受电弓结构组成

受电弓的驱动通过压缩空气来实现，压缩空气由车辆风管提供，并通过 APIM 装置进入升弓气囊。在压缩空气作用下气囊产生扭矩，通过凸轮及弹性连接轴作用在下臂的铰链处，从而使受电弓根据设定速度升弓。降弓则是将气囊内的压缩空气排空后靠重力作用自动实现。

气动控制单元可以调整压缩空气的压力，在该压力作用下不断改变受电弓的升弓高度，使弓头和接触线之间保持一定的接触力。

如果压缩空气供应中断或者低压电源供应发生故障，受电弓会自动降弓。

2.3.3　主要结构功能

1）支撑绝缘子

支撑绝缘子采用硅胶复合材料，通过绝缘子可以将受电弓与车顶机械连接，并实现电气绝缘。

2）底架

底架由方形钢管焊接而成，并作为其他部件的安装座。在底架上安装的部件包括：联合悬挂系统、阻尼器和平衡系统。

3）铰链系统

此系统由焊接钢管组成，包括以下组件：下臂、下拉杆、上臂和上拉杆，这些组件确保了弓头的垂向运动。

4）受流头

受流头由带有弓头装置的铰链组成。该弓头为受电弓传递电流，并允许在相互运动状况下与接触网接触。

5）平衡系统

平衡系统由气囊组成，气囊通过下臂的凸轮/弹性连接轴传递扭矩作用。该平衡系统的一侧安装在支架上，另一侧悬挂在下臂（在弹性连接轴水平上）的凸轮上。该系统实现平衡连接，确保受电弓与接触网之间保持持续的接触力。

6）阻尼器

阻尼器确保了高质量的电流传输。它作为一个单动式单元运转，作用于其向下运动时连接系统中。

7）供气系统

APIM 装置为受电弓提供压缩空气，也承担了电气绝缘的任务。

8）ADD（自动降弓装置）系统

ADD 系统可以在碳滑板损坏时使受电弓自动快速地降弓。降弓之后，如果碳滑板未修复，它可以阻止受电弓升弓。它以安装在受电弓支架上的一个气动 ADD 阀为基础，通过空气管（包括碳滑板）作用。

在正常运行情况下（碳滑板无损坏），气动阀是关闭的。在碳滑板损坏的情况下，排出的空气气流将气动阀打开，实现自动降弓。压力开关提供碳滑板（低电流接触）损坏的信息，气囊压力下降，受电弓自动降弓。

9）受电弓控制阀板

受电弓控制阀板由气路控制单元及电子控制单元构成，图 2.34 为受电弓气路控制单元组成。通过该单元可以实现对受电弓的主动精确控制。气路控制单元可执行以下功能：发布受电弓升弓命令、控制受电弓升弓速度、控制受电弓降弓速度、在额定静力下控制气囊内压力、过滤压缩空气、在维护过程中提供受电弓升降弓信息等。

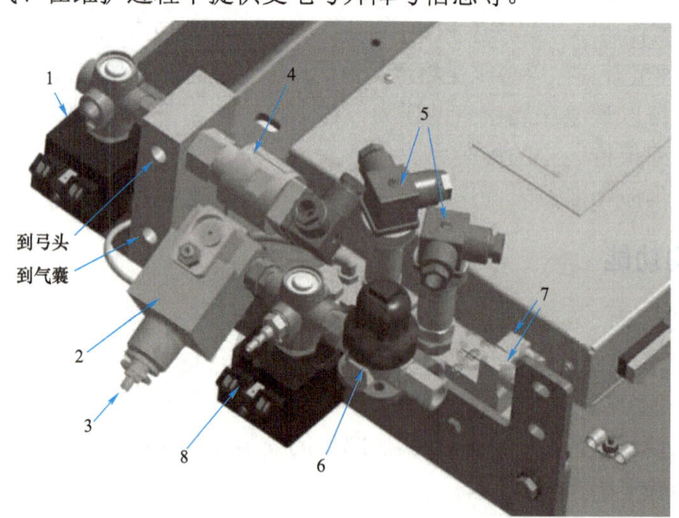

1—ADD 电磁阀；2—调压阀；3—调压阀调整螺丝；4—压力开关；5—压力传感器；6—过滤器；7—精细调压阀；8—升弓电磁阀。

图 2.34 受电弓气路控制单元组成

2.3.4 工作原理

1. 主动控制逻辑

法维莱 CX-GI 型受电弓采用主动先导控制技术，以列车速度和受电弓位置参数等为依据，通过电空集成的控制模块对受电弓气囊压力进行主动控制，进而间接地控制受电弓与接触网之间的接触压力。主要的控制逻辑为：首先根据线路接触网参数和以往的运营经验，在控制单元内设置速度—气囊压力曲线，然后进行空气动力学试验，对不同工况下的速度—压力曲线进行调整和校正，再将调整之后的速度—气囊压力曲线设置到控制单元内，最后进行弓网受流性能试验对速度—气囊压力曲线和弓网受流性能进行验证，控制逻辑如图 2.35 所示。

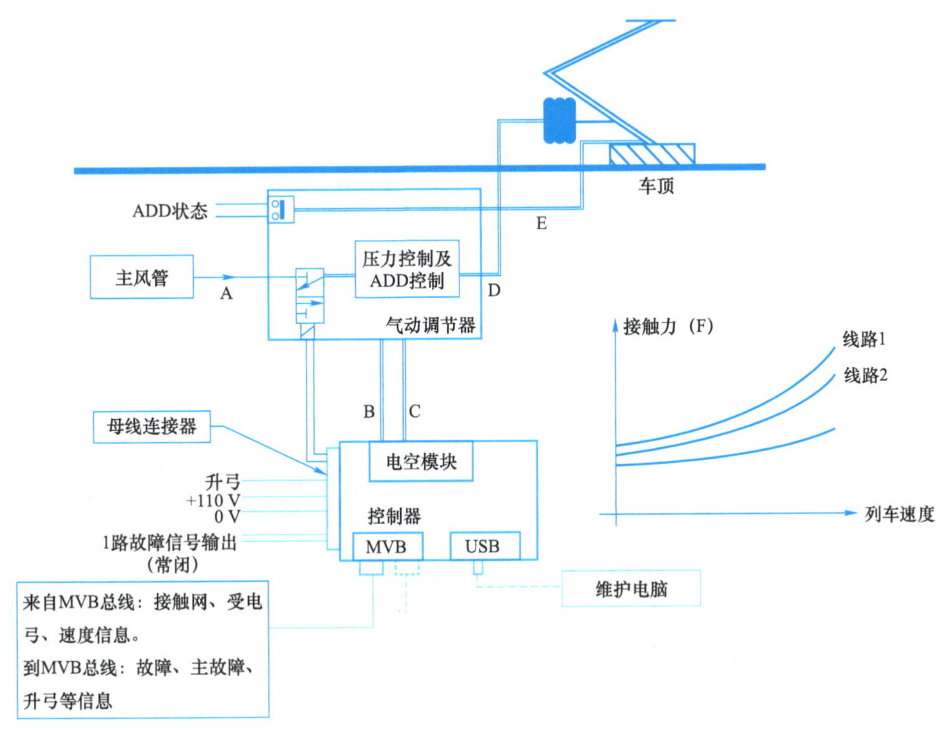

图 2.35　CX-GI 型受电弓主动控制逻辑

2. 受电弓工作过程

图 2.36 为受电弓工作原理图。

1）升弓

列车发出受电弓升弓指令后，升弓电磁阀得电，压力空气经过升弓电磁阀、调压阀及车顶供气管路，一路进入气囊，驱动受电弓升起，另一路通过 ADD 阀到碳滑板 ADD 检测气路、压力开关和 ADD 电磁阀。在整个升弓过程中，ADD 阀的作用非常重要，压力空气首先通过下阀体的缩孔向上阀体、碳滑板 ADD 检测气路、压力开关和 ADD 电磁阀供风直至上下阀体压力达到平衡，受电弓升起。

2）运行

受电弓升起后，控制模块内的速度—气囊压力曲线确定出某一速度下的气囊目标压力，并由压力传感器向控制模块反馈气囊实时压力，当目标压力与实际压力不一致时，控制模块会通过闭环控制系统适时调整，使其保持一致。

3）降弓

列车发出降弓命令后，升弓电磁阀失电，气囊内的压力空气经升弓电磁阀排气口排出，受电弓在重力作用下降弓，碳滑板 ADD 检测气路、压力开关和 ADD 电磁阀内的压力空气也同时排出。闭合状态的压力开关常开回路断开，列车即可判断受电弓已降弓。

4）自动紧急降弓

当受电弓碳滑板磨耗到限或遭外力破坏、控制气路发生漏气及控制模块发生严重故障时将受电弓自动快速降下，保护受电弓和接触网不遭到进一步破坏。CX-GI 型受电弓碳滑板内部安装有 ADD 检测气路，具有自动降弓检测功能，当列车运行过程中受电弓发生自动降弓时，列车同时会断开主断路器。

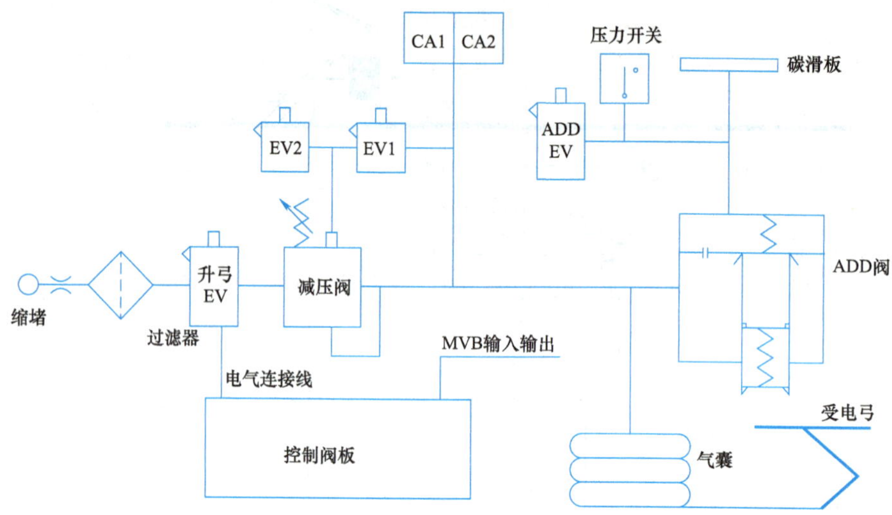

图 2.36　CX-GI 型受电弓工作原理图

2.3.5　受电弓故障问题及处理

受电弓常见故障及处理措施见表 2.3。

表 2.3　受电弓常见故障问题及处理措施

故障现象		原因分析及建议
碳滑板	碳滑板磨损不均匀	调节上平衡杆，保持弓头水平位置
		导电线限制弓头自由运动
	接触力偏大或偏小	静态接触力调节
		下拉杆调节
		阻尼器故障
	导电线端子表面镀层脱落	静态力接触力调节
		导电线连接不良
		导电线端子固定板未涂导电膏
受电弓升弓问题	受电弓无法升起	无供风或供风压力不足
		升弓电磁阀未导通
		控制阀板处调压阀调节不当
		阻尼器堵塞

续表

故障现象		原因分析及建议
受电弓降弓问题	受电弓升弓过慢	供气系统或者辅助风缸压力过低
		调压阀调节故障或者堵塞
		气路泄漏
		阻尼器故障
	受电弓升弓过快	调压阀不可用或者调节错误
	受电弓无法降弓	升弓电磁阀一直导通
	受电弓降弓过快	调压阀调节错误或者堵塞
		阻尼器故障
	受电弓降弓过慢	调压阀不可用或者调节错误
		阻尼器故障
导电线快速磨损		导电线发生干涉

2.3.6　受电弓维修

受电弓修程见表 2.4。

表2.4　受电弓修程

维修等级	基本级别	维修种类	基于时间/里程
一级维修		1. 清洁绝缘子和气动回路； 2. 检查碳滑板磨损； 3. 检查弓角状态	0.6 万 km 或 48 小时
二级维修	I2	1. 检查导电线是否断股、破损、无柔性、干涉等； 2. 检查受电弓气管是否破损、开裂； 3. 检查各处紧固螺栓是否有松动迹象	2 万 km 或 20 天
	M1	1. 各处需要润滑、保养的螺栓紧固件、轴承等处需要涂满油脂，如弓角固定螺栓、下拉杆轴承、阻尼器固定轴承等； 2. 检查下臂钢丝绳位于凸轮凹槽中，并使凹槽涂满油脂； 3. 检查气囊使用状态； 4. 检查 APIM、绝缘子、下拉杆使用状态	10 万 km 或 90 天
	M2	1. 阻尼器未漏油； 2. 升降弓时间； 3. 受电弓升弓平顺、连续无振动	40 万 km 或 360 天
	M3	1. 检测静态接触力，若不符合标准，需要重新标定； 2. 检查弓头水平度，保证水平度要求	80 万 km 或 720 天
三级维修	R1	1. 气动回路和元件的气密性，性能检查（静态接触力、升降弓时间），弓头尺寸检查，悬挂轴间距检查； 2. 更换弓角、导电线	120 万 km 或 3 年
四级维修	R2	返回法维莱大修	240 万 km 或 6 年
五级维修	R3	返回法维莱大修	480 万 km 或 12 年

1）绝缘子

（1）维护及保养

受电弓在运行一段时间后，会附着表面污物，维护时应使用酒精擦拭绝缘子上下表面。

（2）检查及更换

检查绝缘子表面是否有基体裂纹或明显的碰撞缺口，若有应立即更换；划痕可酌情更换。

2）气路绝缘装置（APIM）

（1）维护及保养

气路绝缘装置由绝缘伞裙组成，如果表面附着有灰尘等，应使用酒精擦拭上下表面。

（2）检查及更换

检查 APIM 表面有无基体裂纹，是否出现严重变形等，若出现应及时更换。

3）弓角

（1）维护及保养

弓角固定螺栓凹槽需要涂满 Shell 6 油脂，以防止雨水长期贮存导致生锈。

（2）检查与更换

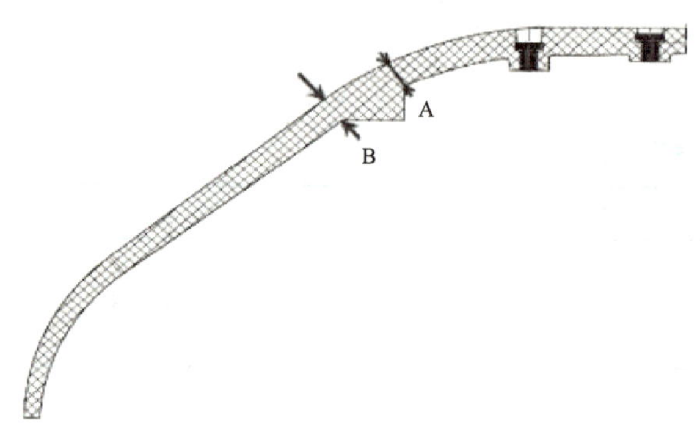

图 2.37　弓角磨耗检测示意图

检查弓角外形，如弓角表面漆层有少许脱落，则无须更换。如磨损或裂缝超过 2 mm 则需要更换，磨损可由图 2.37 所指示的位置测得，通常最容易断裂的点为 A 点和 B 点（未磨损前 A 处厚度为 20 mm，B 处厚度为 19 mm）。

4）碳滑板

每条碳滑板都由一个导电的浸金属碳磨损件和铝托架组成。这两个部件由粘贴工艺连接在一起。碳滑板与接触网直接接触以便将电流引入车内。

（1）维护及保养

若碳滑板出现了小崩边，可以用粗糙的锉刀打磨至过渡圆滑并可继续使用。

（2）检查及更换

正常磨损时，碳滑板的更换限度不小于 25 mm，测量值为从碳滑板中间（最厚）位置的铝拖底部至碳滑板上端边缘的剩余高度，碳滑板的更换限度如图 2.38 所示。

异常磨损时，滑板断裂，滑板漏气，由于撞击造成滑板扭曲变形时则必须更换碳滑板。

其他碳滑板更换准则如下。

① 碳滑板在厚度及宽带方向大崩边超过 40%，或长度方向超过 100 mm，均需更换。

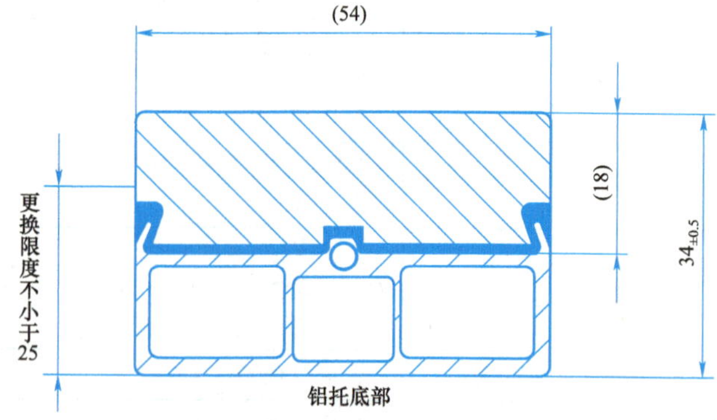

图 2.38　碳滑板的更换限度（单位：mm）

② 侧面裂纹贯穿至铝托架的侧面裂纹。

③ 上表面裂纹：

纵向贯穿性裂纹；

裂到碳滑板边缘且宽度大于 0.3 mm 的沿着车体横向裂纹；

摩擦区超过 3 条裂纹。

④ 边缘缺陷掉块占宽度方向应超过 40%。

⑤ 滑板基座表面应无直径超过 2 mm 的孔洞。

（3）安装及拆卸

安装时，应将碳滑板安装在弓头的 2 个弹簧盒上，然后用紧固件进行紧固，安装所有紧固件时，应涂抹 Molycote HSC。

拆卸碳滑板时，6#钢衬套只要无严重划伤、变形等，不要遗弃 6#钢衬套，可重复使用，其他紧固件（如螺栓、螺母、垫片等）需报废换新。

① 碳滑板连接气管的安装

CX-GI 受电弓弓头处的碳滑板气管接头，由上部分的锁紧螺母和下部分的安装小嘴组成。其中，锁紧螺母将小嘴固定到碳滑板上；小嘴末端为过渡的凸起，能有效防止气管脱出。在安装气管前，在小嘴末端凸起处涂抹，然后将气管插入气嘴。

用卡箍在气嘴凹部固定，扭矩为 2 N·m，并打标识，卡箍与气管末端距离为 1～3 mm，以保证气管连接端紧固可靠。

② 导电线的安装

将弓头与碳滑板导电线连接处均匀涂抹导电膏，然后分别连接 2 根导电线。

5）气囊

（1）维护与保养

清洗其他部件时，不要将带有腐蚀性的液体溅到气囊表面。

（2）检查与更换

检查气囊螺栓紧固，气囊橡胶部件是否出现划伤。若发现气囊单个裂纹长度大于 25 mm，深度露出编织线时，需要更换。

6）导电线维护与保养

导电线由若干较细小的钢丝编织而成，在日常检修时，要保证导电线不与周边零部件产生干涉，检查时要轻拿轻放。

注意： ① 导电线走向。

② 固定螺栓安装方向及安装位置。

③ 所有导电线固定螺栓扭矩为 20 N·m。

④ 连接检查完毕后打防松标识。

⑤ 导电线连接处均匀涂抹导电膏。

7）阻尼器维护与保养

阻尼器应保持防尘罩的密封性，扎带不脱落，两端为 M8×20 六角螺栓，紧固扭矩为 20 N·m。

8）控制阀板维护与保养

安装与搬运控制阀板要注意受力位置，不要拿电磁阀、SMC 调压阀、气管等部件；正常状态下，控制阀板安装在车顶内部，不需要进行日常的维护。

9）轴接头维护和保养

按照检修规程定期维护和保养受电弓各轴接头，各轴接头位置示意图如图 2.39 所示。

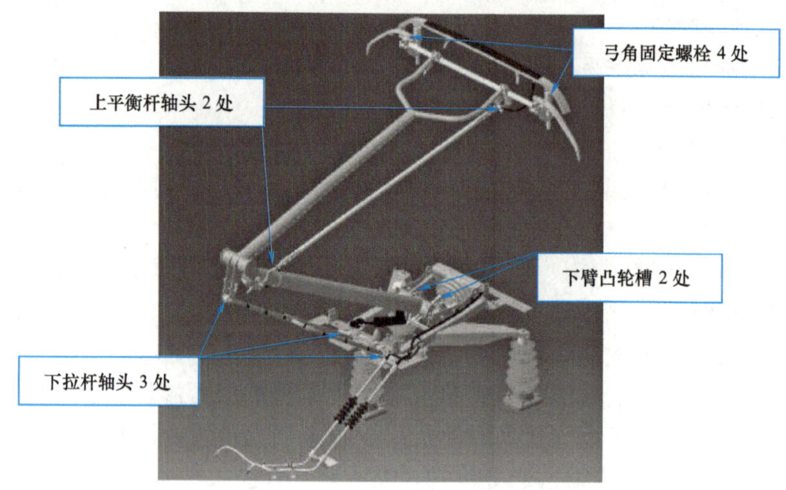

图 2.39　各轴接头位置示意图

（1）下拉杆两端轴头

① 清理：使用抹布或者一次性清洁纸清理下拉杆两端轴头处表层油脂与灰尘杂质的混合物。注意，清理时禁止拆卸下拉杆轴头安装螺栓。

② 涂抹油脂：使用毛刷在轴头两侧涂抹油脂，使油脂充满轴承与上臂支架间的缝隙，如现场无毛刷，也可用手指涂抹油脂（注意应戴手套防护）。

（2）上平衡杆两端轴头

使用毛刷在轴头处涂抹油脂，使油脂充满缝隙处，并覆盖裸露在外的螺栓。注意涂抹油脂前不必清理，且禁止拆卸上平衡杆轴头安装螺栓。

任务 2.4　主断路器

任务描述

1. 掌握动车组不同型号主断路器的组成及技术特点。
2. 掌握主断路器的维护及检修方法。
3. 掌握主断路器常见故障的处理方法。

相关知识

主断路器连接在受电弓与主变压器原边绕组之间，是动车组总电源的开关和总保护电器。当主断路器闭合时，受电弓从接触网导线上获得电源，使动车组正常运行；当线路发生短路、过载、接地等故障时，主断路器自动断开，切断电源，防止故障范围扩大。动车组主断路器均采用真空断路器。真空断路器采用真空灭弧，会使断路器具有体积小、重量轻、适用于频繁操作、灭弧不用检修的优点。

2.4.1　真空断路器的结构和工作原理

真空断路器主要包含三大部分：真空灭弧室、电磁或弹簧操作机构及其他部件。

1. 真空灭弧室

按照开关型式不同，真空灭弧室分为外屏蔽罩式陶瓷真空灭弧室、中间封接杯状纵磁场小型化真空灭弧室、内封接式玻璃泡灭弧室。其基本结构如下。

1）气密绝缘系统（外壳）

由陶瓷、玻璃或微晶玻璃制成的气密绝缘筒、动端盖板、定端盖板、不锈钢波纹管组成的气密绝缘系统是一个真空密闭容器。为了保证气密性，除了在封接时要有严格的操作工艺，还要求材料本身透气性和内部放气量小。

2）导电系统

由定导电杆、定跑弧面、定触头、动触头、动跑弧面、动导电杆构成。触头结构大致有 3 种：圆柱形触头、带有螺旋槽跑弧面的横向磁场触头、纵向磁场触头。目前采用纵磁场技术，此种灭弧室具有强而稳定的电弧开断能力。

3）屏蔽系统

屏蔽罩是真空灭弧室中不可缺少的元件，有围绕触头的主屏蔽罩、波纹管屏蔽罩和均压用屏蔽罩等多种。主屏蔽罩的作用是：防止燃弧过程中电弧生成物喷溅到绝缘外壳的内壁，从而降低外壳的绝缘强度；改善灭弧室内部电场分布的均匀性，有利于降低局部场强，促进真空灭弧室小型化；冷凝电弧生成物，吸收一部分电弧能量，有助于弧后间隙介质强度的恢复。

2. 操作机构

按照断路器型式不同，采用的操作机构也不同，常用的操作机构分为弹簧操作机构、电磁操作机构、弹簧储能操作机构。

3. 其他部件

包括安装座、绝缘支撑件、绝缘子等。

4. 真空断路器的动作原理

真空断路器的动作主要有两个：断路器合闸和断路器分闸。为保证真空断路器在合闸过程进行中同时接到分闸指令时，合闸过程能立即中止而去完成分闸过程，断路器的动作还包括自由脱扣过程。

2.4.2　CRH380B 型动车组主断路器

CRH380B 型动车组主断路器采用 BVACN99 型真空断路器。主断路器通过底板安装在 TC02 和 TC07 车车顶上。BVACN99 真空断路器的设计和制造完全符合电力牵引的要求和工作条件。因此具有以下特点：与地面的绝缘度等级高、对气候条件的敏感度低、尺寸小、断开能力强、使用寿命长、维护工作量少。

1. 结构组成

BVACN99 型真空断路器是单极交流主断路器，内有弹簧式的压缩空气作动器和真空开关管，结构按照上中下可以分为三部分。上部为高压部分，此部分包括真空开关管和两个触点（动触点、静触点）；中间为与地隔离的绝缘部分，此部分主要通过支撑绝缘子实现主断路器与车辆之间的绝缘；下部分为电空机械和控制部分。图 2.40 为 BVACN99 型真空断路器结构图。

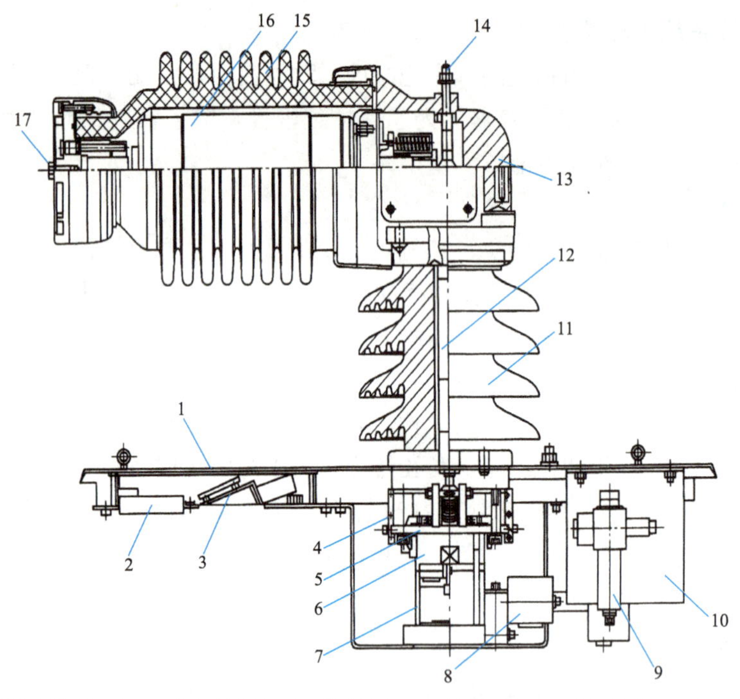

1—底板；2—插座连接器；3—110 V 控制单元；4—辅助触头；5—肘节机构；6—保持线圈；7—风缸；8—电磁阀；9—调压阀；10—储风缸；11—垂直绝缘子；12—绝缘操纵杆；13—传动头组装；14—高压连接端（HV1）；15—水平绝缘子；16—真空开关管组装；17—高压连接端（HV2）。

图 2.40 BVACN99 型真空断路器结构图

1）高压部分

高压部分结构包括水平绝缘子、真空开关管和传动轴头组装等，如图 2.41 所示。真空开关管安装于水平绝缘子内部，构成动车组顶上的高压回路。真空开关管通过密封与大气隔离，包括动触头、静触头和瓷质外罩等。金属波纹管的设置既可保持密封，又可使动触头在一定范围内移动，保证动、静触头在一定的真空度下断开。真空度是真空开关管的重要参数，和真空开关管的开断能力密切相关。真空开关管内的分、合闸操作体现了整个主断路器的分合闸状况，具体表现为对动触头的操作，通过右端传动轴头组装导向来自气动部分产生的机械动力来完成，这样就可以保证它的轴向运动。

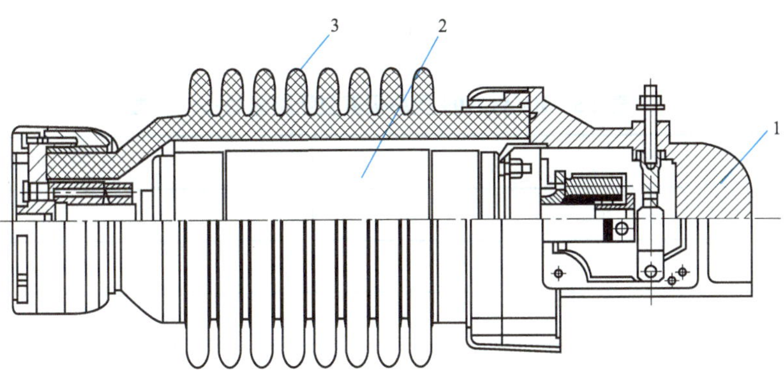

1—传动轴头组装；2—真空开关管；3—水平绝缘子。

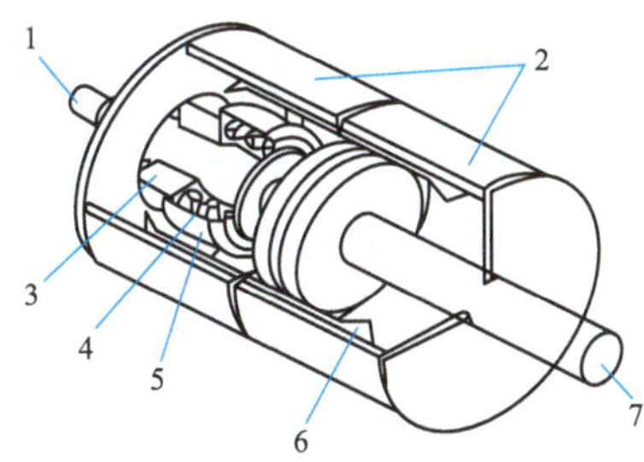

1—活动触点；2—陶瓷盖；3—导向器；4—金属波管；5—波管屏蔽；6—中间屏蔽；7—固定触点。

图 2.41　高压部分和真空开关管结构

2）中间绝缘部分

中间绝缘部分包括垂直绝缘子和底板，以及安装于车顶与断路器之间的 O 形密封圈。垂直绝缘子安装在底板上用以满足 30 kV 的绝缘要求，同时绝缘操作杆通过垂直绝缘子的轴向中心孔，连接电空机械装置和真空开关管内的活动触点。底板安装于车顶，O 形密封圈用以保证断路器与车顶之间的密封。

3）电空机械和控制部分

该部分包括储风缸、调压阀、压力开关、电磁阀、压力气缸、保持线圈、肘节机构、DC 110 V 控制单元等操纵控制部件。

BVACN99 型单极真空主断路器采用电气控制气路驱动。该控制通过空气管路，在动触头快速合闸过程中提供必需的压力。储风缸是实现断路器气动控制的气压源，能够满足在动车组对断路器不供气的状态下，其残存压缩空气至少能使断路器完成一次动作；调压阀安装在断路器进气口与储风缸之间，通过对其气压值的整定，保证进入储风缸内的气压值，调压阀上安装空气过滤阀，以保证进入储风缸气体的清洁与干燥；压力开关安装于储风缸上与调压阀相对一侧，与储风缸内气体相连，用以监控断路器合闸的最小气压值，当储风缸内气压低于其整定值时，就会自动断开，并通过低压控制线路将信息反馈给 DC 110 V 控制单元，以使断路器拒绝进行操作；电磁阀控制储风缸内的气流的通断；压力气缸将空气压力转化为机械作用力；保持线圈安装于气缸上部，通过对气缸活塞的吸合，实现对断路器合闸状态的保持；肘节机构用以实现真空断路器分闸时的快速脱扣，保证断路器快速分断；DC 110 V 控制单元安装在真空断路器底板下部，对断路器的动作进行整体控制。

BVACN99 型单极真空断路器的技术参数如表 2.5 所示。

表 2.5　BVACN99 型单极真空断路器的技术参数

名　称	参　数
标称供电电压	25 kV
最大持续电压	29 kV
供电频率	50 Hz±1 Hz
额定电流	1 000 A
短路电流	20 kA（持续时间 1 s）
短路峰值电流	50 kA
辅助电压	DC 110 V
控制电路气压	4.5～10 bar
外部高压部件防护等级	IP57
工作温度	40 ～70 ℃
装置的机械寿命	250 000 次运行（空载）

2. 运行原理

主断路器的动作包括合闸和分闸，BVACN99 型单极真空断路器气路原理图如图 2.42 所示，主断路器的驱动通过压缩空气来实现。

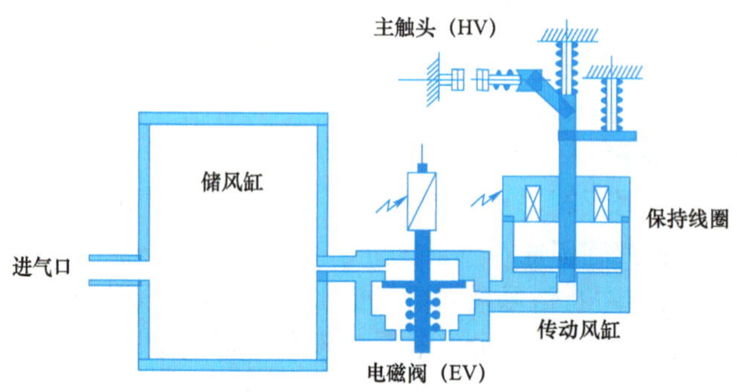

图 2.42　BVACN99 型单极真空断路器气路原理图

1）合闸

只有当满足以下条件时，主断路器才会闭合：主断路器处于断开状态；压缩空气气压足够大；保持线圈通电。主断路器合闸过程示意图如图 2.43 所示，合闸顺序如下。

① 闭合主断路器开关触点。

② 电磁阀（EV）得电断开。

③ 将空气从储风缸传输到压力缸。

④ 活动主触点在活塞作用下产生位移并压缩恢复弹簧。

⑤ 直至主触点闭合，压缩空气继续供应。并使触头压力弹簧压缩。

⑥ 活塞达到冲程终点。进入保持位置，保持电磁线圈继续闭合。

⑦ 电磁阀（EV）失电闭合。压缩空气管路断开，将空气从压力缸内排出。

⑧ 主断路器闭合完毕。

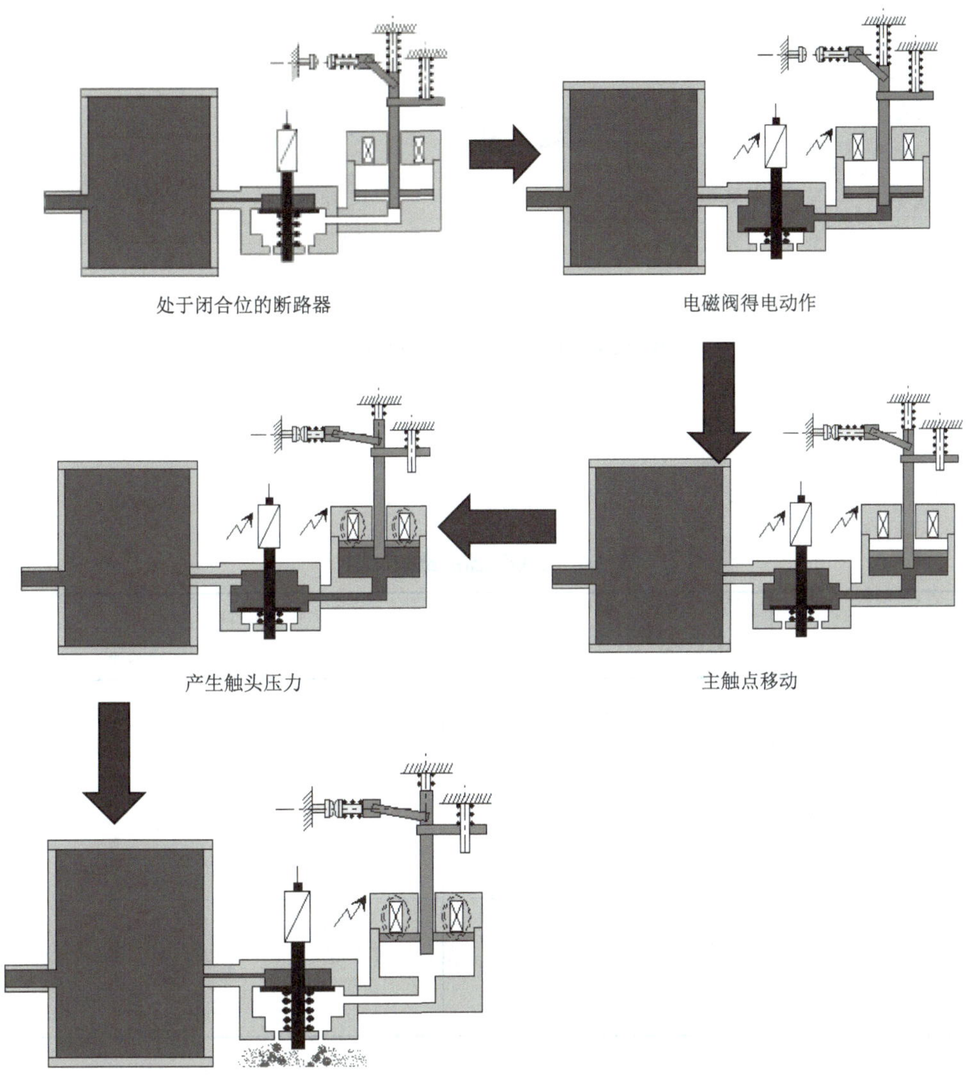

图 2.43　主断路器合闸过程示意图

在合闸过程中，断开电磁阀，将传动风缸内多余的压缩空气排出，可以保证断路器在分闸时快速有效地断开，减少电弧的产生，保护断路器。

2）分闸

主断路器分闸过程示意图如图 2.44 所示，分闸顺序如下。

① 电磁保持电路失电断开。

② 活塞在弹力作用下产生位移（弹力来源于触头压力和恢复弹簧）。

③ 主触点断开，并通过真空室中真空灭弧。

④ 活塞在冲程终点处衰减。

⑤ 主断路器断开。

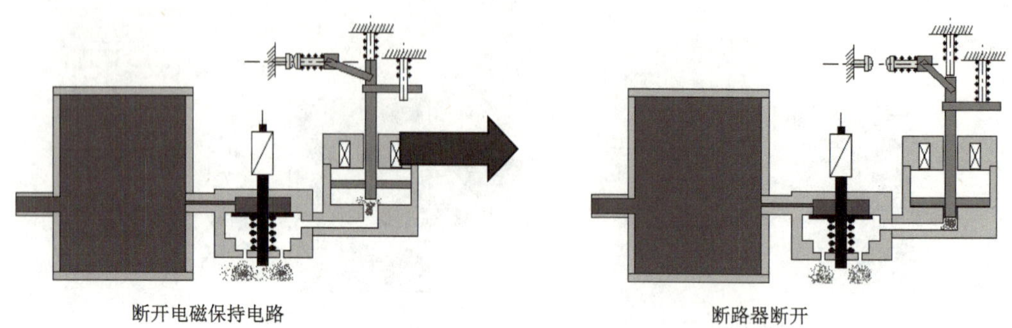

图 2.44　主断路器分闸过程示意图

3. 维护与检修

1）维护计划

主断路器的维护与检修严格按照维护计划进行，如表 2.6 所示。

表 2.6　主断路器的维护计划

维护等级	行驶距离	800 000 km/年 条件下的时间间隔
I1	4 000 km	2 天左右
I2	20 000 km	1.5 周左右
M1	100 000 km	1.5 个月左右
M2	400 000 km	0.5 年左右
M3	800 000 km	1 年左右
R1	1 200 000 km	1.5 年左右
R2	2 400 000 km	3 年左右
R3	4 800 000 km	6 年左右

2）检修修程及项目

维护检修前的注意事项如下。

① 主断路器的检修必须由受过电气和机械组件培训的人员执行！

② 必须隔离连接至断路器的所有电源，以免在检查和维修过程中发生电击事故！

③ 在车顶工作前，接触网线必须断电并进行过接地，并确保不会在未经批准的情况下激活！

④ 维护人员必须使用防坠落保护安全装置（如安全带）！

⑤ 车辆已实施停放制动！

维护检修内容如表 2.7 所示。

表 2.7　检修修程及项目表

序号	组件	检查和检修	维护间隔	等级
1	所有组件	目视检查： 目视检查断路器，尤其是绝缘体陶瓷部分的状况（瓷漆是否裂开或损坏）和 BTE 接地开关的接头（触点弹簧）是否损坏。 检查完毕后，用温和的产品和软布清理脏的部件	3 个月（工作时间和时间间隔取决于空气污染程度）	M1
2	紧固件	检查拧紧扭矩 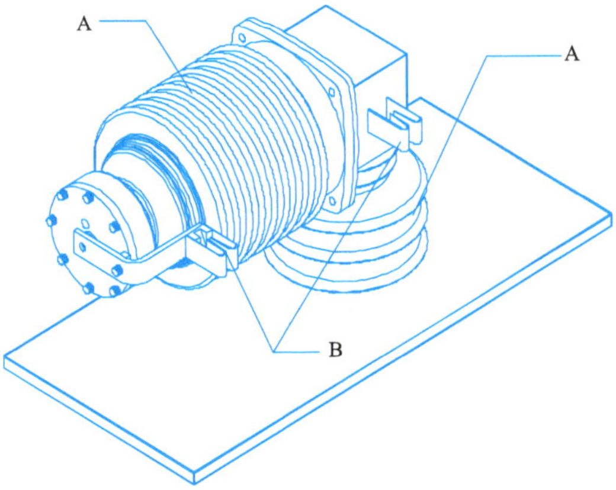 A　A　B A—绝缘体陶瓷部分；B—接地开关接头。 要求： A（高压接头）—67 N·m B（接地接头）—50 N·m C（断路器固定螺钉）—67 N·m	3 个月	M1
3	空气管路	检查空气管路（必须在每年冬天前执行）。 为确保气动元件运行正确，必须排空可能积聚冷凝水的地方，清除车辆管道系统中的冷凝水。 排放压力调节器及 BVAC 储风缸，并检查是否存在泄漏	3 个月（冬天前）	M1
4	真空开关管	简单维修保养： 检查开关管内的真空； 要确定开关管内的真空状态，必须通过真空试验器执行绝缘试验。因其试验耐压较大，因此，必须断开车辆高压（HV）连接，才能执行试验。 注意： 即使开关管内的真空合格，如已超出电气寿命或机械寿命，也须分别更换真空开关管或整个 BVAC 断路器	1 年（或在出现特殊情况后检查，如在未知电流下出现短路、出现异常机械冲击或在无避雷器的情况下出现雷电）	M3
5	主触点	中间维修： 检查真空开关管内的主触点磨损情况。 注：更换真空开关管需要另外的说明书，并经过专门培训	5 年	R3

4. 常见故障及处理

在日常运行中，因主断路器位于车顶，运行环境恶劣，容易受环境因素的影响，同时由于它在牵引系统中发挥着重要作用，因此要求发生故障时随车人员做出准确判断并采取相应措施，将影响减至最低。

1）主断路器无法闭合

在运行中出现主断路器无法闭合时，需采取的紧急措施为：如果升弓后（人机界面）界面上的主断路器闭合图标不变蓝，则逐个切除牵引变流器，直到变蓝（主断路器释放）并能够闭合主断路器，然后隔离故障牵引变流器，恢复其他牵引变流器。

如果变蓝后主断路器仍然不能闭合，则尝试禁止一端受电弓，升另一端受电弓，合主断路器；若故障仍存在，则从 HMI 操作将车顶隔离开关断开，对两个独立的牵引单元分别检查能否正常工作。

而在入库维修时，通过控制原理分析，我们已经知道要保证主断路器闭合必须首先保证压缩空气的正常供给，同时电路控制连接和空气管路连接的阀门都要状态良好。因此在检修时如果主断路器无法闭合，首先，应检查压缩空气有无进入，当压缩空气进入后，检查低压控制电路的连接器是否连接好，此时可通过目测检查进行，检查项目为连接器是否松动，插针是否存在弯折、脱落现象；若连接器状态良好，则需进一步检查储风罐是否有泄漏，气压是否达到了 4.5 bar。

若上述状态都良好，则可以进一步检查电磁阀的电压值和吸持电磁线圈的电阻是否正常，并检查控制单元控制板的状态。

2）主断路器无法保持闭合状态

在运行中，如果主断路器闭合后又迅速断开，则逐个切除变流器，直到故障消除，然后隔离故障变流器，恢复其他变流器。动车组降级运行。

入库维修时，主断路器闭合状态的保持是通过保持线圈来实现的，因此当它无法保持闭合状态时，首先，应检查保持线圈的电阻值是否正常（约 41 Ω），若远大于或远小于此值，则可判定为保持线圈故障，对其进行更换即可。若电阻值正常，可进一步检查保持线圈与 CMDE 控制单元间的电气连接是否良好，此过程可通过目测实现，目测完成后，对于连接状态良好的线路，则可判定为控制单元控制系统故障，对其进行更换。更换后需对主断路器的功能进行测试。

2.4.3 CRH5 型动车组主断路器

CRH5 型动车组主断路器与接地开关集成在一起，形成一个部件，即高压断路器，起着切断主电路和主电路的接地保护作用，安装在（带受电弓的拖车和带受电弓与吧台的拖车）车顶。

两个动力单元各 1 个，并另设一个以便对两台受电弓进行隔离，因此，全列车共计 3 个断路器。主断路器（DJ）为真空型，额定开断容量为 440 mVA，额定电流为 1 000 A，额定断路电流为 6 000 A，额定开断时间小于 0.025～0.06 s，电磁控制空气动作。

正常情况下，主断路器连接到一个接地开关上。当接地开关在接地位时，所有电路的牵引流及再生流主断路器接地。

主断路器将动车组高压电路与接触网隔离。主电路断路器的关闭通过控制电磁铁和其感应线圈动作来完成。电磁励磁在切换之后，给设备内的电容充电大约 1 s。打开电路断路器可以通过给其感应线圈断电来完成。

在每个阶段的过程中，辅助触点通过电气接口向列车监控系统通报主断路器的状态。如

果主触点被卡住，则由一个辅助触点提供信息。

1. 技术参数

CRH5 主断路器的技术参数如表 2.8 所示。

表 2.8　CRH5 主断路器的技术参数

隔离基准电压	25 000 V AC
脉冲电压	170 kV
频率	50 Hz
连续额定电流	1 000 A
短路电流开断容量	20 kA
控制电路类型	电气
保持特性	电气
辅助触点数量	4 个常开，4 个常闭
电源电气连接	螺纹端子
信号电气连接	连接器
功率极数	1 个常开
机械寿命	250 000 次循环

2. 结构组成

主断路器结构如图 2.45 所示。

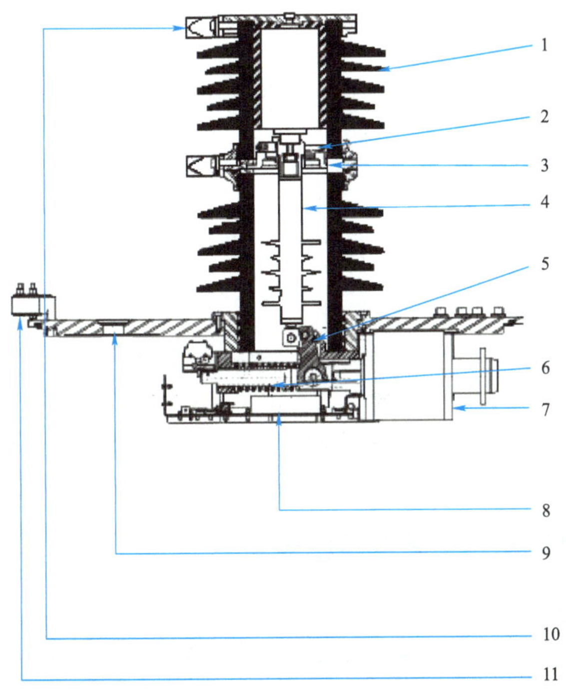

1—上部绝缘体，断路器的触头模压在真空管内部的上方；2—电器连接分路器；3—连接支撑装置；4—作动杆；5—传动杆；6—复位弹簧和第 2 个作动杆；7—电磁铁；8—控制板；9—接地开关安装孔；10—断路器接地用夹子；11—接地开关工作接点。

图 2.45　CRH5 主断路器的结构图

3. 操作过程

主断路器的操作过程如下。

在闭合时，螺线管将机械能传输至传动轴，由该轴经角传动连杆将其作用力传输至控制杆。这样可以确保以 3:1 传动比施加力。施加在活动触点上的作用力可以满足 25 kV 接触网上短路电流的闭合条件。这一作用力由垫圈保证，在闭合速度约为 0.5 m/s、额定触点间距为 9.1 mm 的条件下，其值约为 260 kg。

在开路时，当螺线管保持线圈断电时，恢复弹簧启用，将高压断路器的主触点断开。开路动作将以约 0.55 m/s 的速度进行。冲击将由一个减振垫圈减弱，以减弱真空开关气囊上的应力。

在每次操作时，辅助触点会通过电气连接器向牵引系统生成主触点状态信息。此外，还采用一个辅助触点来检查真空开关的触点是否确已闭合。

闭合：在上电时，直－直变流器由蓄电池电压供电。接触器处于断电位置，用于通过一个 24 Ω 电阻器对电容器充电。在电容器充电结束时，可以在司机面板上发出请求闭合指令。这时，接触器闭合，并切换吸引线圈中的电容器负载。在此期间变流器为空载。在充电时间结束时，闭合接触器闭合。此时螺线管处于闭合状态，并由保持线圈的电源所产生的磁场保持闭合，该电源由牵引控制保持电路提供。

开路：当保持控制触点断开时，螺线管保持线圈的控制电源被断开，螺线管返回其断电位置。

任务 2.5　其他网侧高压电器

任务描述

掌握动车组其他高压电器的组成及技术特点。

掌握其他高压电器的维护及检修方法。

掌握其他高压电器的常见故障及处理方法。

相关知识

动车组通过受电弓实现弓网连接和高电压的传输，在整个传输过程中，除了需要主断路器对线路进行控制外，还需要对线路的电压、电流进行测量及检测，除此之外，在相关人员进行检修时，还需要提供必要的保护安全措施。这些功能就需要通过相关的高压电器来实现。不同车型的动车组高压电器配置方式存在一定的差异。

2.5.1 CRH380B 型动车组用其他高压电器

1. CRH380B 接地开关

在主断路器旁边的一个单独底座上安装了接地开关，在不工作状态下，开关手柄处于水平位置，当转到主断路器两端的接地触点，此时手柄处于接地位置。接地隔离开关可以在车内手动操作，联锁装置确保只有当列车高压系统与接触网断开后才能起作用。接地隔离开关具有防止短路的功能，接地开关结构如图 2.46 所示。

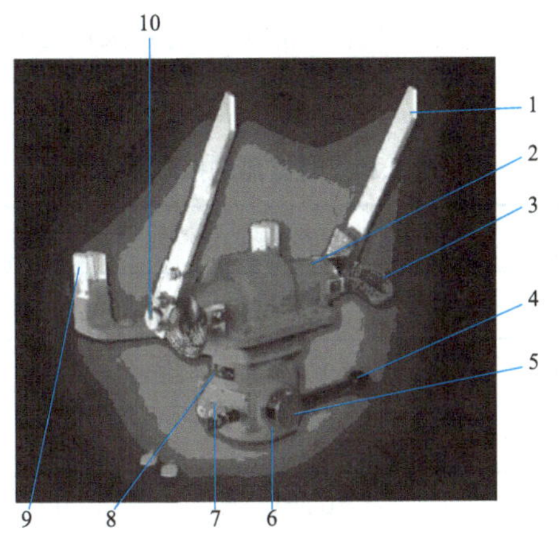

1—闸刀；2—上罩；3—软连接线；4—操纵杆；5—转盘；6—下罩；
7—机械联锁机构；8—铭牌；9—刀夹；10—转轴。

图 2.46　接地开关结构图

1）接地开关的技术参数

接地开关的技术参数如表 2.9 所示。

表 2.9　接地开关的技术参数

额定频率	50 Hz
额定电压	25 kV
短时耐电流值	16 kA
额定峰值电流	40 kA
运行机构类型	手动操作

2）接地开关的使用方法

闸刀通过支架安装在轴上，而轴、曲柄组装、连接杆组装及操纵杆组装则组成一个传动机构，转动操纵杆，使整个传动机构进行传动，进而使得轴带动闸刀旋转一定的角度。根据设计，在操纵杆从一端旋转 180° 到另一端时，闸刀也相应从“工作位”旋转 102° 到“接地位”或者从“接地位”旋转 102° 到“工作位”。而控制其是否能够转动的则是锁组装。锁组装共有 3 个锁，其中 1 个供蓝色钥匙使用，2 个供黄色钥匙使用。仅在蓝色锁被蓝色钥匙打开后，操纵杆才能从“操作”位置旋转到“接地”位置。一旦旋转到“接地”位置，联锁机构就被带有黄色钥匙的锁锁在此位置，然后可将钥匙从锁中拔下来，接地开关运行及接地位示意图如图 2.47 所示。

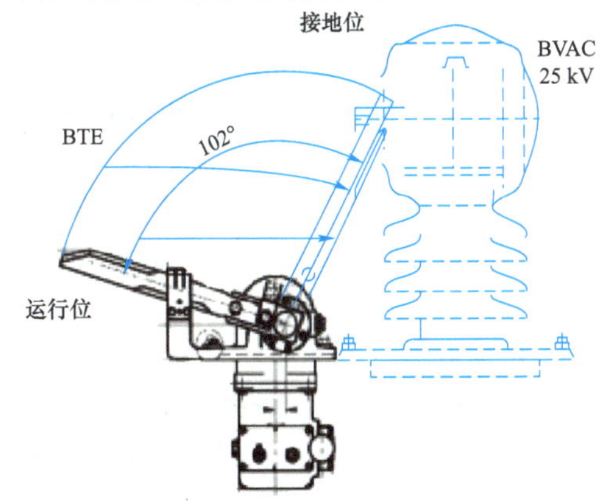

图 2.47　接地开关运行及接地位示意图

2. 避雷器

避雷器安装在每个受电弓的右后方，用于保护列车及后段的电气系统防止过压（如闪电过压）通过接触线进入列车。位于变压器原边前段的避雷器用于防止主变压器中不能承受的开关产生的电压。避雷器的技术参数如表 2.10 所示。

表 2.10　避雷器的技术参数

名　　称	变压器避雷器的技术参数	车顶避雷器的技术参数
额定电压	37 kV	40 kV
持续电压	30 kV（31 kV 持续 5 分钟）	32 kV
标称放电电流峰值	10 kA	10 kA
在 8/20 μs 下的最大残余电压	100 kV	100 kV
压力放电	40 kA	40 kA

3. 车顶电缆隔离开关

车顶电缆隔离开关位于变压器车上，在正常情况下处在闭合状态，当发生故障时，隔离开关将车顶电缆隔离。车顶隔离开关是一个单极开关，其结构示意图如图 2.48 所示。在隔离开关内部有气动作动器，通过绝缘体支撑实现运行接地隔离。气动作动器使隔离开关绕一个垂向轴转动，气动作动器隔离叶片的两端分别接触绝缘体以实现主电路的开关。

图 2.48　车顶隔离开关结构示意图

电磁线圈阀控制作动器的动作缸，在开关位置有两个控制阀。控制阀通过电脉冲信号触发和控制动作方向。隔离开关没有进一步的最终位置联锁，在牵引状态连续提供压缩空气，压缩空气从 MR 管中获得，列车在整备状态下通过辅助空气压缩机供风。

4. 车顶电缆

动车组的两个高压子系统通过车顶电缆进行相互连接，车顶电缆穿过所有中间车。中间车车顶电缆是一种柔软的无卤单心电缆，穿过车顶多层区域，电缆从车顶到转换到底下设备的通道区域是密封的。其技术参数如表 2.11 所示。

表 2.11　车顶线缆的技术参数

绝缘等级	DIN VDE 0207 Part 20（Ref.22）
绝缘外套	DIN VDE 0207 Part 24（Ref.23）
额定频率	50 Hz
最大持续运行电压	31 kV
额定电流	250 A（如果电缆在线槽内）

5. 跨接电缆

在动车组中车顶电缆将两个变压器车连接起来。车辆间电缆必须引导。连接通过位于车端的支撑绝缘体和跨接电缆来实现（复绕灯丝的支架被固定在支撑绝缘体上），跨接电缆布置要确保绝缘间距。复绕灯丝设计能够满足车体间的最大相对运动，如图 2.49 所示。每单个绕组的尺寸能够满足最大运行电流要求。如果一个绕组断了，电流会被另一个绕组保持，而且通过目测就很容易检查。

图 2.49　车顶跨接电缆

2.5.2　CRH5 型动车组用其他高压电器

CRH5 车顶高压电器布置如图 2.50 所示。

综合测量仪为车顶安装设备，设计用于读取电压、电流等输入参数，以进行测量和控制。综合测量仪设备安装在 TP 和 TPB 车的车顶上，一端（+HT）连接至受电弓，另一端（－HT）连接至高压断路器。综合测量仪设备带有一个金属箱（固定在车顶上），所有高压组件（暴露在大气中）均位于箱体上方，带有电子设备的低压组件则安置在箱内。

综合测量仪包括以下高压组件：

① 线电压传感器（TPM）；

② 线电流传感器（TAL）；

③ 避雷器（FSC）。

④ 连接线排连接不同高压组件并紧固输入和输出系统之间的电气连接。

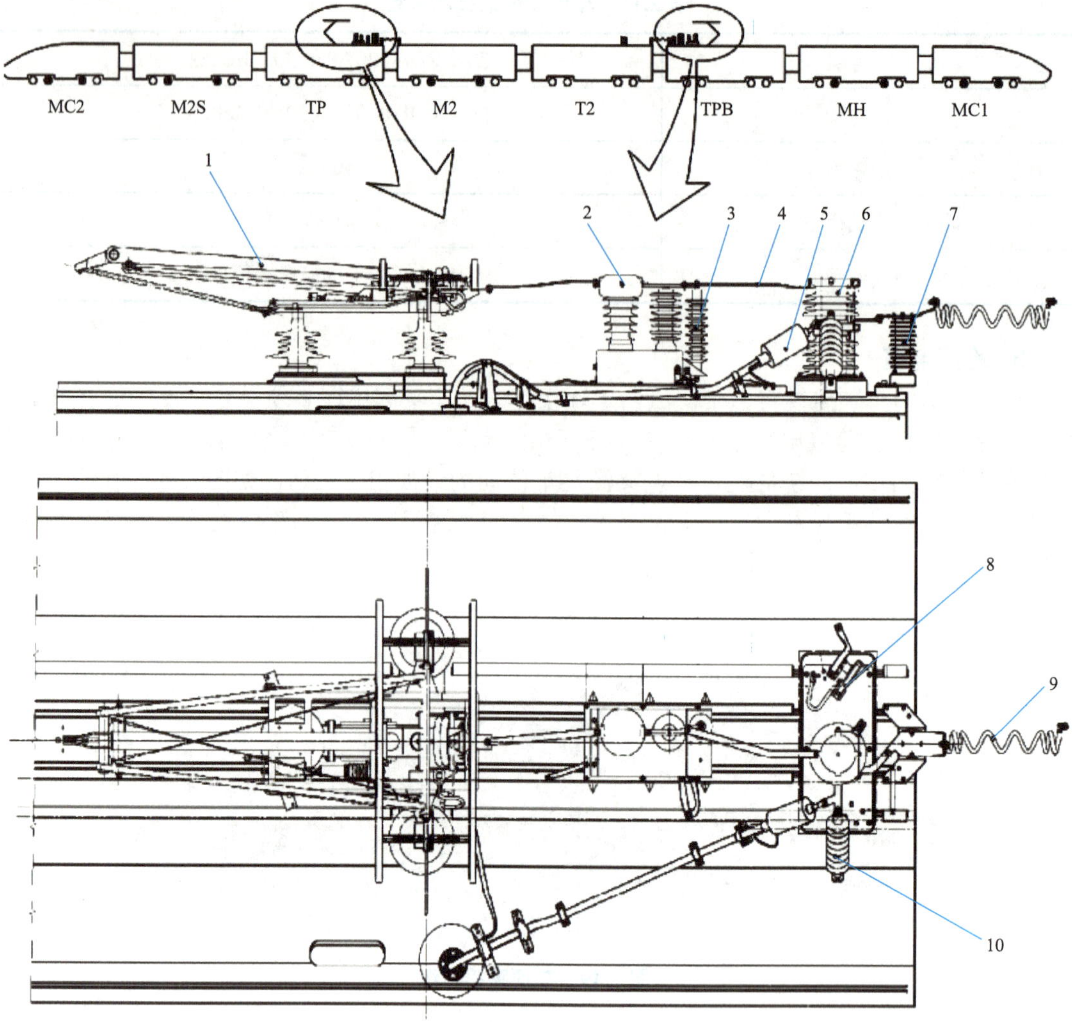

1—受电弓；2—综合测量仪；3—避雷器（FSC)；4—综合测量仪线排；5—用于将 DJ 连至变压器的预装配电缆；
6—高压断路器（DJ)；7—高压支承绝缘子；8—接地闸刀开关（SMT1)；
9—跳线，横截面积 95 mm^2；10—避雷器（FSC1)。

图 2.50 CRH5 高压电器布置图

综合测量仪通过连接器与本地牵引控制器（CLT）和牵引控制单元（TCU）连接。

综合测量仪配有馈电线电压表和线电流表，它包括以下三部分：高压部分、电源部分和低压部分。所有上述部分均被绝缘，以保证高电气安全性和各部分间的电磁兼容性。

（1）线电压传感器

线电压传感器集成在高压绝缘子内部。它通过一个电阻分压器测量受电弓所获得的线电压值，并检查其频率特性。测得的电流信号正比于瞬时线电压，它将通过光纤发送至本地牵引控制器中的电子设备。该电子设备与配有微处理器的 2 个电子模块接口。这 2 个模块负责执行“本地牵引控制器”的任务。它安装在高压箱内部，并布置在车辆底架上。线电压传感器通过以下输出与每台牵引变流器中的牵引控制单元以接口连接：

① 2 个诊断用数字输出；

② 1 个数字输出；

③ 8 个电气独立的模拟输出。

由数字和模拟电子卡管理并控制上述输出。当测得频率处于 31～60 Hz 范围且有效电压值高于 5 kV rms 时，线电压传感器正常工作。它由 24 V DC 蓄电池电压供电。

（2）线电流传感器

线电流传感器由位于综合测量仪金属箱内的 2 个单元组成。这 2 个单元通过光纤相互连接。第 1 个单元连接至高压，它包括一个电流互感器。第 2 个单元从光纤接收信号，并提供模拟输出。

电流信号正比于瞬时线电流。本地牵引控制器中配有微处理器的 2 个电子模块负责处理传感器生成的 2 个模拟输出。本地牵引控制器安装在高压箱内，置于车辆底架上。模拟输出的目的如下。

① 当由 25 V 交流线路供电时，检测某一组件所吸收的电流水平，并在相应的司机台监视器上实现线路电流计的指示。

② 实现对相关断路器快速断路（在 100 ms 以内）的最大电流保护。当继电器触点被断开时，电流保护生效，以中断断路器控制电路的供电。当传感器内电流的峰值超过设定的保护值且相关断路器闭合超过 4 s 时出现此情况。

（3）避雷器

避雷器安装在综合测量仪设备上。它用于保护所有电气设备免受过电压的损坏。此装置与电子模块接口，以执行本地牵引控制器。相关高压开路时，此避雷器可能发生的故障（如短路）可通过车载诊断系统中的线电流传感器检测到。

拓展知识

复兴号高压电器

动车组的高压系统是动车组关键技术中最重要的一项，系统包括受电弓、高压箱和高压电缆及其附件等。高压电器的安装布置方式充分考虑其安全性、可靠性。高压系统具备为全车供电、电气保护、监测网压及工作电流和在线绝缘检测的能力。受电弓是利用车顶接触网获取和传递电流的机械组成。复兴号高压电器采用集成箱的形式，如图 2.51、图 2.52 所示。

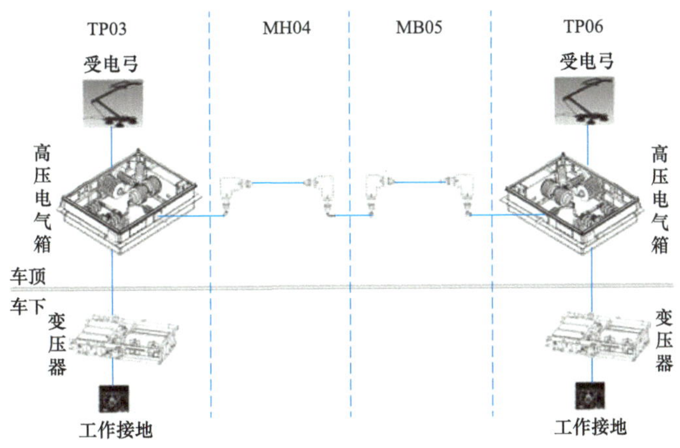

图 2.51　复兴号高压系统组成

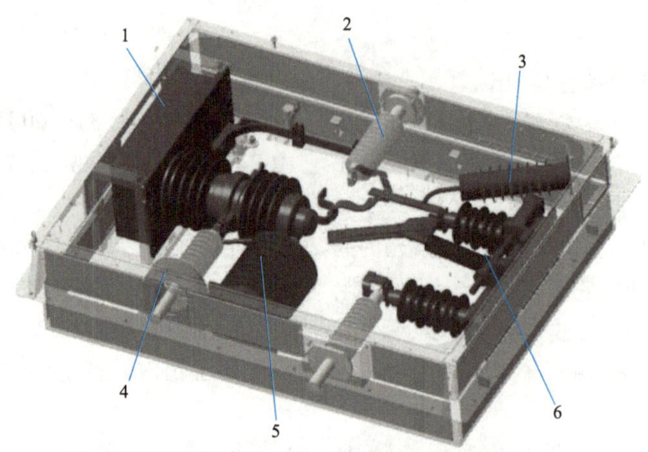

1—真空断路器接地保护开关；2—线缆连接；3—避雷器；
4—电流互感器；5—电压互感器；6—高压隔离开关。

图 2.52　复兴号高压箱示意图

每列动车组都由两个对称的牵引单元（01～04 车和 05～08 车）组成，它们通过车顶高压电缆相互连接。

采用该形式既可以实现模块化、集成化，又降低了高压电器的安装高度，减少了高速运行时的空气阻力。

项目3

动车组牵引变压器

项目描述

本项目主要介绍动车组牵引变压器的结构原理和常见故障的分析处理，为实际解决动车组牵引变压器故障打下基础。

学习目标

1. 能力目标

了解动车组牵引变压器相关理论知识。

熟悉动车组牵引变压器的结构组成及工作原理。

掌握动车组牵引变压器的检修规程及作业标准。

2. 知识目标

能够区分各型动车组牵引变压器。

能够对动车组牵引变压器进行一般维修。

能够判断动车组牵引变压器的简单故障并处理。

能够掌握动车组牵引变压器应急故障的处理流程。

3. 素质目标

培养学生自学的能力。

培养学生勤奋刻苦的学习态度和严谨的职业素养。

任务 3.1　变压器概述

工作任务

1. 掌握变压器的种类和基本结构。
2. 掌握变压器的工作原理及特性。

相关配套知识

变压器是一种常见的静止电气设备，它利用电磁感应原理，将某一数值的交变电压变换为同频率的另一数值的交变电压。

制动在动车组交－直－交牵引传动系统中，牵引工况时单相交流 25 kV 高压电要经过牵引变压器，再生制动工况能量反馈时也要经过牵引变压器。在动车组运行过程中，牵引工况和再生制动工况交替，对于变压器而言就是升压和降压的过程。这种功能的实现，需要了解变压器的结构组成，掌握变压器的工作原理，以及对应的运行特性。

3.1.1　变压器的种类

变压器的种类很多，通常根据变压器的用途、绕组数目、铁心结构、相数、调压方式、冷却方式等进行分类。

1. 按用途分类

变压器可分为电力变压器、特种变压器、仪用互感器、控制变压器、其他变压器。

（1） 电力变压器

电力变压器用于电能的输送与分配，这是生产数量最多、使用最广泛的变压器。按其功能不同又可分为升压变压器、降压变压器、配电变压器等。

变压器的总容量大致相当于发电机容量的三倍。输电过程中，通常先将电压升高，通过高压输电线传送到远方的城市，然后经过降压变压器降为 10 kV 电压，再经过配电降压变压器分配给用户。

当输送同样功率的电时，若电压低则电流大，但是，由于大电流在输电线路上引起的损耗较大，并且大电流在线路阻抗上会产生大的压降，易造成受电端电压很低，电能传送不出去的情况。因此，只有高电压能将电能输送到远方，如图 3.1、图 3.2 所示，升压变压器指升高电压的变压器，降压变压器指降低电压的变压器。电力变压器外形如图 3.3 所示。

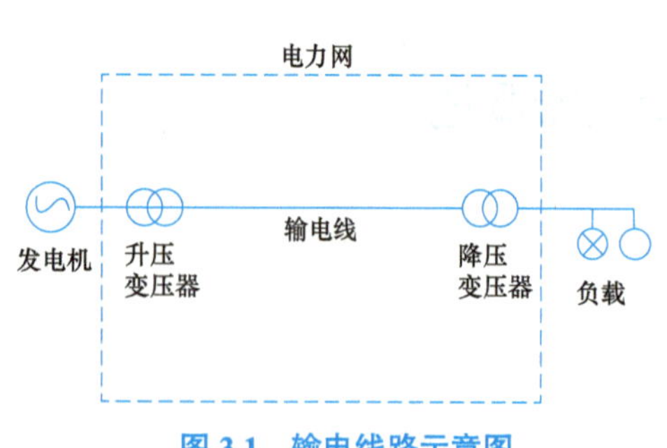

图 3.1　输电线路示意图

图 3.2　电力变压器示意图

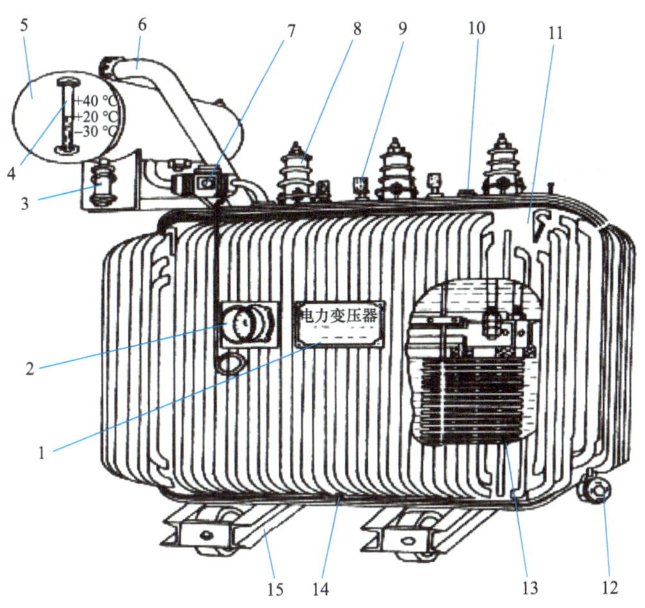

1—铭牌；2—信号温度计；3—吸湿器；4—油表；5—储油柜；6—安全气道；7—气体继电器；8—高压套管；9—低压套管；10—分接开关；11—油箱；12—放油阀门；13—器身；14—接地板；15—小车。

图 3.3　电力变压器的外形图

（2）特种变压器

特种变压器是在特殊场合使用的变压器，如作为焊接电源的电焊变压器，专供大功率电炉使用的电炉变压器，将交流电整流成直流电时使用的整流变压器等。

（3）仪用互感器

仪用互感器用于电工测量，如电流互感器、电压互感器等。

（4）控制变压器

控制变压器容量一般都比较小，用于小功率电源系统和自动控制系统，如电源变压器、输入变压器、输出变压器、脉冲变压器等。

（5）其他变压器

其他变压器包括试验用的高压变压器、输出电压可调的调压变压器、产生脉冲信号的脉冲变压器、压力传感器中的差动变压器等。

2. 按绕组数目分类

变压器可分为双绕组、三绕组、多绕组变压器及自耦变压器。

3. 按铁心结构分类

变压器可分为心式和壳式变压器。

4. 按相数分类

变压器可分为单相变压器、三相变压器和多相变压器。

5. 按调压方式分类

变压器可分为无励磁调压变压器和有载调压变压器。

6. 按冷却方式和冷却介质分类

变压器可分为以空气为冷却介质的干式变压器、以油为冷却介质的油浸式变压器（包括油浸自冷式、油浸风冷式、油浸强迫油循环式等）和充气式冷却变压器。

7. 按容量分类

变压器可分为小型变压器（容量为 10～630 kVA）、中型变压器（容量为 800～6 300 kVA）、大型变压器（容量为 8 000～63 000 kVA）和特大型变压器（容量在 90 000 kVA 以上）。

3.1.2　变压器的基本结构

变压器的主要构成部分有铁心、绕组（又称线圈）、绝缘套管、油箱及其他附件等。无论是单相变压器、三相变压器，还是其他各类变压器，均主要由铁心和绕组两大部分组成。这两大部分是变压器的主要部件，称为器身。油箱起机械支撑、冷却散热和保护作用，变压器油起冷却和绝缘作用；绝缘套管将变压器内部的高低压引线引到油箱外部，不但作为引线对地绝缘，而且担负着固定引线的作用。

1. 铁心

铁心构成了变压器的磁路，同时又是套装绕组的骨架。铁心分为铁心柱和铁轭两部分，如图 3.4 所示。铁心柱上套绕组，铁轭将铁心柱连接起来形成闭合磁路，铁心平面布置如图 3.5 所示。

图 3.4　变压器铁心结构组成

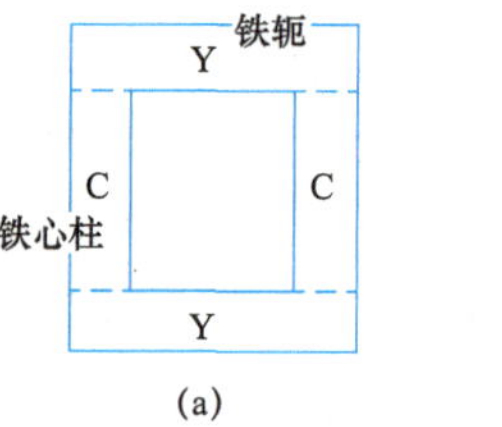

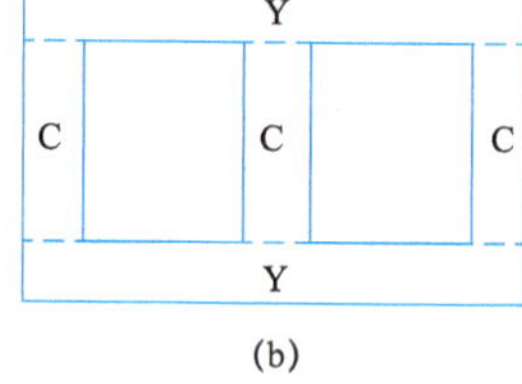

图 3.5　变压器的铁心平面布置示意图

为了减少铁心中的磁滞、涡流损耗，提高磁路的导磁性能，铁心一般用高磁导率的磁性材料——硅钢片叠装而成，如图 3.6 和图 3.7 所示。硅钢片有热轧和冷轧两种，其厚度为 0.35～0.5 mm，两面涂以厚 0.02～0.23 mm 的漆膜，使片与片之间绝缘。

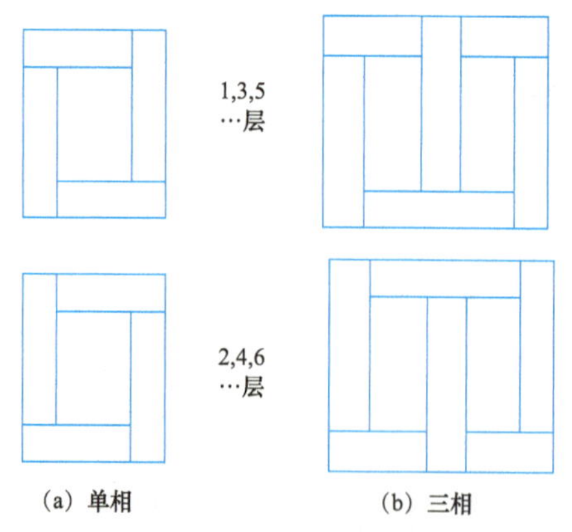

图 3.6　变压器的铁心硅钢片交错式叠装法

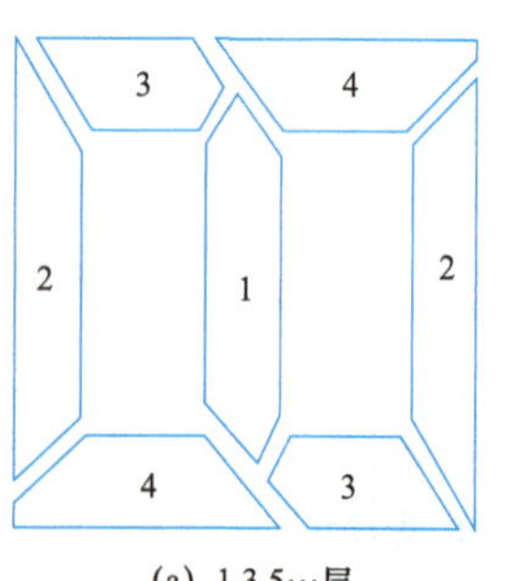

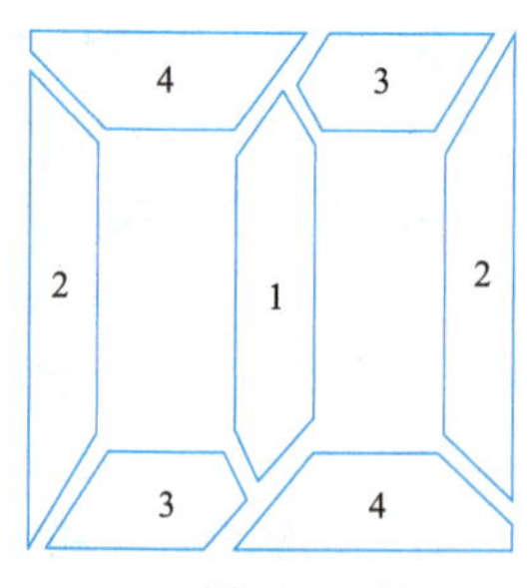

图 3.7　斜切冷轧硅钢片铁心的叠装法

心式变压器结构的特点是铁心柱被绕组包围。心式结构比较简单，绕组装配及绝缘比较容易。心式变压器示意图如图 3.8 所示。

壳式变压器结构的特点是铁心包围绕组顶面、底面和侧面。壳式结构的变压器机械强度较好，但制造复杂。壳式变压器示意图如图 3.9 所示。

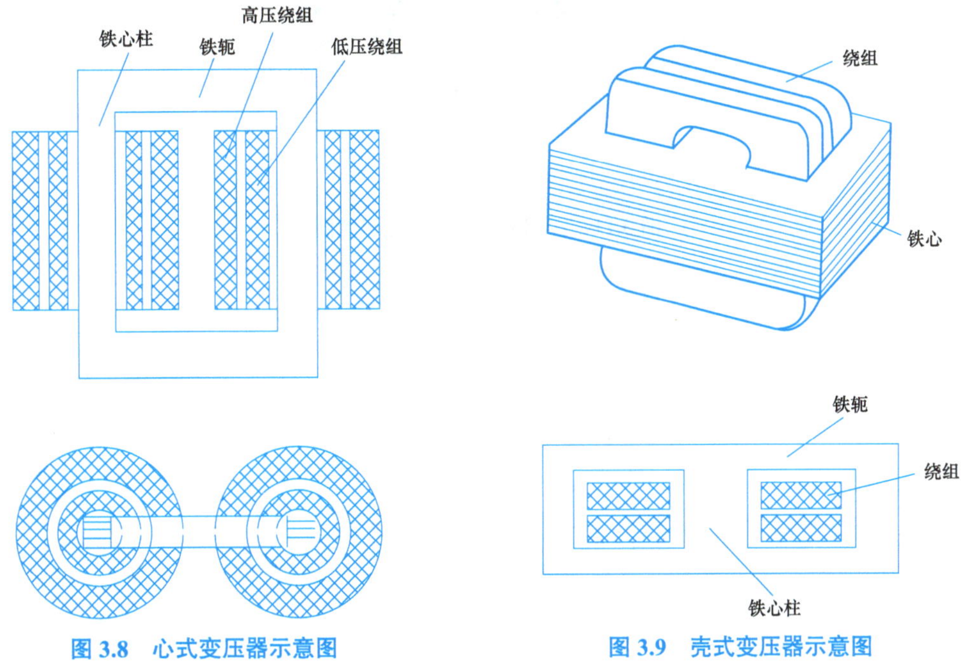

图 3.8　心式变压器示意图　　图 3.9　壳式变压器示意图

为节省材料和利用空间，铁心柱截面一般做成外接圆的多级阶梯形，三相三柱心式铁心示意图如图 3.10 所示。

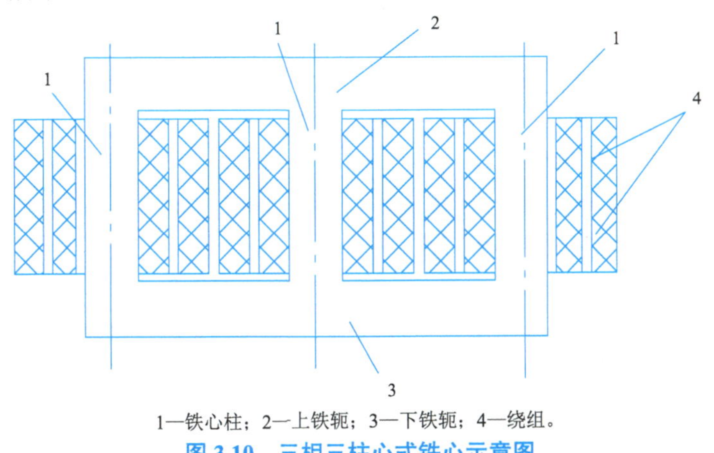

1—铁心柱；2—上铁轭；3—下铁轭；4—绕组。

图 3.10　三相三柱心式铁心示意图

2. 绕组

绕组是变压器的电路部分，它由铜或铝绝缘导线绕制而成，三相五柱壳式绕组示意图如图 3.11 所示。变压器的一次绕组（原绕组）输入电能，二次绕组（副绕组）输出电能，它们通常套装在同一个铁心柱上，变压器铁心截面示意图如图 3.12 所示。一次和二次绕组具有不同的匝数，通过电磁感应作用，一次绕组的电能就可以传递到二次绕组，且使一、二次绕组具有不同的电压和电流。两个绕组中，电压较高的称为高压绕组，相应电压较低的称为低压绕组。从高、低压绕组的相对位置来看，变压器的绕组又可分为同心式和交叠式。

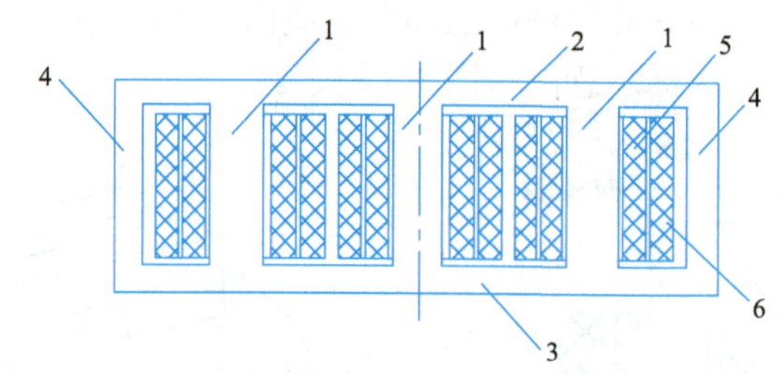

1—铁心柱；2—上铁轭；3—下铁轭；4—旁轭；5，6—高低绕组。

图 3.11　三相五柱壳式绕组示意图

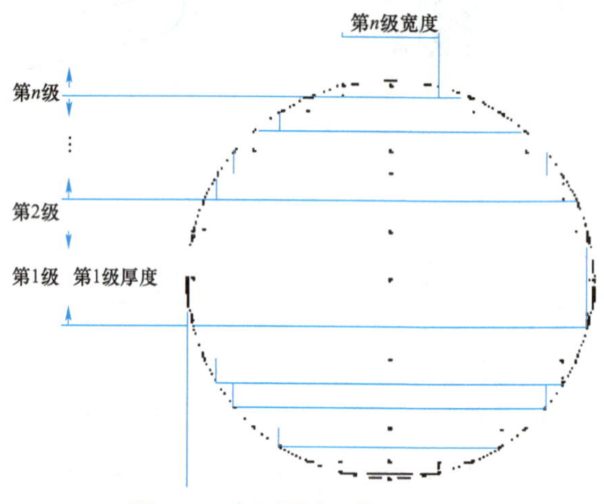

图 3.12　变压器铁心截面示意图

（1）同心式绕组

高、低压绕组同心套装在同一铁心柱上。为了便于与铁心绝缘，将低压绕组套装在里面，高压绕组套装在外面，高、低绕组之间留有空隙，可作为油浸式变压器的油道，既有利于散热，又可作为高、低压绕组间的绝缘。同心式绕组按其绕制方法的不同又可分为圆筒式、螺旋式和连续式等多种。同心式绕组结构简单、制造方便，小型电源电压器、控制变压器、低压照明变压器等均采用这种结构。

（2）交叠式绕组

交叠式绕组又称饼式绕组，是将高压绕组与低压绕组分成若干个“线饼”，同时交叠式绕组的高、低压绕组沿铁心柱高度方向交叠排列。为了减小绝缘层的厚度，通常是低压绕组靠近铁轭，这种结构主要用在壳式变压器中。交叠式绕组的主要优点是漏抗小，机械强度好，引线方便。这种绕组形式主要应用在低电压、大电流的变压器，如容量较大的电炉变压器及电阻电焊机（如点焊、滚焊、对焊电焊机）变压器等。

3. 油箱

对于油浸式变压器，为了铁心和绕组的散热和绝缘，均将其置于绝缘的变压器油内（即装在油箱内，油箱内充满变压器油）。为了增加散热面积，一般在油箱四周加装散热装置，老型号电力变压器采用在油箱四周加焊扁形散热油管的方式。新型电力变压器大多采用片式散热器散热。容量较大的电力变压器采用风吹冷却或强迫油循环装置来散热。

大部分变压器在油箱上还安装有储油柜，它通过连接管与油箱相通。储油柜内的油面高度随变压器油的热胀冷缩而变动。储油柜使变压器油与空气的接触面积大为减少，从而减缓了变压器油的老化程度。新型的全充油密封式电力变压器则取消了储油柜，运行时变压器油的体积变化完全由设在侧壁的膨胀式散热器（金属波纹管）来补偿，变压器端盖与箱体之间焊为一体，设备免维护，运行安全可靠。

变压器油有两个作用：一是在变压器绕组与绕组、绕组与铁心及油箱之间起绝缘作用；二是变压器油受热后产生对流，对变压器铁心和绕组起散热作用。

4. 绝缘套管

变压器的引线从油箱内穿过时，必须经过绝缘套管，从而使高压引线和接地的油箱绝缘。绝缘套管是一根中心导电杆，外面有瓷套管绝缘。为了增加爬电距离，套管外形做成多级伞形。电压越高，其外形尺寸越大，变压器绝缘套管示意图如图 3.13 所示。

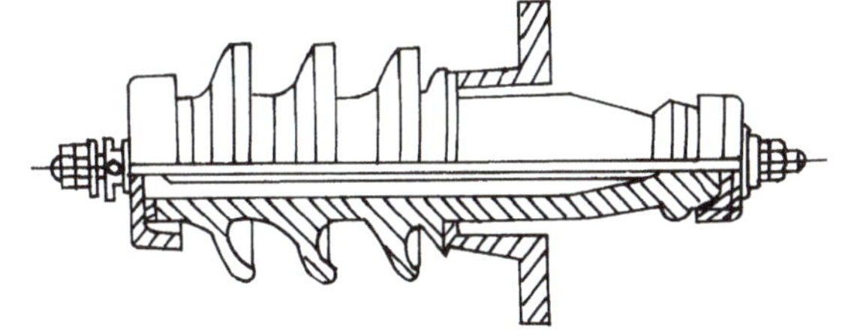

图 3.13　变压器绝缘套管示意图

5. 其他附件

典型的油浸式电力变压器中还有储油柜（油枕）、吸湿器（呼吸器）、安全气道（防爆管）、继电保护装置、调压分接开关、温度监控装置等附件。

在油箱和储油柜之间的连接管中设有气体继电器，当变压器发生故障时，内部绝缘物气化，使气体继电器动作，发出信号或使开关跳闸。

安全气道（防爆管）装在油箱顶部，它是一个长的圆形钢筒，上端用酚醛纸板密封，下端与油箱相连，变压器其他附件示意图如图 3.14 所示。若变压器发生故障，使油箱内压力骤增，则流油将冲破酚醛纸板，避免造成变压器箱体爆裂。近年来，国产电力变压器已广泛采用压力释放阀来取代安全气道（防爆管），其优点是动作精度高、延时时间短、能自动开启及自动关闭，克服了停电更换安全气道的缺点。

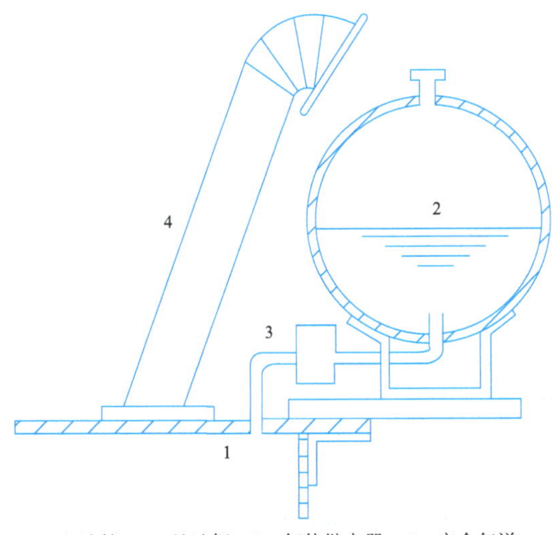

1—主油箱；2—储油柜；3—气体继电器；4—安全气道。

图 3.14　变压器其他附件示意图

3.1.3　变压器的工作原理

如图 3.15 所示，两个相互绝缘的绕组套在一个共同的铁心上，它们之间只有磁的耦合，没有电的联系。其中与交流电源相接的绕组称为原绕组或一次绕组，也简称原边或初级；与用电设备（负载）相接的绕组称为副绕组或二次绕组，也简称副边或次级。

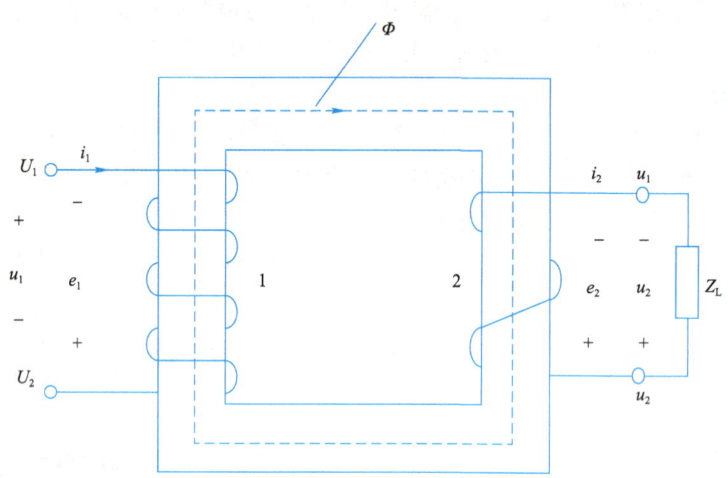

图 3.15　单相变压器原理示意图

一次侧通入电流产生交变磁通，感应出电动势 e_1，即

$$e_1 = -N_1 \frac{\mathrm{d}\phi}{\mathrm{d}t} \tag{3.1}$$

二次侧与一次侧产生的磁通交链进而产生感应电动势 e_2，即

$$e_2 = -N_2 \frac{\mathrm{d}\phi}{\mathrm{d}t} \tag{3.2}$$

$$\frac{e_1}{e_2} = \frac{N_1}{N_2} \tag{3.3}$$

式（3.1）和式（3.2）之比，可得一次、二次绕组感应电动势的大小正比于各自绕组的匝数，而绕组的感应电动势近似于各自的电压。因此，只要改变绕组匝数比就能改变电压，这就是变压器的变压原理。

3.1.4　变压器的运行状态

1. 变压器空载运行

变压器空载运行状态指一次绕组接在额定电压和额定频率的电源上，而二次绕组开路时的运行状态，如图 3.16 所示。

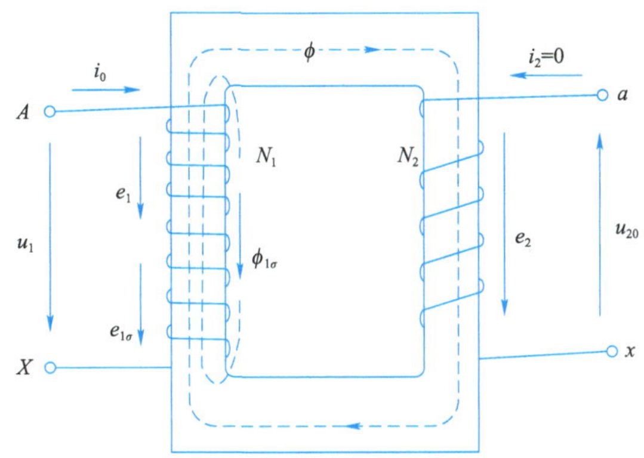

图 3.16　变压器空载运行示意图

1）正方向的规定

① 在负载支路，电流的正方向与电压降的正方向一致，而在电源支路，电流的正方向与电动势的正方向一致。

② 磁通的正方向与产生它的电流的正方向符合右手螺旋定则。

③ 感应电动势的正方向与产生它的磁通的正方向符合右手螺旋定则。

2）空载时的电磁关系

（1） 电动势与磁通的关系

假定主磁通按正弦规律变化，即

$$\Phi = \Phi_m \sin \omega t \tag{3.4}$$

根据电磁感应定律和对正方向的规定，一、二次绕组中感应电动势的瞬时值为

$$e_1 = -N_1 \frac{\mathrm{d}\phi}{\mathrm{d}t} = -\omega N_1 \Phi_m \cos \omega t \tag{3.5}$$

$$e_1 = E_m \sin(\omega t - 90°) = \sqrt{2} E_1 \sin(\omega t - 90°) \tag{3.6}$$

$$e_2 = -N_2 \frac{\mathrm{d}\phi}{\mathrm{d}t} = -\omega N_2 \Phi_m \cos \omega t = \sqrt{2} E_2 \sin(\omega t - 90°) \tag{3.7}$$

从表达式（3.5）中得出，电动势总是滞后于产生它的磁通 90°。由式（3.6）和式（3.7）可得

$$E_1 = \frac{\omega N_1 \Phi_m}{\sqrt{2}} = 4.44 f N_1 \Phi_m \tag{3.8}$$

$$E_2 = \frac{\omega N_2 \Phi_m}{\sqrt{2}} = 4.44 f N_2 \Phi_m \tag{3.9}$$

（2） 电动势平衡方程式

根据对正方向的规定，可以得到空载时电动势平衡方程式为

$$\dot{U}_1 = -\dot{E}_1 - \dot{E}_{1\sigma} + \dot{I}_0 R_1 \tag{3.10}$$

将漏感电动势写成压降的形式，即

$$\dot{E}_{1\sigma} = -j\omega L_{1\sigma} \dot{I}_0 = -j x_{1\sigma} \dot{I}_0 \tag{3.11}$$

$$\dot{U}_1 = -\dot{E}_1 + \dot{I}_0 R_1 + j\dot{I}_0 x_{1\sigma} = -\dot{E}_1 + \dot{I}_0 Z_1 \tag{3.12}$$

式中，$Z_1=R_1+jx_{1\sigma}$ 为一次绕组的漏阻抗。

对于电力变压器，空载时一次绕组的漏阻抗压降 I_0Z_1 很小，其数值不超过 U_1 的 0.2%，将 I_0Z_1 忽略，则上式变成

$$\dot{U}_1 \approx -\dot{E}_1 \tag{3.13}$$

二次侧，由于电流为零，则二次侧的感应电动势等于二次侧的空载电压，即

$$\dot{U}_{20} \approx \dot{E}_2 \tag{3.14}$$

（3） 变压器的变比

在变压器中，一次、二次绕组的感应电动势 E_1 和 E_2 之比称为变压器的变比，即

$$K=\frac{E_1}{E_2}=\frac{4.44fN_1\Phi_m}{4.44fN_2\Phi_m}=\frac{N_1}{N_2} \tag{3.15}$$

式（3.15）表明，变压器的变比等于一次、二次绕组的匝数比。当变压器空载运行时，由于 $U_1 \approx E_1$，$U_{20}=E_2$，故可近似地用空载运行时一次、二次的电压比来作为变压器的变比，即

$$\frac{U_1}{U_{20}} \approx \frac{E_1}{E_2}=\frac{N_1}{N_2}=K \tag{3.16}$$

由以上分析可知：

① 变压器一次、二次绕组的电压与一次、二次匝数成正比，即变压器有变换电压的作用；

② 当频率 f 与匝数 N 为常数时，加在变压器上的交流电压 U_1 为恒定值，则变压器铁心中的磁通 Φ_m 基本上保持不变；

③ 通常将 $K>1$ 的变压器称为降压变压器；$K<1$ 的变压器称为升压变压器。

2. 变压器负载运行

变压器负载运行是指变压器一次绕组接额定电压，二次绕组与负载相连的运行状态，如图 3.17 所示。

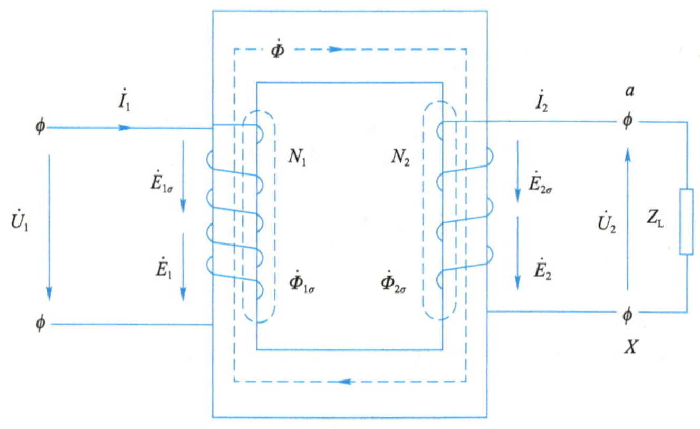

图 3.17　变压器负载运行示意图

当变压器二次绕组接上负载后，二次绕组流过负载电流 I_2，并产生去磁磁势 N_2I_2，为保持铁心中的磁通 Φ 基本不变，一次绕组中的电流由 I_0 增加到 I_1，磁动势变为 N_1I_1 以抵消二

次绕组电流产生的磁动势的影响。

1）磁动势平衡方程式

$$N_1\dot{I}_0 = N_1\dot{I}_1 + N_2\dot{I}_2 \tag{3.17}$$

$$\begin{aligned}\dot{I}_1 &= \dot{I}_0 + \left(-\frac{N_2}{N_1}\dot{I}_2\right)\\ &= \dot{I}_0 + \left(-\frac{1}{K}\dot{I}_2\right)\\ &= \dot{I}_0 + \dot{I}_1'\end{aligned} \tag{3.18}$$

由式（3.18）可知，负载时一次侧电流 $\dot{I}_1$ 由建立主磁通 $\boldsymbol{\Phi}$ 的励磁电流 $\dot{I}_0$ 和供给负载的负载电流分量 $\dot{I}_1'$ 组成，$\dot{I}_1'$ 用以抵消二次绕组磁动势作用，使主磁通保持不变。当二次绕组的输出功率增加，二次绕组的电流 $\dot{I}_2'$ 增加，则一次绕组中的电流 $\dot{I}_1'$ 增加，一次侧输入功率也随之增加，从而实现了能量从一次侧到二次侧的传递。

由于变压器的效率都很高，通常可以近似将变压器的输出功率与输入功率看作相等，即

$$U_1I_1 \approx U_2I_2 \tag{3.19}$$

由于空载励磁电流很小 $\dot{I}_0$，上式可表示为

$$\dot{I}_1 = -\frac{N_2}{N_1}\dot{I}_2 \tag{3.20}$$

式中，“－”号表示在相位上相差 180°。

由此可知，变压器一次、二次绕组中的电流与其绕组的匝数成反比，即变压器有变换电流的作用，表达式为

$$\frac{U_1}{U_2} \approx \frac{E_1}{E_2} = \frac{N_1}{N_2} = K \approx \frac{I_2}{I_1} \tag{3.21}$$

由上式可知变压器的高压绕组匝数多、电流小，所需导线细；低压绕组匝数少、电流大，所需导线粗。

2）电动势平衡方程式

一次绕组的电动势平衡方程式为

$$\dot{U}_1 = -\dot{E}_1 + \dot{I}_1(R_1 + jx_{1\sigma}) = -\dot{E}_1 + \dot{I}_1Z_1 \tag{3.22}$$

二次绕组的电动势平衡方程式为

$$\dot{U}_2 = \dot{E}_2 - \dot{I}_2(R_2 + jx_{2\sigma}) = \dot{E}_2 - \dot{I}_2Z_2 \tag{3.23}$$

式中，$Z_2=R_2+ jx_{2\sigma}$ 为二次绕组的漏阻抗，R_2、$x_{2\sigma}$ 分别为二次绕组的电阻和漏电抗。

3）变压器的阻抗变换

变压器不但具有电压变换和电流变换的作用，还具有阻抗变换的作用。当变压器二次绕组接上负载后，则

$$Z = \frac{U_2}{I_2} = \frac{\frac{N_2}{N_1}U_1}{\frac{N_1}{N_2}I_1} = \left(\frac{N_2}{N_1}\right)^2 Z' \tag{3.24}$$

$$Z'=\frac{U_1}{I_1} \tag{3.25}$$

式中，Z'相当于直接接在一次绕组上等效阻抗。

可见，接在变压器二次绕组上负载 Z 与不经过变压器直接接在电源上等效负载Z'减小了 K^2 倍，即负载阻抗通过变压器接在电源上时，相当于将阻抗增加了 K^2 倍。

3. 变压器运行特性

1）电压变化率

由于变压器内部存在着电阻和漏抗，负载时产生电阻压降和漏抗压降，导致次级侧电压随负载电流的变化而变化。设外施电压为额定电压，取空载与额定负载两种情况下的次级侧电压的算术差与空载电压之比定义为电压变化率（又称电压调整率）。

即当变压器从空载到负载运行时，将二次绕组输出电压的变化值 ΔU 与空载电压 U_{20} 之比的百分数称为变压器的电压变化率，可用 $\Delta U\%$表示为

$$\Delta U\%=\frac{U_{20}-U_2}{U_{20}}\times 100\% \tag{3.26}$$

电压变化率反映了供电电压的稳定性。$\Delta U\%$ 越小，则变压器二次绕组输出的电压越稳定。

2）变压器的损耗与效率

变压器从电源输入的有功功率 P_1 与向负载输出的有功功率 P_2 之差为变压器的损耗功率 ΔP，包括铜损耗 P_{Cu} 和铁损耗 P_{Fe} 两部分。

（1） 铁损耗 P_{Fe}

变压器的铁损耗包括基本铁损耗和附加铁损耗两部分。基本铁损耗包括铁心中的磁滞损耗和涡流损耗，它取决于铁心中的磁通密度、磁通交变的频率和硅钢片的质量等。附加铁损耗则包括铁心叠片间因绝缘损伤而产生的局部涡流损耗、主磁通在变压器铁心以外的结构部件中引起的涡流损耗等。附加铁损耗为基本铁损耗的 15%～20%。变压器的铁损耗大小与一次绕组上所加的电源电压大小有关，而与负载的大小无关。当电源电压一定时，铁心中的磁通基本不变，则铁损耗也基本不变，因此铁损耗又称“不变损耗”。

（2） 铜损耗 P_{Cu}

铜损耗由基本铜损耗和附加铜损耗两部分组成。基本铜损耗是由电流在一次、二次绕组电阻上产生的损耗，附加铜损耗是由漏磁通产生的集肤效应使电流在导体内部不均匀而产生的额外损耗。附加铜损耗为基本铜损耗的 2% ～ 3%。在变压器中，铜损耗与负载电流的平方成正比，所以铜损耗又称为“可变损耗”。

（3） 效率 η

效率 η 是变压器的输出功率 P_2 与输入功率 P_1 之比，即

$$\eta=\frac{P_2}{P_1}\times 100\%=\frac{P_2}{P_2+\Delta P}\times 100\% \tag{3.27}$$

变压器在不同的负载电源时，输出功率与铜损耗都不同，因此变压器的效率随负载电流的变化而变化。当铁损耗等于铜损耗时，变压器的效率最高。

任务 3.2　CRH5 型动车组牵引变压器

工作任务

掌握 CRH5 型动车组的基本结构和工作原理。
掌握 CRH5 型动车组牵引变压器的检修流程。

相关配套知识

CRH5 型动车组高压供电及牵引传动系统采用交－直－交传动方式，主要由受电弓、主断路器、牵引变压器、牵引/辅助变流器和牵引电机构成。牵引变压器将受电弓接收的 25 kV 单相电转换成 1 770 V 交流电。降压后的交流电再输入牵引/辅助变流器，逆变成电压和频率可控的三相交流电，输送给牵引电机以牵引整个动车组。

CRH5 型动车组有两个相对独立的主牵引单元，每个牵引单元配备一套完整的高压、牵引及辅助系统，以实现所需的牵引和辅助电路冗余。其中一个单元由 3 辆动车加 1 辆拖车构成（M－M－T－M），另一个单元由 2 辆动车加 2 辆拖车构成（T－T－M－M）。

3.2.1　CRH5 型动车组牵引变压器概述

牵引变压器是动车组的重要组成部分，由受电弓接收的能量通过主断路器供给牵引变压器的初级绕组，将电压改变为 1 770 V 的交流电，供给牵引、辅助设备电路。

CRH5 型动车组牵引变压器配有 6 个牵引绕组。每个牵引/辅助变流器由牵引变压器的 2 个牵引绕组供电；6 个电气隔离的牵引绕组向 2 或 3 个牵引/辅助变流器供电；牵引变压器内无辅助绕组；牵引变压器通过强迫变压器油循环进行冷却，通过 2 台油泵泵入冷却器后风冷；牵引变压器安装在 Tp 和 Tpb 车的底架上。

CRH5 型动车组牵引变压器外形如图 3.18 所示。整个变压器包括网侧高压套管共有 14 个接线端子，总重 7 000 kg，最大外形尺寸为 4 124 mm×2 465 mm×685 mm。从图 3.18 中可以看出，CRH5 型动车组变压器除油箱和内部的器身外，还包括保证牵引变压器进行正常工作的冷却系统、温检系统、油流检测系统等。

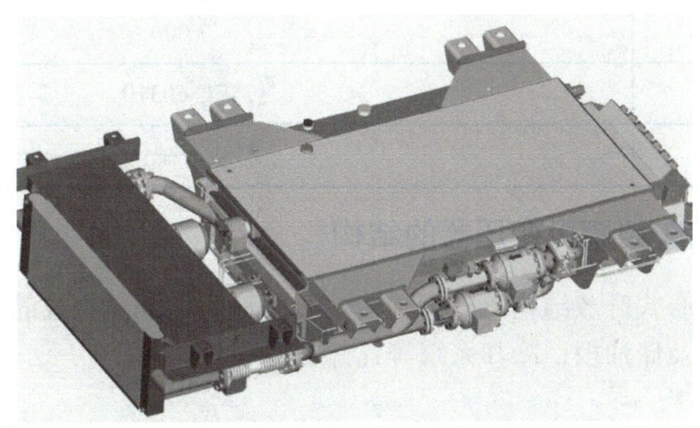

图 3.18　CRH5 型动车组牵引变压器外形图

牵引变压器具有以下特点：

① 大容量、小型化；

② 安装方式采用了车体地板下吊挂式安装的卧式扁平结构；

③ 储油柜侧面放置以降低变压器高度；

④ 耐机械冲击，能承受水平方向 3 g、横向 2 g、垂直方向 1 g 的冲击加速度；

⑤ 整体绝缘水平为 F 级；

⑥ 高阻抗使变压器内部的空间磁场很强，结构件使用了大量的无磁绝缘材料：

⑦ 线圈导线采用 Nomex 纸绝缘，耐热等级高，机械强度大；

⑧ 绕组结构采用全分裂结构，以满足电磁耦合要求；

⑨ 冷却方式为强迫导向油循环风冷；

⑩ 冷却媒质采用了具有高燃点的 Ester 脂油。

牵引变压器的主要技术参数如表 3.1 所示。

表 3.1 牵引变压器的主要技术参数

参 数	高压绕组	牵引绕组
额定容量/（kV·A）	5 262	8 776
额定电压/V	25 000	1 770×6
额定电流/A	210	495×6
施加的工频耐电压/kV	13	13
端子号	HV N	TR11－TRI2 TR21－TR22 TR31－TR32 TR41－TR42 TR51－TR52 TR61－TR62
直流电阻（150 ℃）/Ω	3.02	6×55.08
负载总损耗（150 ℃）/kW	250	
最大外形尺寸/mm	4 124×2 465×685	
线圈类型	层式	
油重/kg	850	
总重/kg	7 000	
相关标准	IEC 60310	
储油柜位置	与油箱在一起	

3.2.2 CRH5 型动车组牵引变压器的结构

牵引变压器采用心式卧放结构。内部结构主要由铁心、绕组构成的器身和引线等组成，外部结构主要由油箱及储油柜、冷却系统等几部分组成。

（1）内部结构

铁心由 2 个心柱旁轴及 2 个矩形铁轴组成，采用冷轧晶粒取向硅钢片叠积而成，片间有耐热的绝缘涂层。心柱采用多级近似圆形的截面，外接圆直径为 200 mm，有效截面积为 288.84 cm^2。为了适应卧式安装的要求，上下铁轭硅钢片冲孔并用穿心螺杆紧固，心柱使用苯乙烯塑料绑带绑扎，使之成为一个结实的刚体。铁心叠积结构如图 3.19 所示，铁心装配如图 3.20 所示。

图 3.19　铁心结构图

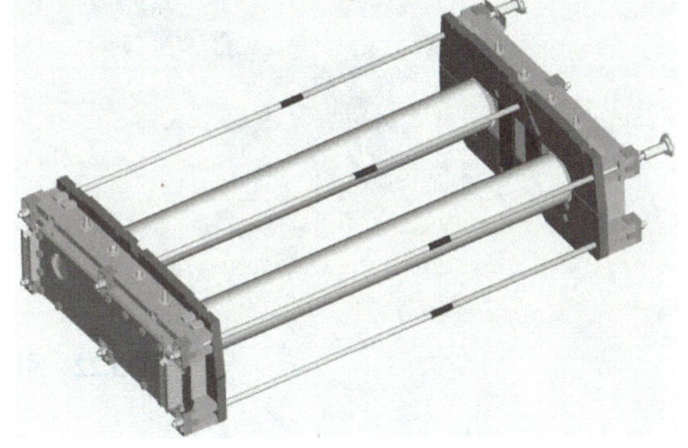

图 3.20　铁心装配图

线圈为层式结构，A 级绝缘等级，线圈有两柱，每柱有 2 段绕组，每段绕组都有由高压绕组、滤波绕组和牵引绕组组成的线饼，每个牵引绕组中都有与它自身对应的高压绕组，每个变压器共有 4 段绕组。从里到外的顺序为：牵引绕组、滤波绕组及高压绕组。绕组的绝缘部分由板材制成。每个绕组带有轴向的同心油道，这些油道有优化冷却效果。绕组通过端环定位来保证位置的准确，以减少轴向短路作用力。为满足高阻抗的要求，线圈采用分列式结构，所有绕组之间均采用退耦布置，4 个牵引绕组分别对应 4 个高压绕组，绕组布置图如图 3.21 所示。6 个独立的高压绕组分别与各自的牵引绕组耦合，实现了 6 个牵引绕组相互退耦，降低了绕组间的相互影响。

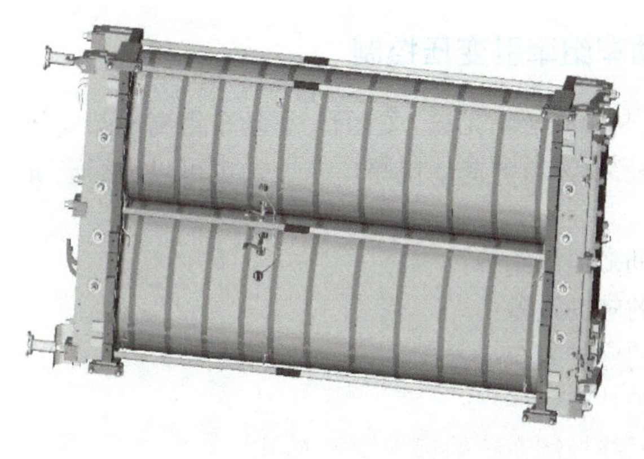

图 3.21　绕组布置图

引线布置如图 3.22 所示，结构紧凑，顶部出线，占用空间少，引线采用铜排和圆铜棒，导体焊接采用含银材料。引线支架采用强度高的层压木板。沿边高压引线采用 T 形头结构。2 次接线端子采用接线端子结构，安装在变压器侧壁上。

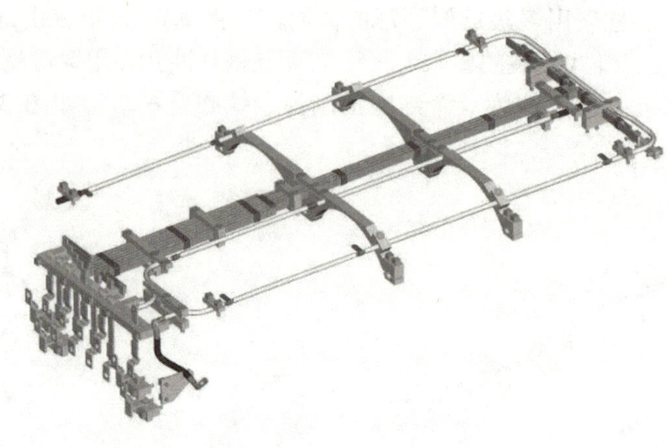

图 3.22 引线布置

（2）外部结构

外部结构主要包括油箱及储油柜，牵引变压器采用车底安装，为一个钢制的焊接油箱。油箱在真空充油过程中能够承受一定压力。由于变压器要求大容量、小体积，同时还可承受运行方向纵向 3 g、横向 2 g 的冲击加速度，因此，对变压器油箱最主要的要求是应具有足够的机械强度，在设计过程中油箱和箱盖可采用 ANSYS 软件对其进行有限元分析，分析计算油箱承受 76 kPa 的密封和压力试验，以及添加加速度后变压器的受力变形情况。钢板材料要求耐低温及高强度。几块不锈钢钢板焊接在箱壁上以切断高电流端子的磁场效应。箱盖直接焊接到箱体上，在箱盖上有一个排气孔，在油箱的下部固定有注油阀。油箱通过一个过压阀来保护。打开过压阀时，通过一个内部连接管减少溢油量，这个管位于箱盖下面。油箱喷涂共有三层，下层为 50 μm 的环氧漆，中间层喷涂 50 μm 的聚亚胺酯，最后表面喷涂 50 μm 的聚亚胺酯。储油柜侧面放置在变压器的一侧。

3.2.3 CRH5 型动车组牵引变压控制

牵引变压器的控制由高压箱完成。CRH5 型动车组高压箱安装在 3 号车和 6 号车车底下，用机电设备和传感器来管理高压电路，高压箱也可以进行牵引变压器的保护。高压箱的功能如下：

① 将牵引、辅助变流器绝缘；

② 管理变压器的辅助设备；

③ 管理变压器的保护系统；

④ 保证快速保护功能；

⑤ 保证向列车网络控制系统的远程输入/输出。

高压箱内的设备主要包括：

① 2 个具有微处理器的电子模块，称为牵引局部控制器 CLT，可以执行相关牵引变压器的防护功能；

② 两极的隔离开关，在 4 号车上的动力关闭或被连接到其他变压器的情况下，隔离开关打开；

③ 6 个单极的隔离接触器 KSAZ11、KSAZ12、KSAZ21、KSAZ22、KSAZ31、KSAZ32，如换流器关断，相关的接触器打开。

系统具有两个 CLT，以便实现系统的冗余。每一个 CLT 由以下部分构成：

① 1 个 24 V/50 W 的供电单元与电池电路连接，给 CPU 及相关的电子卡供电；

② 1 个±24 V/20 A 的供电单元与电池电路相连，给 TAP 电流传感器供电；

③ 2 个 IND1-32 模块；

④ 2 个 USDR-16 模块；

⑤ 1 个 A/D 模块；

⑥ 1 个 PT100 模块；

⑦ 1 个分路电阻模块；

⑧ 1 个继电器模块；

⑨ 1 个 CPU 单元；

⑩ 1 个 MVB 交互模块。

局部控制器 CLT 具有以下功能。

① 从变压器获得以下信息：原电流（电流转换器），油温（4 PT100），油流量（2 个油流量检测仪），油位（低位有 2 个触点+用于预警的 1 个触点），过压装置（1 个触点）。

② 管理变压器的下列辅助装置：2 个电机风扇（双速）、2 个泵保证对变压器的保护，作为列车网络控制系统的远程输入/输出工作。

3.2.4 CRH5 型动车组牵引变压器的检修与维护

1. 牵引变压器风机电机的清洁及检查

卸下牵引变压器风机电机对应底板的安装螺栓，拆除底板（见图 3.23），并将拆除的底板放置在安全位置，避免意外磕伤。

用压缩空气对牵引变压器风机电机的风扇出风口进行清洁，如图 3.24 所示。

图 3.23 CRH5 型动车组牵引变压器风机电机对应底板

图 3.24 牵引变压器风机电机的清洁

检查风机电机的外观是否有裂纹、破损等缺陷，风机电机外观示意图如图 3.25 所示。

用装有 8 mm 棘轮套筒的小棘轮扳手卸下风机电机电缆端子箱盖的安装螺栓，打开端子盖。

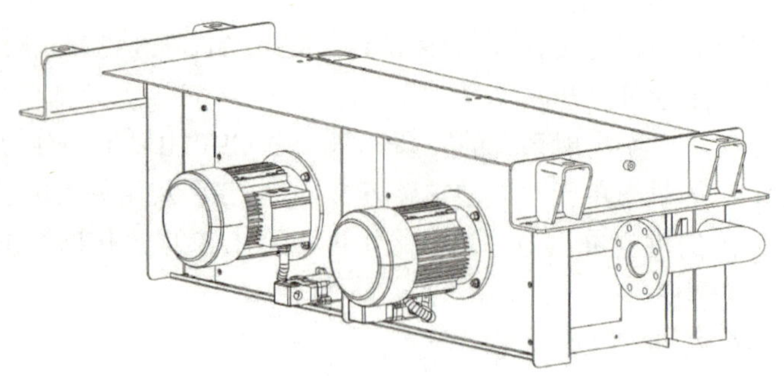

图 3.25　牵引变压器风机电机

检查电缆、接线端子的完整性及有无破损、连接松脱现象，如图 3.26 所示。如有必要，应进行紧固。

关闭端子盖安装螺栓，并用装有 8 mm 棘轮套筒的小棘轮扳手进行紧固。

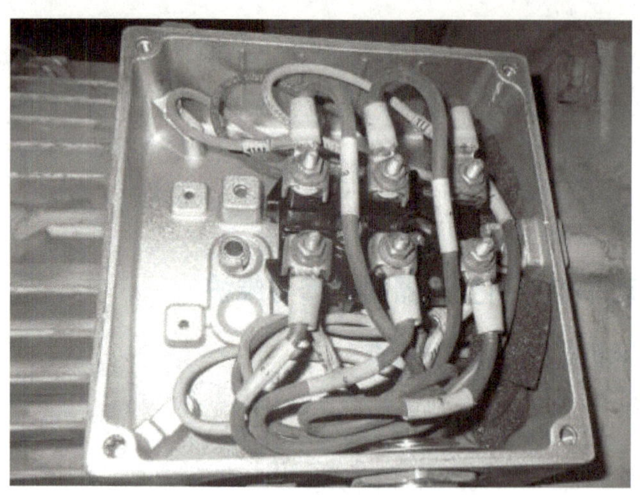

图 3.26　牵引变压器风机电机端子

2. 牵引变压器冷却器的清洗

清理牵引变压器冷却器的进气口和排气口，以实现空气的自由流通。如图 3.27 所示。

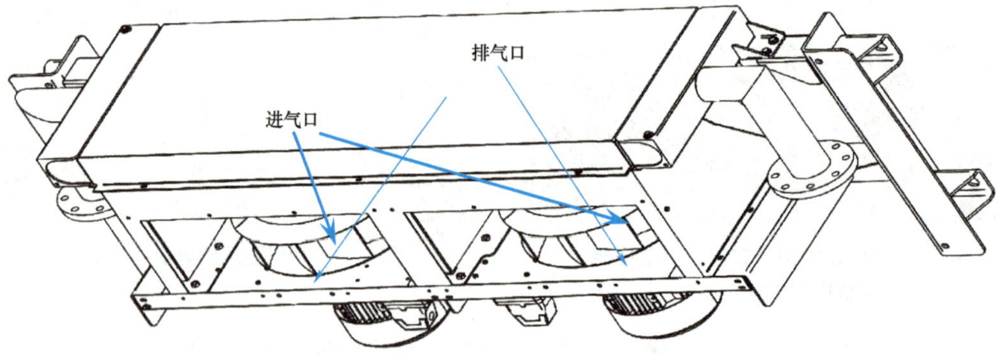

图 3.27　牵引变压器冷却器

使用蒸气喷射设备或热水喷头对冷却器进行清洁，清洗喷头的方向必须与冷却器翅片平行，以免将其损坏，喷射设备的最大压力≤50 bar。

在最小 100 mm 的距离处以直角向冷却设备表面喷水。

水喷头必须被散开到至少 20 mm。

须从侧面握住喷管，从最高点向最低点喷水。

3. 牵引变压器的常规检查和清洁

1）T 型接头

检查 T 型接头外观，用手电筒检查电缆组件外观是否有明显的碳化或发白的放电痕迹；如果出现如图 3.28 所示箭头所指的放电发白现象，应马上更换 T 型靴套。T 型接头接线和接头位置如图 3.29 和图 3.30 所示。

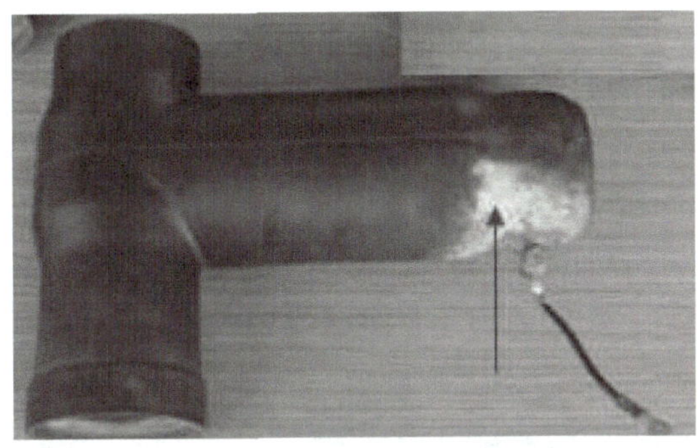

图 3.28　牵引变压器 T 型接头

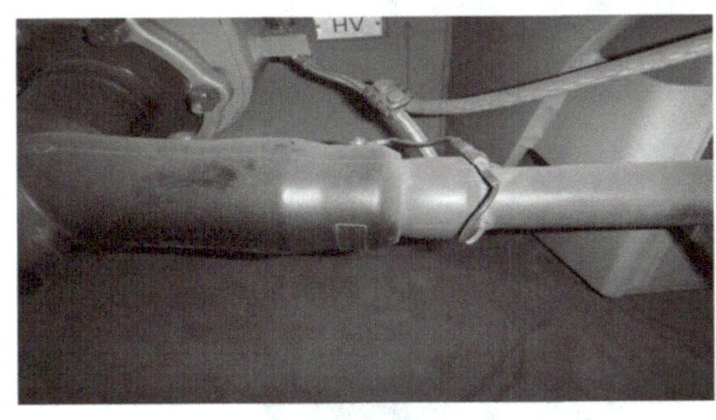

图 3.29　牵引变压器 T 型接头接线

图 3.30　牵引变压器 T 型接头位置

检查 T 型接头接线、接地螺栓的防松标记。

清洁 T 型接头，用无纺布喷上异丙醇进行 T 型接头外部清洁。

拆下 T 型接头后盖，再次检查 T 型接头外观是否有明显的碳化或发白的放电痕迹，如有则必须更换 T 型靴套，检查完成后在底板上添加标签。

2）低压和中性点套管

旋松并拆卸螺钉，以拆下入孔盖。

检查与低压套管的电缆连接的完整性及有无破损，安装位置如图 3.31 所示。如有必要，应将其紧固至 30 N·m 的力矩。

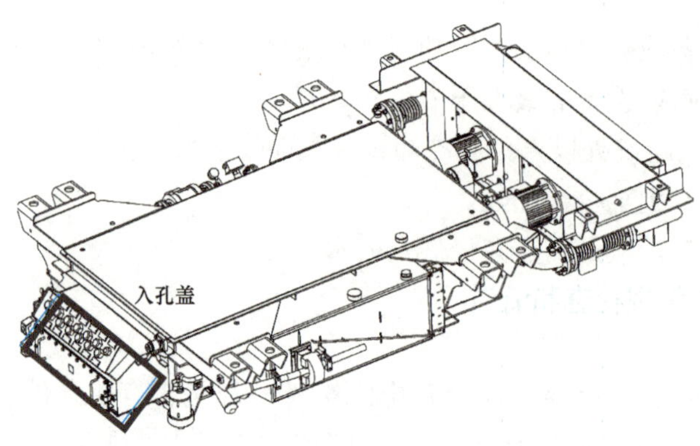

图 3.31　牵引变压器低压和中性点套管位置

检查与中性点套管的电缆连接的完整性及有无破损。如有必要，应将其紧固至 30 N·m 的力矩。

使用洁净的无纺布和清洁剂清洗低压和中性点套管及连接器的表面。

使用洁净的无纺布和清洁剂清洗入孔盖及周围区域。

3）空气干燥器

使用洁净的无纺布和清洁剂清洁空气干燥器的进气口表面。

检查盖的完整性及有无破损，空气干燥器的位置如图 3.32 所示。如有必要，则进行更换。

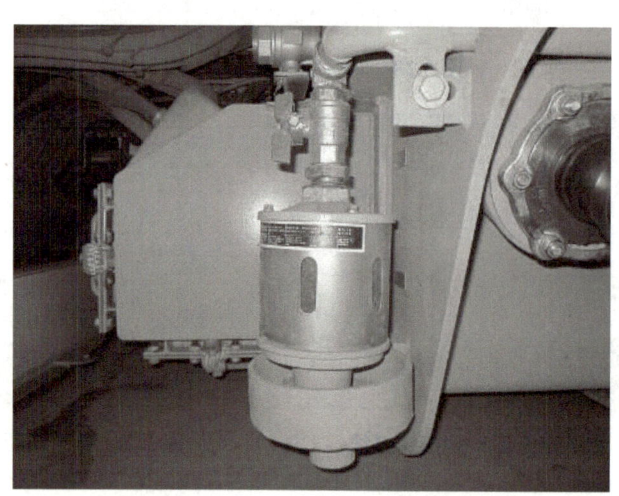

图 3.32　空气干燥器的位置

检查硅胶颗粒的颜色，橙色表示完全干燥；无色表示完全饱和，此时应更换硅胶颗粒。

4）减压阀

拆下防护罩，以接触到减压阀。

使用洁净的无纺布清洁减压阀及其周围区域，减压阀的位置如图 3.33 所示。

检查减压阀的完整性及有无破损。

检查并清洁开关内的电气触点，减压阀触点的位置如图 3.34 所示，确保活动自如无卡滞。如有必要，应更换开关。

图 3.33　减压阀的位置

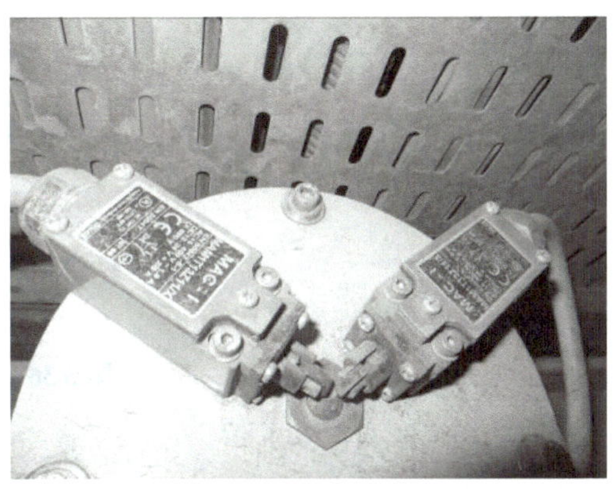

图 3.34　减压阀触点的位置

5）牵引变压器（一年）

旋松并拆卸螺钉，以开启入孔盖。

检查电缆连接、套管的完整性及有无破损。如有必要，应将其紧固至规定的力矩值。

安装并紧固螺钉，以关闭入孔盖。

检查牵引变压器接地端子、接线盒接地端子、套管盖接地端子和冷却器接地端子是否正确接地，相关组件位置如图 3.35 所示。

使用洁净的无纺布清洁所有套管、接地端子和紧固件。

检查与车辆底架的所有接地端子连接。如有必要，应将紧固件紧固至 40 N • m。

检查护线罩的完整性及有无破损。如有必要，应紧固螺钉。

检查蝶形阀的完整性、有无漏油和破损。确保蝶形阀被锁定在正确位置。

检查止回阀和球阀的完整性、有无漏油和破损，止回阀位置如图 3.36 所示。

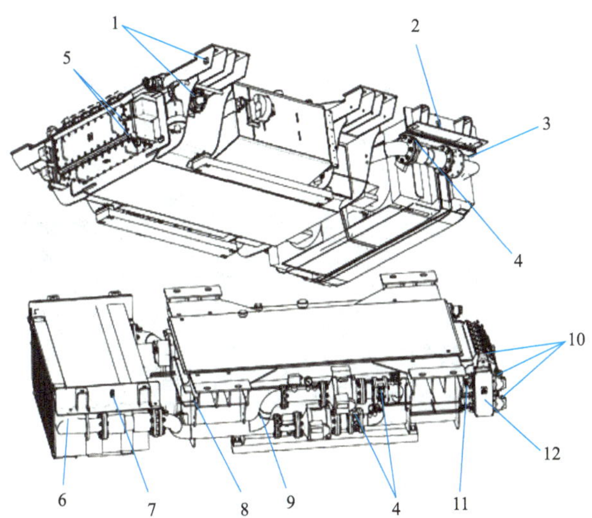

1—支撑连接；2—冷却器接地端子；3、6、9—油路；4—蝶形阀；5—套管盖接地端子；7—膨胀油箱；8—变压器接地端子；10—护线罩；11—接线盒接地端子；12—端子盒。

图 3.35　牵引变压器相关组件位置

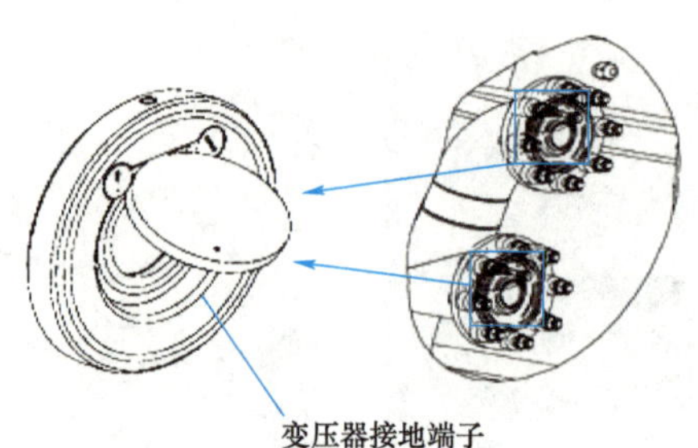

图 3.36 止回阀位置

检查油位指示器内的油位。如有必要，应向油箱中加注经过滤的酯油。

检查油流指示器的完整性及是否正常工作。

检查温度指示器的完整性及是否正常工作。

检查表盘式温度计的完整性及是否正常工作。

检查牵引变压器固定紧固件的完整性及锁紧销的可用性。

检查储油柜的完整性、有无破损和泄漏。如有必要，应更换牵引变压器。

在油路的不同位置检查牵引变压器有无漏油。

检查牵引变压器上的油漆有无划痕和破损。如有必要，应对划痕和破损区域进行油漆。

在检查之后，关闭车辆底架上牵引变压器的侧导流罩。

6）油泵电机

油泵电机位置如图 3.37 所示。

（1）清洁

使用干燥而洁净的无纺布去除油、脂等固态残留物。

向油泵电机和电缆吹送干燥的压缩空气。

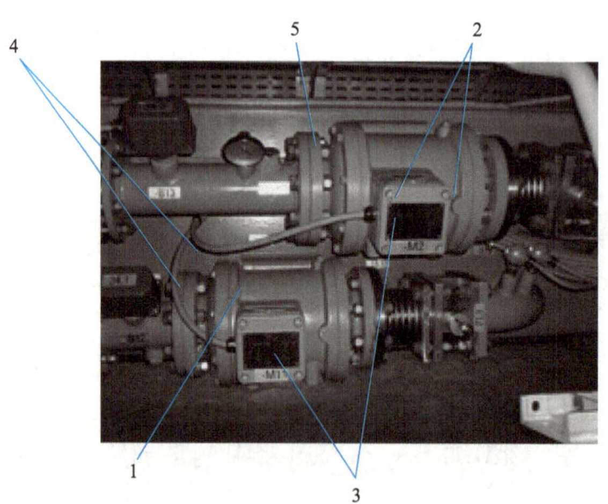

1—油泵电机；2—螺栓；3—端子盒盖；4—电缆；5—法兰。

图 3.37 油泵电机位置

使用柔软、洁净的无纺布进行清洁，以去除顽固性污垢。

（2）目视检查

检查油泵电机的完整性。

旋松并拆除端子盒盖固定螺栓。

检查电缆的完整性及有无破损、连接松脱。如有必要，应将螺钉紧固。

将电缆端子盒盖放回正确的位置。

安装并紧固螺栓。

接通油泵启动接触器，让油泵电机运行数分钟。

观察噪声水平。如果噪声水平过高，则应更换油泵电机。

观察油泵电机在运行中的振动。如果振动较大，则应更换油泵电机。

检查泵有无漏油。如果发现漏油，则应将螺栓紧固至规定力矩。如有必要，应更换油泵电机。

7）牵引变压器初级绕组电流互感器

检查紧固件的完整性和紧固程度，确认其紧固件安装紧固。

检查信号电缆连接的完整性和过热痕迹，确认其电缆连接完整，无过热痕迹。

使用毛刷清洁初级绕组电流互感器灰尘，确认其表面无灰尘。

任务 3.3　CRH380B 型动车组牵引变压器

工作任务

掌握 CRH380B 型动车组牵引变压器的基本结构。

掌握 CRH380B 型动车组牵引变压器的检修流程。

相关配套知识

CRH380B 型动车组为 8 辆编组，其中 1、3、6、8 号车为动车，2、4、5、7 号车为拖车，牵引传动系统采用交–直–交的传动方式，每列动车组的牵引系统由两个牵引单元组成，1、2、3、4 为一个动力单元，5、6、7、8 为一个动力单元，牵引单元之间用车顶电缆连接。

一个牵引单元的牵引主电路设备主要由 1 个受电弓、1 个牵引变压器、2 个牵引变流器、8 个牵引电机和 2 个牵引控制单元组成。

3.3.1　概述

牵引变压器位于动车组 TC02/TC07 拖车地板下装配的设备舱中，其安装结构如图 3.38 所示。牵引变压器为单相心式牵引变压器。牵引变压器将一次绕组（原边绕组）上的接触线额定电压为单相 AC25 kV/50 Hz，转换为 4 个二次绕组［牵引绕组（TW1－TW4）］的电压，并给牵引变流器供电，同时在网压变化范围内，牵引变压器输出电压、电流及功率满足动车组牵引和再生制动的要求。

牵引变压器冷却装置在变压器的旁边。冷却介质是矿物油，冷却借助一个循环泵实现。牵引变压器膨胀油箱位于 TC02/TC07 车的车顶，从而补偿因温度变化而产生的冷却剂量的变化。

牵引变压器上采取了多种适当的保护措施以防变压器过载，包括冷却回路中以防热过载执行的温度监测、为检查冷却剂流量执行的流量监测及为检测一次电路接地故障执行的一次隔离监测（通过比较外向电流和返回电流进行差动保护）。

图 3.38　牵引变压器车下组成部分

3.3.2　牵引变压器的特点和技术参数

1. 特点

牵引变压器的结构系统符合 EN 60310 标准，为铁路用固定变压比单相变压器。

油泵、双浮子继电器、流量监控器和电阻温度计的接口都必须设计使用单个插头。外部连接通过相应的对应插头完成。接地变压器系统必须至少拥有两个中央低阻抗的 M10 接地点，由这个接地点出发可以建立对车体的短程保护和电磁兼容性连接。

为避免在故障发生情况下可能会有的危险，接触电压的所有内部可触及导电部件，如外壳、维修活门等都必须以适当的方式同接地点连接。接地接口都必须镀锡或用不锈钢制作。由于对牵引电路冗余要求高，在发生特定故障时，变压器需要用可降低功率控制温度继续工作。

牵引变压器及其辅助设备的电气接口如表 3.2 和表 3.3 所示。

表 3.2　牵引变压器的电气接口

功率电缆的接口	每个接口的电缆/mm^2	屏蔽	电压/kV	连接/接口类型	电缆直径/mm		电缆型号
					最小	最大	
初级绕组	1×240	有	36	NKT 肘状插头 CB36—36012	49	51	Draka（N）TMCW0EU
初级绕组接地	1×185	没有	3.6	插头 305016	23.5	24.1	Radox4GKW—AX
	1×120	没有			19.3	19.9	
TW 牵引绕组	2×240	没有	3.6	插头 305016	27.2	28.4	Radox9GKW—AX

表 3.3　牵引变压器辅助设备的电气接口

设备名称	连接/接口类型
油泵	插头（Harting 公司 4 极）
温度传感器	每台 PT 100 双向温度传感器的插头（Harting 公司 8 极）
双浮子继电器	插头（Harting 公司 8 极）
流量监控器	插头（Harting 公司 4 极）
接地电流互感器	接地电流互感器接线盒

牵引变压器的油箱为钢结构。牵引变压器的设计寿命约为 30 年。假定变压器的使用不超过额定功率和最大允许温度，并遵守规定的维护程序和操作说明，则变压器可以达到其设计寿命。

2. 技术参数

1）使用条件

牵引变压器的使用条件如表 3.4 所示。

表 3.4　牵引变压器的使用条件

外界温度	−25 ～40 ℃
存储和运输温度	−30 ～85 ℃
相对湿度	≤95%
运行	持续

2）主要电气数据

牵引变压器的高压绕组和低压绕组参数分别如表 3.5 和表 3.6 所示。

表 3.5　高压绕组参数

额定功率	5 848 kVA
额定电压	25 kV
额定电流	23 A
额定频率	50 Hz

表 3.6　低压绕组参数

额定功率	5 848 kVA
额定电压	25 kV
额定电流	23 A

3）冷却参数

牵引变压器的冷却参数如表 3.7 所示。

表 3.7　冷却参数

绝缘和冷却介质	矿物油
冷却单元	一整套变压器装置加上冷却装置 1 冷却回路 1 换热器
冷却介质最大升温	65 K
冷却介质最高温度	105 ℃

注意：如果升温比规定的高，则必须关闭变压器。

4）重量参数

牵引变压器的重量参数如表 3.8 所示。

表 3.8　重量参数

变压器（无冷却系统）	5 485 kg
冷却系统	765 kg
变压器的总重量	6 250 kg
储油柜	130 kg
瓦斯继电器	4 kg

3.3.3　CRH380B 动车组牵引变压器结构

1. 内部结构

1）铁心

变压器铁心的计算和设计需与 4 个低压绕组和 4 个高压绕组的特点相符。铁心由 2 个轭架和 2 个柱构成（带有装好的绕组的柱），铁心柱和带框架的下磁轭如图 3.39 所示。铁心为冷轧角铁制作的铁板，具有耐高温和绝缘的表面。为降低损耗和噪声级，铁心片需进行充分的堆叠和压制。

2 个心柱均不用螺栓装配，而是通过 2 个树脂浸渍带压制。这些绷带在干燥炉中生产时已进行硬化。顶部和底部压心力框架均使用抗磁性钢制作而成，并使用绝缘的非磁性螺栓紧固在一起。

2）绕组

绕组为分层型绕组，不带铁心的绕组如图 3.40 所示，通过强制冷却以环层方式固定在铁心上。为防止绝缘材料长期运行后收缩，绕组已被充分烘干，并被紧密压实以备在短路时能够支撑轴向力。所有绕组的绝缘均采用聚芳基酰胺材料，此材料为 Nomex 耐热纸。

图 3.39　铁心柱和带框架的下磁轭

图 3.40　不带铁心的绕组

3）活动部件（器身）

油箱组件的活动部件如图 3.41 所示。

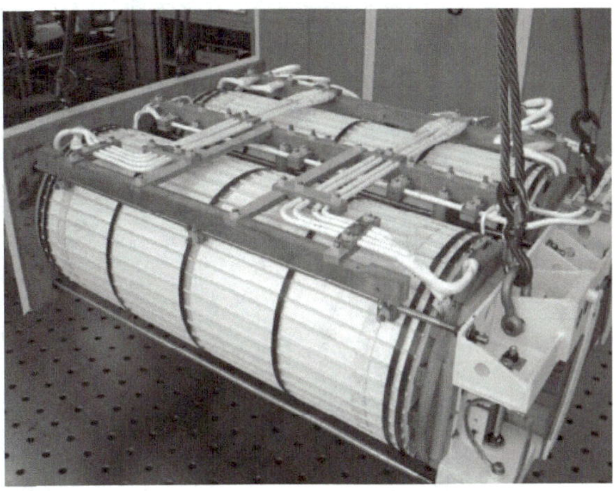

图 3.41　油箱组件的活动部件

4）铁心的接地

为防止电容性负载，磁性铁心要接地。接地带由绝缘铜线构成，连接在铁心和压挤框架、油箱内侧之间。

2. 外部结构

1）油箱

油箱固定在动车组底部，布置图如图 3.42 所示。油箱主要承担器身的重量，以及绝缘和冷却作用矿物油的重量，同时油箱还必须能够承受运转过程中的所有加速度。

图 3.42　动车组底部油箱布置图

2）储油柜

储油柜独立于油箱，固定在动车组的上部。储油柜和油箱是通过管道及连接器连在一起的，如图 3.43 所示。

图 3.43 储油柜

3）冷却器

变压器采用强迫油循环导向风冷方式，通过对冷却温度、流量、油位、湿度、杂质监测完成对变压器的保护，变压器冷却系统如图 3.44 所示。矿物油提供导线同绕组间的绝缘及与接地部件的绝缘；提高油浸纸的电介质强度，消除飞弧；接收、积累和传输变压器内产生的热量（即损耗）。油箱中的矿物油泵入冷却器中，通过另外一根管流回油箱中；使用冷却风机通过空气过滤器沿垂直于车辆的走行方向从外部抽入冷却空气；热空气在穿过冷却器后朝着道床向下吹出。图 3.45 为冷却器结构图。

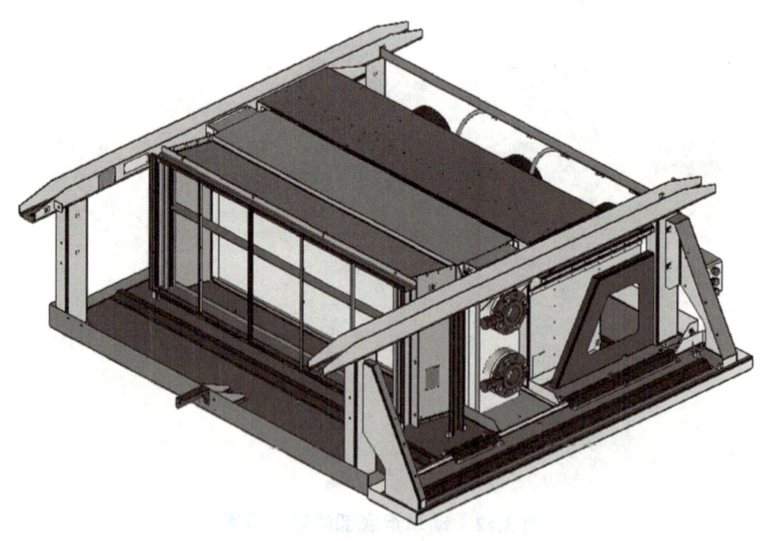

图 3.44 变压器冷却系统

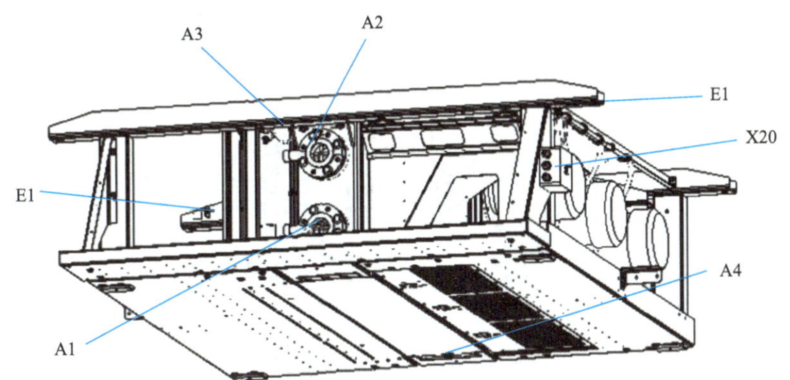

A1—冷却介质入口；A2—冷却介质出口；A3—通风；A4—排放；E1—接地；X20—冷风机的连接。

图 3.45 冷却器结构图

为补偿冷却液的体积，油箱通过管道与储油罐连接起来，冷却原理示意图如图 3.46 所示。

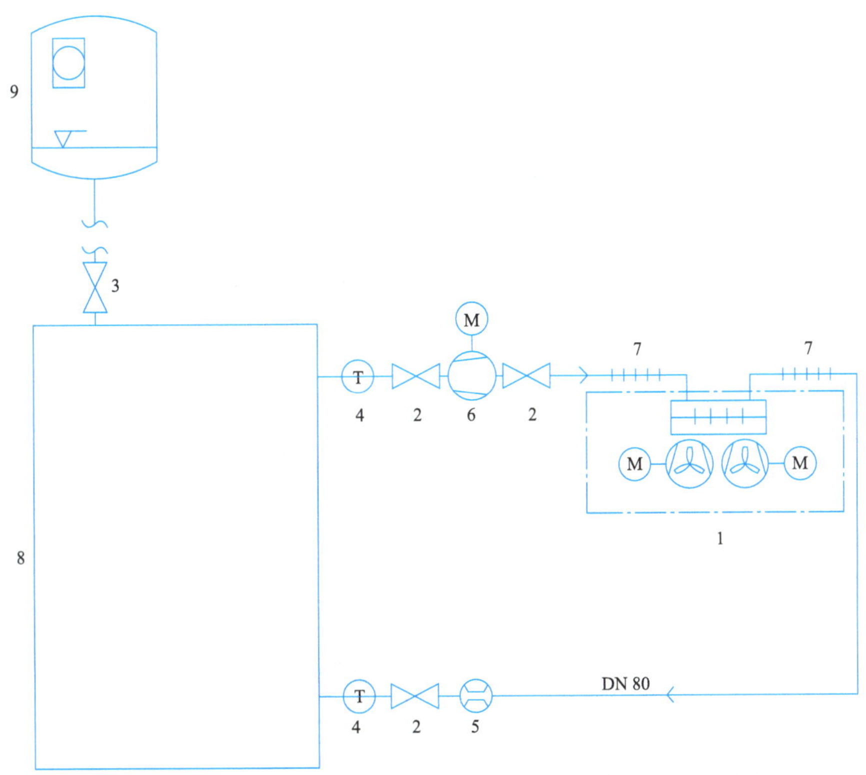

1—冷却设备；2—圆盘阀；3—密封套管；4—PT100；5—油流监视器；6—油泵；
7—补偿器；8—主变压器；9—膨胀油箱。

图 3.46 冷却原理示意图

（1）油泵

牵引变压器运行时需要使用油泵，冷却泵集成在冷却回路的冷却管系统中。

当牵引变压器通电时，油泵必须也同时运行。通过油流监视器可监督油泵是否正常运转，油泵结构图如图 3.47 所示。

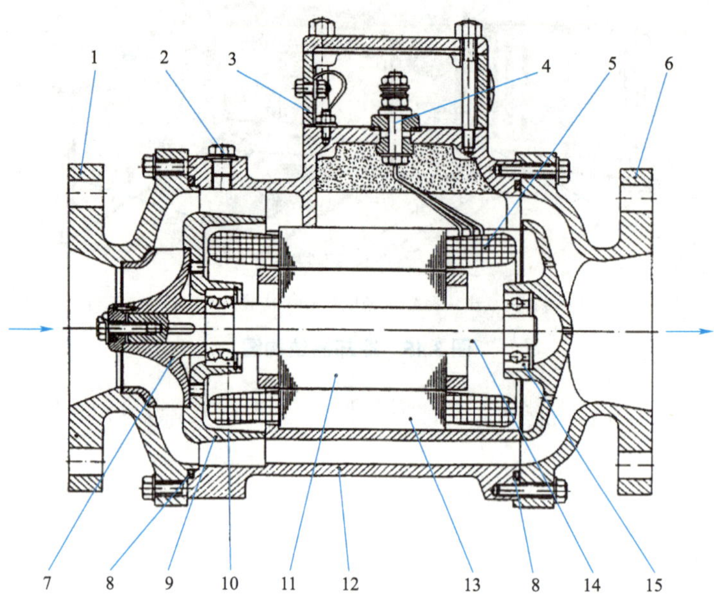

1—进口法兰；2—排放螺钉；3—接线盒；4—端子；5—绕组；6—出口法兰；7—轮子；8—O 形圈；9—轮子；10—轴承（进口侧）；11—叶轮；12—外壳；13—钉子；14—轴；15—轴承（出口侧）。

图 3.47 油泵结构图

（2）圆盘阀

冷却回路中，有三个圆盘阀，圆盘阀结构图如图 3.48 所示，分别位于油箱的入口和出口法兰处，以及油泵与冷却器之间的管道中。运行时，圆盘阀必须处于打开位置。

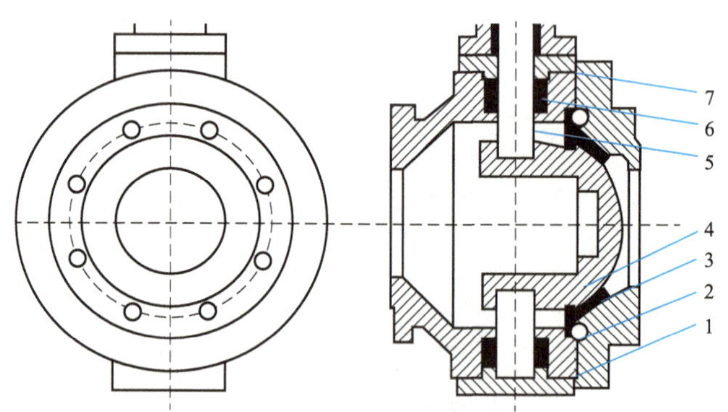

1—底板；2—阀体；3—阀座；4—球体；5—阀杆；6—填料；7—压盖。

图 3.48 圆盘阀结构图

圆盘阀主要用来在不将油排出油箱的情况下，安装及拆卸油泵或冷却器。在短时间操纵时，此阀处于下降紧密状态。

打开：从“关闭”位置逆时针旋转 90°。

关闭：从“打开”位置顺时针旋转 90°。

（3）冷却风机

冷却风机结构如图 3.49 所示。其参数如表 3.9 所示。

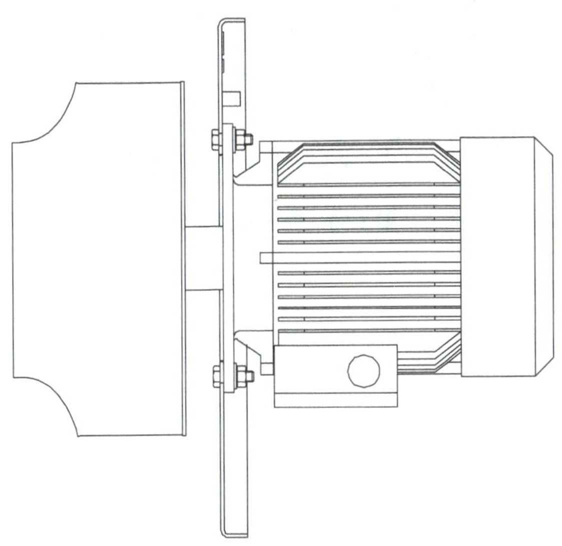

图 3.49　冷却风机的结构

表 3.9　冷却风机的参数

接 线 形 式	YY	Y
U/V	440	
f/Hz	60	60
P2/kW	8	2
I/A	13.4	3.5
cos phi	0.9	0.86
I start/A 启动电流	9.3	2.2
P1 功率消耗/kW	9.2	2.4
P/kVA	10.2	2.75

4）变压器油位计

变压器油位计安装在列车车顶的储油柜中。如图 3.50 所示，通过储油柜的观察窗能观察到变压器的油位，观察窗共有 3 个温度标记。变压器油的油位必须与指示的油温相符。

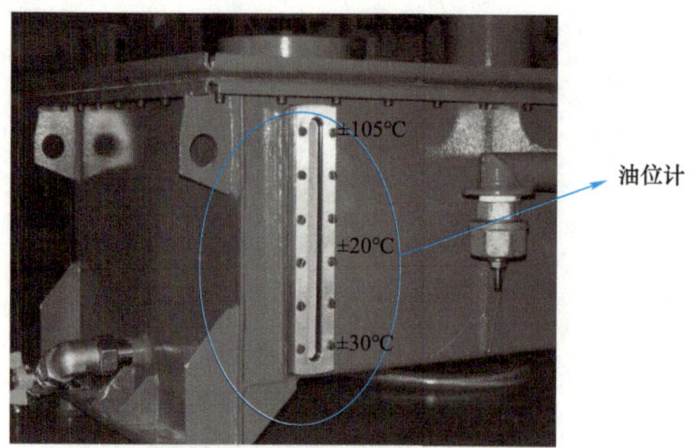

图 3.50　变压器油位计

5）油流量监视器

油流量监视器用于监测最小油流量，安装在油箱和冷却器之间的管路中，如图 3.51 所示。当油流动时带动桨片运动并触发一个微动开关。所需的开关点可以通过调节开关头盖板下的调整螺钉进行校正。

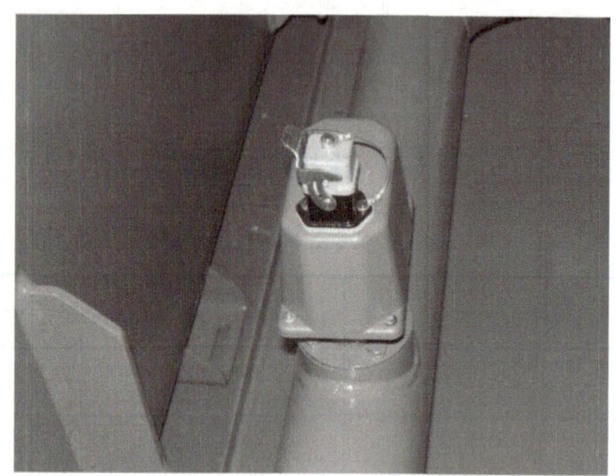

图 3.51　油流量监视器

6）热电阻温度计

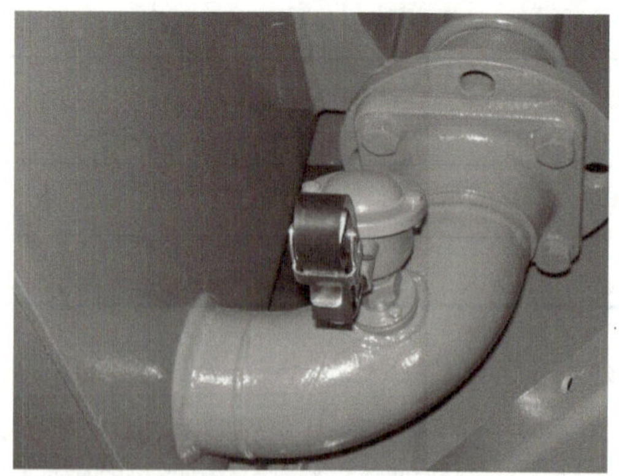

图 3.52　热电阻温度计

变压器配有两个热电阻温度计。如图 3.52 所示，每个温度计均置于填充了矿物油（仅

2/3）的温度计袋中。其中一个安装在从变压器油箱至冷却系统的管道中，另外一个则安装在从冷却系统至变压器油箱的管道中。热电阻温度计使用 3 个螺钉固定在温度计袋中。

热电阻温度计的主要部件有连接头、电缆螺钉、螺钉接头（同温度计袋）及护管。连接头内部为仪表电缆和接地螺钉所用的端子螺钉。护管中有 2 个温度传感器 PT100，均为符合标准 IEC751 的铂测量电阻器。

符合标准 IEC 751 的铂测量电阻器（PT100）的基本值如下：0 ℃时为 1 000 hm；100 ℃时为 138.50 hm；0～100 ℃的温度范围内的平均电阻增加值为 0.385 0 hm/K。

热电阻温度传感器用来记录矿物油的温度。由于测量温度的同时也是在间接地评估测量电流，因此具有保护功能。测量电流取决于测量电阻的温度。

7）瓦斯继电器

双浮筒式瓦斯继电器是监控带存油器的油浸电气设备，如变压器和电抗器，以及单个监控衬套和油浸电缆接线盒。继电器中的触点机构对下列情况做出响应：

① 低能局部放电、漏电或局部过热导致或气体放泄导致的或油对气候状况做出快速响应导致的气体演变；

② 由泄漏造成的油损失；

③ 剧烈电弧时大量气体快速演变造成的压力波动。

瓦斯继电器的工作原理如下。当被监控的设备部件正常运行时，瓦斯继电器会被填满油并且浮体会将其一直保持在上限或停止位置。如果出现故障造成气体慢慢产生，气泡最终会积聚在瓦斯继电器中。油位的下降将使浮筒下降，当达到相应位置时，同浮筒组合在一起的永久性磁铁操纵转换触点，最终会触发报警信号。积聚的气体体积约为 200 cm³。气体可积聚在外壳中，下部浮筒则不受气体的影响。任何生成的过剩的其他气体将逸至储油柜中，这样可防止专门用来检测严重内部故障的底部接触装置使变压器跳闸。一旦出现警告，则必须立即检查设备中的气体，以防出现更为严重的故障。变压器中出现漏气现象时，油位的下降将导致顶部浮筒向下移动，顶部接触装置的响应方式同放气时相同。如果继续漏油，则储油柜和管路及瓦斯继电器将通过继电器进行排泄，从而造成底部浮筒下降并操作转换触点将变压器跳闸。

变压器中突发的压力波动将造成管道中的油突然流向瓦斯继电器。当油流达到 100 cm/s 时，悬浮在油流中的折流板将做出响应，并使两个驱动杆将底部浮筒移向触发接触装置的位置。底部浮筒锁定在响应位置并将接触装置固定在跳闸位置。将测试按钮快速旋转至停止位置即可为浮筒解锁并恢复至原始位置。

8）硅胶吸湿器

硅胶吸湿器可除去空气中的大部分湿气，如图 3.53 所示。硅胶吸湿器安装车顶储油柜旁，主要由夹在顶部和底板之间的玻璃杯组成。干燥剂吸入空气并将湿气吸收，当变压器中绝缘液的温度上升时，空气将通过硅胶吸湿器排出。

干燥剂为浸渍指示剂的硅胶，其颗粒尺寸至少为 3 mm，并具有良好的吸收特性。干燥剂处于活动状态时为橘红色外表的水晶体，但随着吸收湿气的增加，将逐渐从底部开始变为灰白色。

干燥剂如出现变白的现象，则必须更换或将干燥剂放入干燥箱中，温度调至 100～110 ℃，持续 3～4 h，直至硅胶恢复为本来的橙色，此时可将其立即投入使用。烘干程序可以重复几次，但不能确定，因为由于污染会逐渐退化其功能。为能及时更换，必须常备足量硅胶。如果硅胶被矿物油污染，则硅胶必须全部更换。注意，不同类型的硅胶其颜色可能也不相同！

9）电流互感器

电流互感器如图 3.54 所示，没有一次侧端子。被测电流的电缆将通过电流互感器中间的开口，由电缆磁场完成测量。如果电流流过一次侧端子且二次侧端子处于断开状态或以超大电阻状态闭合，则会损坏电流互感器。因此，在交付时，二次侧端子用短跳线短接以保护电流互感器。电流互感器进行任何测量作业前，必须将短跳线拆除。如将短跳线拆除并且二次侧端子未用低电阻短接，则不应有电流流过电缆一次侧端子。

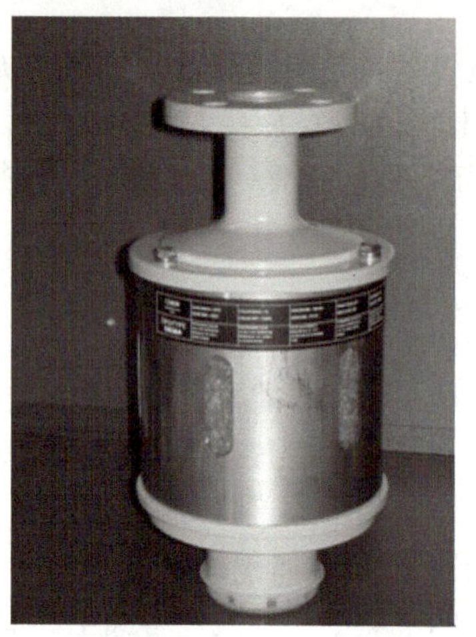

图 3.53 硅胶吸湿器

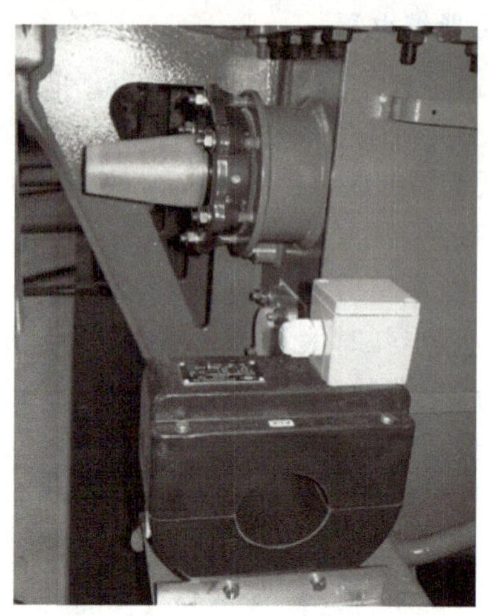

图 3.54 电流互感器

3.3.4 CRH380B 型动车组牵引变压器的检修与维护

1. 牵引变压器检查

1）断蓄电池

① 首先确认蓄电池已断开，图 3.55 为蓄电池开关的位置。

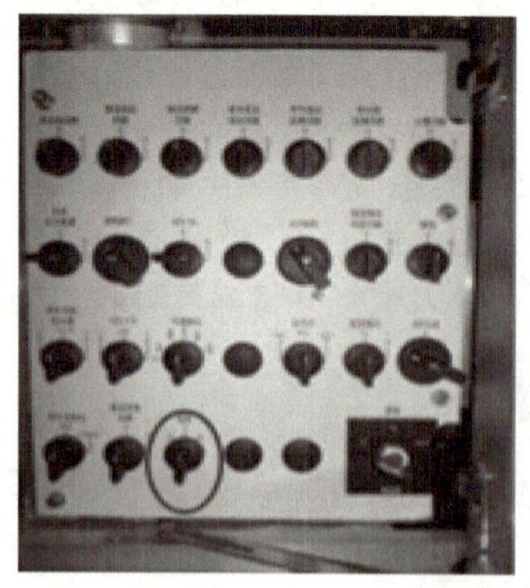

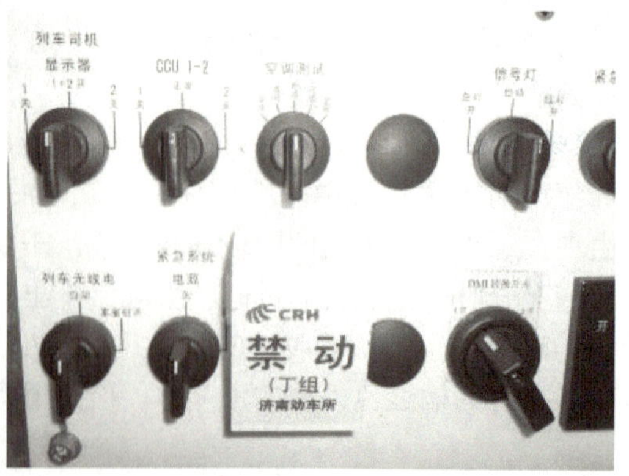

图 3.55 司机室故障开关柜上蓄电池开关

② 在两端司机室故障开关柜的蓄电池开关上挂置“禁动”牌，警示其他项目作业人员误动。

③ 用四角钥匙打开牵引变压器两侧的裙板。

2）牵引变压器常规清洁、检查

（1）清洁

① 用高压风管吹净牵引变压器设备舱底板上的杂物（如灰尘、纸屑、柳絮等），并用毛刷将其彻底清扫干净。

② 用毛刷清扫牵引变压器本体上的杂物（如灰尘、纸屑、柳絮等）。

③ 用软毛刷或干抹布清洁高压、低压插头连接器上的灰尘、污渍。

（2）油污清洁

如发现牵引变压器表面被矿物油污染，则可采用下列清洁方法。

① 温和清洁：准备热水和普通家用清洁剂，用刷子彻底清洁牵引变压器表面。

② 强度清洁：使用氯基清洁剂，用软布沾上少许清洁剂对脏污表面进行清洗，随后立即用另外一块布进行清洁。

（3）设备框架检查

目视检查牵引变压器设备框架外观状态良好，无变形、裂纹、扭曲、开焊等，图 3.56 为牵引变压器设备框架。

（4）悬吊件检查

检查牵引变压器两侧与车体构架的悬吊件安装状态良好，无变形、裂纹、扭曲等，螺栓、螺母紧固、齐全，防松标记清晰、无错位，图 3.57 为牵引变压器悬吊件。

图 3.56　牵引变压器设备框架

图 3.57　牵引变压器悬吊件

（5）横向限位座检查

检查横向限位座外观状态良好，安装牢固，无变形、裂纹、扭曲、开焊等；内部螺栓、螺母齐全、紧固，防松标记清晰、无错位。

（6）与车底板框架连接检查

检查与车底板框架连接状态良好，承力良好，无变形、裂纹、扭曲等，螺栓、螺母齐全、紧固，防松标记清晰、无错位。

（7）牵引变压器本体和附属装置外观检查

检查牵引变压器本体和附属装置外观及安装状态良好，无变形、裂纹、破损、油渍等，各部件间焊接良好，无开焊现象；表面安装螺栓齐全、紧固，无缺失、松动等现象。

（8）牵引变压器本体无漏油检查

检查牵引变压器本体无漏油迹象，若发现本体上有油迹或者设备舱底板有油污，应及时查找漏油点，组织人员进行分析。

（9）铭牌检查

检查牵引变压器铭牌表面良好，无划痕、倾斜，字迹清晰，无模糊不清现象。

（10）油泵检查

检查油泵外观状态良好（图 3.58 为油泵位置图），外壳无裂纹、机械性损伤，各连接法兰连接紧固，无松动、错位；泵体无漏油迹象；接线盒外观状态良好，接线紧固，线体无破损、老化、烧痕等。

（11）油路管道检查

检查油路管道外观状态良好（图 3.59 为油路管道位置图），无裂纹、损坏、泄漏等；连接法兰紧固，无松动、错位、缝隙等。

图 3.58　油泵

图 3.59　油道管路

（12）瓦斯继电器检查

检查瓦斯继电器外观状态良好，与油管路安装紧固，螺栓、螺母紧固、齐全，防松标记清晰、无错位；本体无裂纹、损坏、变形等；接线安装牢固，无脱线、断股、老化、烧痕等。

（13）热电阻温度计检查

检查热电阻温度计外观状态良好，安装正位，无裂纹、损坏、变形等；接线安装牢固，无脱线、断股、烧痕等。

（14）压力释放阀检查

检查压力释放阀外观状态良好（图 3.60 为压力释放阀位置图），安装牢固，表面六角螺钉齐全、紧固，防松标记清晰、无错位；本体无变形、裂纹等。

（15）高压 T 型接头检查

检查高压 T 型接头外观及安装状态良好（图 3.61 为高压 T 型接头位置图），套管固定螺栓齐全、紧固，无缺失、松动现象，防松标记清晰、无错位；绝缘靴套无老化、破损；接头紧固，无过热迹象；电缆支承座外观状态良好，无裂纹、变形，螺栓齐全、紧固，无松动、脱落、缺失等。

图 3.60　压力释放阀

图 3.61　高压 T 型接头

（16）电流互感器检查

检查电流互感器整体安装状态良好，固定螺栓齐全、紧固，防松标记清晰、无错位。

（17）牵引变压器上部安装螺栓检查

检查牵引变压器上部安装螺栓齐全、紧固，防松标记清晰、无错位。

（18）接地线检查

检查接地线连接状态良好，固定螺栓齐全、紧固；各固定线卡无脱落，捆扎紧固。

（19）高压电缆槽检查

检查两侧高压电缆槽外观状态良好，无变形、裂纹等，与车体间安装状态良好，螺栓、螺母齐全、紧固，防松标记清晰、无错位；内部电缆外观状态良好，无老化、龟裂、烧痕、松动等；线夹、防护套齐全、完整，无破损、断裂、缺失等。

（20）高压输入、输出电缆检查

检查侧面高压输入、输出电缆外观状态良好，插件与设备间、电缆与插件间连接牢固；电缆无老化、划痕、破损、烧痕等，捆扎带齐全、紧固；安装螺栓齐全，紧固，防松标记清晰，无错位。

（21）作业恢复

恢复裙板安装，确认锁闭牢固、到位，裙板锁力矩标准为 30 N · m。清理作业现场。

3）车上部分检查

（1）牵引变压器储油柜油位检查

① 检查油位指示器外观良好，无破损、裂纹等；安装牢固，固定螺栓齐全、紧固；标识线清晰，模糊不清时进行清洁。

② 检查油位在可视范围之内（西门子：油位高度在 20 ℃范围内，上下偏差 1 cm 左右；ABB：油位高度与环境摄氏温度相当）。

③ 检查指示器下方车顶板及周围无油迹。

④ 如出现油缺失，必须找出漏泄处并注满。

（2）干燥器检查

① 检查外观及安装状态良好，表面无裂纹、损坏等；安装螺栓齐全、紧固，无松动、脱落、缺失等。

② 检查观察窗外观良好，窗口无裂纹、破损等，如有尘土挡住观察视线，应用洁净干布擦拭。

（3）干燥剂检查

① 检查硅胶颗粒无漏出干燥器的情况。

② 检查硅胶颗粒颜色：橙色表示干燥和活动状态，无色表示水饱和。

➢ 当硅胶颗粒有半数或以上变为无色（水饱和）时，用 10 mm 叉口或棘轮扳手拆下干燥器安装螺栓，取下干燥器，将所有硅胶颗粒使用新的橙色硅胶替换。完毕后重新将干燥器置于安装位，紧固安装螺栓。

➢ 无新品更换时，将变色硅胶颗粒放置干燥箱中，温度调至 100～110 ℃，持续 3～4 h，直至硅胶恢复为本来的橙色。烘干程序可以重复几次，但不能确定恢复，因为由于污染会逐渐退化其功能。

➢ 如果硅胶颗粒被矿物油污染，则硅胶必须全部更换。

（4）作业恢复

① 检查没有物品遗漏后，带齐作业工具及安全防护用品下三层作业平台。

② 取下两端司机室故障控制面板蓄电池开关上的“禁动”牌。

③ 去调度办理销记手续。

（5）完工清理

① 作业完毕后，应做到工完料净场地清。

② 如实填写检修记录，并及时在管理信息系统中回填。

2. 牵引变压器冷却装置检查

（1）牵引变压器接地放电

① 断开电气控制柜内牵引变压器冷却装置的断路器。

② 用四角钥匙拆卸冷却设备处的裙板，裙板位置如图 3.62 所示。

图 3.62　牵引变压器冷却设备裙板位置图

③ 用接地线将高压设备接地。

（2）冷却设备检查

① 目视检查箱体外观状态良好，无破损、变形、裂纹、掉漆等。

② 检查安装牢固，悬吊螺栓齐全、紧固，防松标记清晰、无错位，松动时拧紧至 400 N·m。

③ 检查铭牌清晰完整，安装牢固。

（3）与牵引变压器连接的油管路检查

① 检查法兰盘外观状态良好，无裂纹、破损等，密封状态良好，无漏泄。

② 检查螺栓安装齐全、紧固，松动时拧紧至 60 N·m。

③ 目视检查管路外观状态良好，无裂纹、破损、泄漏等。

（4）冷却风机检查

① 目视检查外观状态良好，无裂纹、变形、破损等。

② 检查安装状态良好，悬吊螺栓齐全、紧固，防松标记清晰、无错位。

③ 目视检查电缆连线外观状态良好，表面无裂纹、老化、烧痕等。

（5）冷却装置过滤棉更换

① 目视检查新过滤棉完整、无破损，按滤棉更换标准进行更换。

② 确认滤棉安装压条安装螺栓紧固无松动，滤棉表面干净、无异物。

（6）冷却装置进风口滤网检查

① 目视检查外观状态良好，无变形、裂纹、破损等，冷却风机位置如图 3.63 所示。

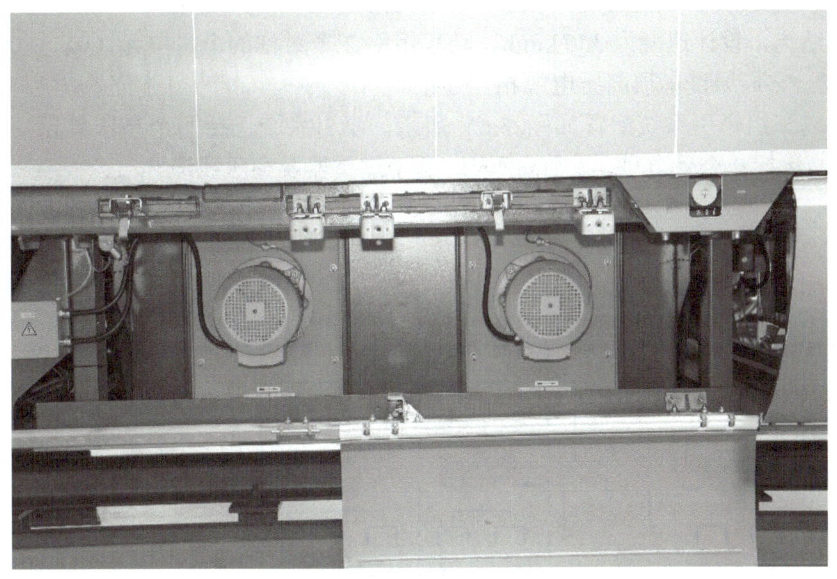

图 3.63　牵引变压器冷却风机

② 安装牢固，螺栓齐全、紧固，防松标记清晰、无错位。

③ 检查防护网、进风口（图 3.64 为冷却装置进风口位置）、出风口、冷却器和冷却电机无阻碍气流的异物。

图 3.64 冷却装置进风口

任务 3.4 复兴号动车组牵引变压器

工作任务

掌握复兴号动车组牵引变压器的基本结构。

掌握复兴号动车组常见故障的分析及处理措施。

相关配套知识

复兴号动车组采取 8 辆编组，由 2 个“两动两拖”的牵引动力单元组成“四动四拖”（4M4T）的结构，设计速度为 350 km/h。动车组由 2 个对称的牵引单元（01 ～ 04 车和 05～08 车）组成，它们通过车顶高压电缆相互连接。

复兴号动车组牵引系统配置如图 3.65 所示，牵引系统包括两个高压单元，主要设备分布在 3/6 车。包括 2 个受电弓、2 个高压箱、2 个避雷器及高压线缆。

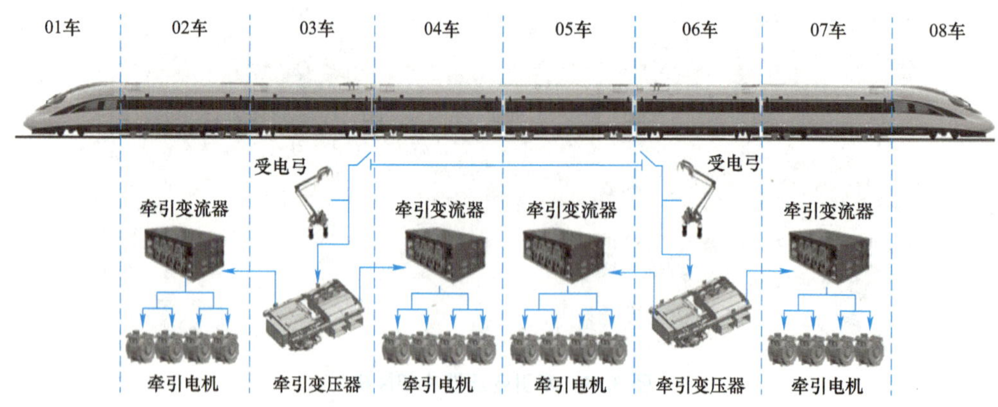

图 3.65 复兴号动车组牵引系统

牵引变压器通过 4 个次级绕组将 25 kV 接触网电压降压后分别输送给 2 个牵引变流器，牵引变流器经交－直－交变换，为该车 4 台三相异步牵引电机供电，同时通过中间直流环节

为辅助变流器提供电能。

3.4.1　复兴号牵引变压器概述

复兴号动车组牵引变压器采用单相心式变压器，位于带受电弓的拖车车下，边梁吊装，设置原边绕组过流、次边绕组接地、温度与油流压力监控和保护，采用强迫导向油循环风冷方式，冷却介质采用脂油，图 3.66 为复兴号动车组牵引变压器示意图。复兴号动车组牵引变压器参数如表 3.10 所示。

图 3.66　复兴号动车组牵引变压器示意图

表 3.10　复兴号动车组牵引变压器参数

参　　数	高 压 绕 组	牵 引 绕 组
额定容量/kVA	6 433	1 608×4
额定电压/V	25 000	1 900×4
额定电流/A	257	846×4
短路阻抗/%	43（±10%）	
工频耐压/kV	10	7
感应耐受电压/kV	60	—
雷电冲击电压/kV	170	—
效率	约 96%	
冷却液体	酯油	
绝缘耐热等级	F 级	
箱体材料	Q345E	

3.4.2 复兴号动车组牵引变压器的结构

牵引变压器是复兴号动车组上的重要部件，用于将接触网上获得的 AC 25 kV 高压电变换为供给牵引变流器所适合的 AC 1 900 V 电压，复兴号动车组牵引变压器结构组成如图 3.67 所示。

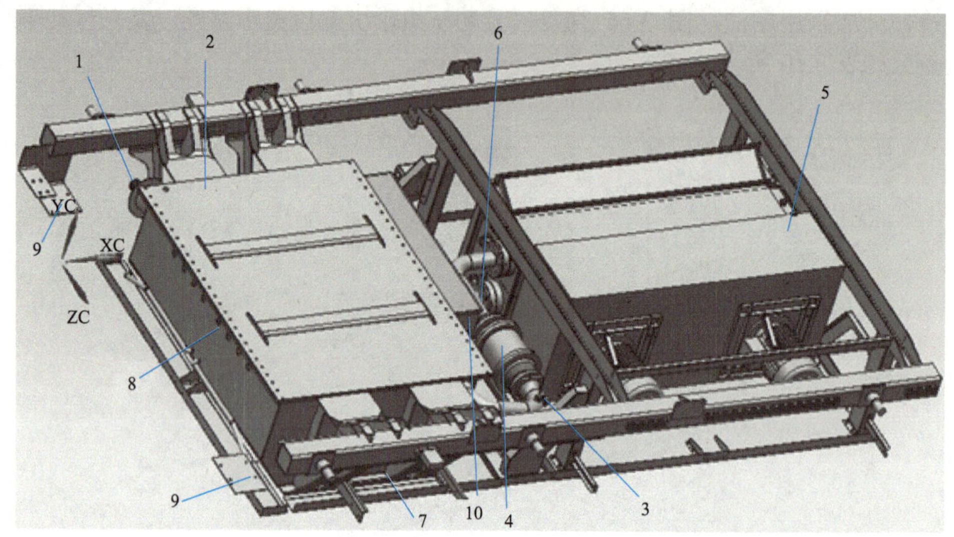

1—高压 A 端子；2—油箱；3—温度传感器；4—油泵；5—冷却系统；6—油管；7—压力释放阀；8—低压套管（插座）；9—电流互感器安装座；10—液位继电器。

图 3.67 复兴号动车组牵引变压器结构组成

1. 牵引变压器的主要构成

（1）绕组

绕组设有高压绕组、牵引绕组，不设置辅助绕组。

绕组为分层型绕组，通过强制冷却以环层方式固定在铁心上。为防止绝缘材料长期运行后收缩，绕组已被充分烘干并紧密压实以备在短路时能够支撑轴向力。

图 3.68 为复兴号动车组牵引变压器绕组示意图。

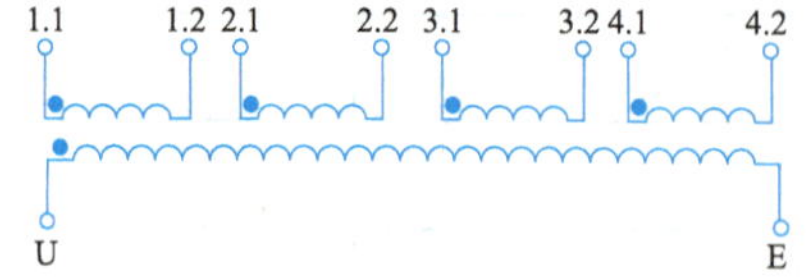

图 3.68 复兴号动车组牵引变压器绕组示意图

（2）铁心

铁心采用高导磁硅钢片，由 2 个轭架和 2 个心柱构成，为冷轧、角铁制作的铁板，具有耐高温和绝缘表面。为降低损耗和噪声级，铁心片已进行了充分的堆叠和压制。2 个心柱不用螺栓装配，通过两个树脂浸渍绷带压制，这些绷带在干燥炉中进行生产时已进行了硬化。顶部和底部压力框架均使用抗磁性钢制作而成，并使用绝缘的非磁性螺栓紧固在一起。

为防止电容性负载，磁性铁心要接地。接地带由绝缘铜线构成，连接在铁心和压挤框架、油箱内侧之间。

（3）油箱

采用高强度结构钢制油箱。

（4）冷却系统

采用离心风机冷却系统，风机与冷却器采用集成一体化设计技术；油冷却器前端设置过滤器，可有效防止堵塞，便于清洁。

牵引变压器冷却系统是在遮挡 15%的前提条件下设计，冷却功率为 276 kW，复兴号动车组牵引变压器冷却系统的参数见表 3.11。冷却系统包括油泵、油循环管路、冷却器和风机。变压器内部产生的热量通过冷却系统进行冷却。

表 3.11　复兴号动车组牵引变压器冷却系统的参数

冷却器		电机	
冷却功率	276 kW	额定电压	380 V
		额定频率	50 Hz
油流量	1 200 L/min	极数	2/4
		额定功率	8 kW

牵引变压器采用难燃性冷却介质酯油，以提高乘客的安全性，具有很好的环保特性。

牵引变压器设置有油流、油压力、油温度和油位保护，能有效保护设备的安全性。

2. 牵引变压器的性能及参数

牵引变压器的防护等级不低于《外壳防护等级（IP 代码）》（GB 4208—2017）规定的 IP54，传感器安全可靠，复兴号动车组牵引变压器的组成示意图如图 3.69 所示。

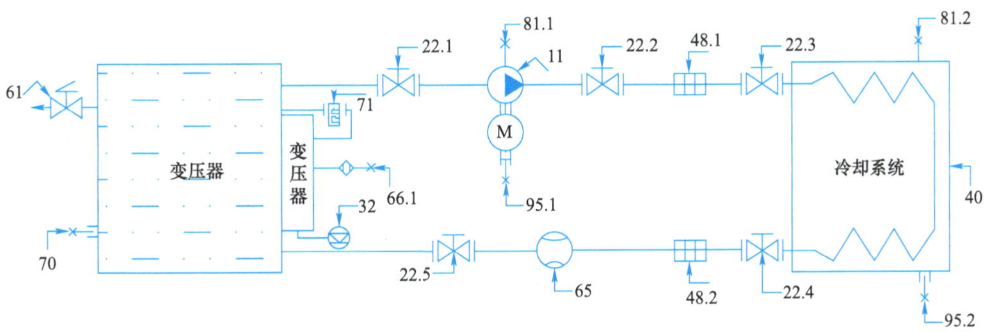

66.1—吸湿器；40—冷却系统；32—油位指示器；71—液位继电器；61—压力释放阀；48.1/48.2—波纹管；81.1/81.2—排气塞；11—油泵；65—油流继电器；95.1/95.2—放油塞；22.1—22.5—蝶阀；70—放油阀。

图 3.69　复兴号动车组牵引变压器的组成示意图

牵引变压器能承受运行中的振动和冲击负荷，满足《铁路应用机车车辆设备冲击和振动试验》（IEC 61373—2010）标准的要求。

牵引变压器满足《轨道交通　机车车辆电气设备　第 1 部分　一般使用条件和通用规则》（GB/T 21413.1—2018）、《轨道交通　机车车辆牵引变压器和电抗器》（GB/T 25120—2023）的要求。

3.4.3 复兴号动车组牵引变压器的控制

1. 牵引变压器的保护

设置油流、油温、油压、油位检测及过流等保护措施，复兴号动车组牵引变压器的保护措施具体见表 3.12。

表 3.12 复兴号动车组牵引变压器的保护措施

序 号	保 护 项	保 护 措 施
1	油流循环停止	牵引切除，保留辅助供电
2	油泵、风机空开断开	限功率或切除牵引变压器
3	冷却油温度保护 1	降功至 70%
4	冷却油温度保护 2	降功至 50%
5	冷却油温度保护 3	切除牵引变压器
6	温度传感器故障	报警或切除
7	变压器油压力保护	切除牵引变压器
8	变压器电流差动保护	切除牵引变压器

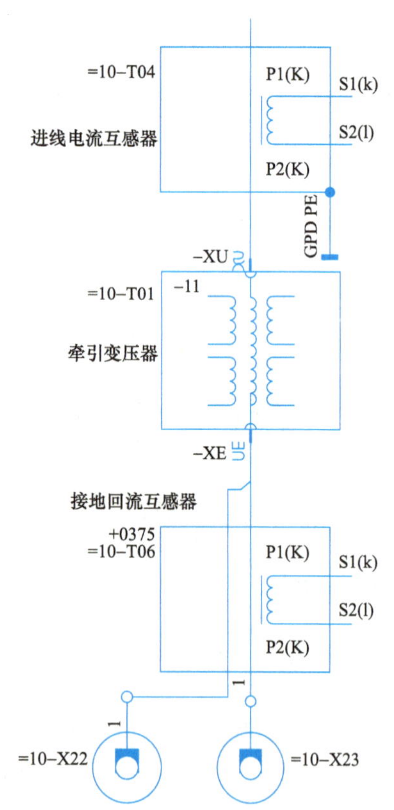

图 3.70 复兴号动车组电流互感器位置图

1）牵引变压器差流保护

中央控制单元（CCU）通过检测进线电流互感器（=10－T04）和接地回流互感器（=10－T05）之间的差值，来判断牵引变压器是否发生过流或差流故障，如图 3.70 所示。

当发生牵引变压器过流或差流故障时，通过断开主断路器对牵引变压器进行保护。判断前提条件如下。

① 牵引变压器电流传感器没有故障；

② 牵引变压器电流值与回流值加值比较；

③ 列车有高压使能。

2）牵引变压器油流保护

动车组控制监控系统通过检测变压器的温度和油流情况，来判断是否在没有油流的情况下进行温度过高保护。当油泵启动后，管路中变压器油流动，油流继电器辅助触点动作，=10－K01 得电。当油温大于 20 ℃未检测到油流，则在油温到达 60 ℃后触发油流保护，主断路器断开。高压控制单元 1 没有故障，当传感器检测继电器=10－K01 断开生成“1”代表油流有问题。高压控制单元 2 没有故障，当传感器检测继电器=10－K01 断开生成“1”代表油流有问题。

当出现上述故障，且牵引变压器使能、油温超过 20 ℃时，48 s 后产生牵引变压器油流停止信号，再过 15 s 且油温超过 60 ℃会导致牵引变压器切除，断主断路器。

3）牵引变压器油压保护

当牵引变压器内外存在 0.8 bar 压力差时，过压阀会动作，激活继电器。列车控制监控系统（TCMS）通过检测继电器辅助触点状态来判断是否进行过压力保护。

4）牵引变压器温度保护

动车组控制监控系统通过检测牵引变压器的进出口油温情况，来判断是否进行温度保护。由于牵引变压器绕组是 A 级绝缘，因此牵引变压器油允许的最高温度不超过 130 ℃。

当变压器油温低于 98 ℃时，牵引按 100%功率输出；油温大于 98 ℃、小于 105 ℃时，牵引输出功率减至 70%；油温大于 105 ℃、小于 110 ℃时，牵引输出功率减至 50%；温度到达 110 ℃时，牵引不再输出功率，仅辅助运行。

牵引变压器的快速保护和慢速保护均可导致切除，同时在显示屏上也可以对牵引变压器进行手动切除，操作切除的前提条件是司机台激活和主断路器断开。高压控制单元故障或检测温度 PT100 板卡故障生产切主断路器信号。

2. 牵引变压器的管理

牵引变压器油泵管理命令主要有：（1）油泵启动请求和使能信号；（2）泵接触器空开状态判断；（3）油泵启动命令生成 DO 信号；（4）油泵故障信号的判断。

3. 牵引变压器的试验

复兴号动车组牵引变压器试验的具体内容见表 3.13。

表 3.13　复兴号动车组牵引变压器试验的具体内容

序号	试验项目	试验方法	判断标准
1	绕组电阻测量	在绕组上通直流电流，测量端子间的电压下降值。电阻值换算为基准温度 150 ℃	仅作记录
2	变压比率测量	在原边绕组上加电压，用电压计测量其他绕组的感应电压	应在指定变压比率的±0.5%内
3	空载电流和空载损失测量	在牵引绕组上施加额定频率为 50 Hz 的电压，其他绕组为开路，在原边绕组上激发 17.5，20，22.5，25，27.5，30，31 kV 的试验电压，测量励磁电流及空载损失	仅作记录（应与设计值核对）
4	电抗电压和负载损失测量	一侧的绕组短路，在另一侧的绕组上通额定频率为 50 Hz 的额定电流时，测量阻抗电压及负载损失，再换算为基准温度为 150 ℃的值。而且通过全部绕组间的测量值算出电抗矩阵	原边对牵引每一绕组之间的电抗应在如下范围内：规格值 1.195 mH±10%
5	温升试验	在牵引绕组为短路，原边绕组在工频（50 Hz）时提供全损失，用温度计法测量油温。此外，在各绕组上通额定电流，由电阻法测量绕组的温度	针对工频（50 Hz）的温升标准值应低于如下数值：油 75 ℃，绕组 115 ℃
6	正规冷却特性试验	在全损失供给下温度上升达到饱和之后，冷却装置在其当时的状态下除去相当于主电路负载的负载，在各部分的温度与周围温度的差降到 20 K 以下之前测量冷却特性	仅作记录

续表

序号	试验项目	试验方法	判断标准
7	构造试验	确认外观、结构有无异常并确认主要尺寸	对照图纸，目视检查有无异常。尺寸应在规定的公差范围以内
8	极性试验	使用感应法（反冲法）或加减法（矢量法）测定	应为减极性（JISE5007）

任务 3.5　牵引变压器的常见故障及处理措施

工作任务

掌握各型动车组牵引变压器的常见故障。

掌握各型动车组牵引变压器常见故障的分析及处理措施。

相关配套知识

截至 2023 年 11 月 30 日，我国普速铁路及高速铁路的营业里程稳居世界第一位。我国铁路营运里程超过 15.55 万 km，其中高速铁路里程 4.37 万 km，高居世界第一位。进一步优化完善综合交通体系，可以更好地服务经济社会发展大局，先进的电气化铁路技术方便了人们的出行。但是，随着我国电气化铁路的不断发展，因机车、动车组故障而造成的经济损失也日益增加，与此同时我国电气化铁路每年对设备的检查与维护费用较高。

高速铁路牵引变压器技术是衡量一个国家铁路发展程度的重要指标，直接制约着高速铁路的发展速度，而高速铁路的发展可以推动建材、钢铁、电子信息等行业的快速发展，同时还是国家综合竞争力的重要体现。

随着电气化铁路运输系统越来越复杂，牵引变压器承担的供电任务越来越重要。牵引变压器，以及牵引变电所各环节在列车长时间运行的不断变化下，容易出现设备老化或故障现象，若不及时发现并解决问题，轻则造成列车运行的安全隐患，重则造成严重停车事故。

3.5.1　牵引变压器常见故障及动作

电气化铁路系统中的牵引变压器会发生各种各样的故障，包括电气故障（如短路、超电压、电压波动大、频率波动大、谐波波动大、高直流电部件等）、冷却回路故障（如冷却器或管道中的堵塞、油泵问题、油泵旋转方向错误、通风设备出现故障、油泄露、单个法兰活页关闭等），其中主要为机械故障和一些牵引变压器运行时产生的气体故障。其中，机械故障又包括三种，分别是牵引变压器的结构器件发生故障、牵引变压器的内部绕组发生故障及其绝缘系统发生故障。故障时牵引变压器的症状如下。

① 牵引变压器油箱变形。

② 油箱、管子或冷却器泄漏。

③ 瓦斯继电器中有气体。

④ 牵引变压器油样中有可见污染物。

当牵引变压器发生故障涉及气体成分的时候，通常认为牵引变压器发生过热故障或者放电故障。过热故障又分为三种情况：低温过热（150～300 ℃）、中温过热（300～700 ℃）和高温过热（一般高于 700 ℃）。牵引变压器放电故障也分为三种情况：局部放电、低能放电及高能放电。另外，牵引变压器内部进水受潮也属于涉及产生的气体故障。

1. 过热故障

牵引变压器过热故障是指牵引变压器局部过热，这种局部过热的部位也称为热点。这里的局部过热不同于牵引变压器正常情况下的运行发热，这种牵引变压器局部过热是由牵引变压器故障引起的，其产生的温度高于牵引变压器正常情况下的运行发热。牵引变压器正常运行时的发热主要是由铁心与自线圈绕组产生的，其温度的升高在正常范围内。而当牵引变压器发生故障的时候，其温度就会超出这个范围。例如，当牵引变压器发生内部磁路或者导体故障的时候，所引起的局部发热温度就超过了变压器的允许范围。如果牵引变压器发生过热故障的时候没有及时得到相应的处理，可能会导致局部放电甚至发生更严重的事故。在牵引变压器故障中，发生过热故障所占比例比较大，不过过热故障的危害性相对于放电故障的危害性小。但是，如果发生过热故障时任由其发展，后果也很严重。牵引变压器发生过热故障时的原因和部位一般有以下三种。

① 变压器接触点接触不良。例如，变压器的引线接触不良、导体接头焊接不紧、分接开关接触不良等。

② 变压器的磁路发生故障。例如，变压器铁心的两点或者多点发生接地故障，铁心片之间发生短路故障，铁心被进入的异物短路，或者铁心与穿心螺钉发生短路故障；因为漏磁而引起的油箱、夹件、压环局部部位过热等。

③ 变压器发生导体故障。例如，变压器内部线圈有一部分发生短路故障，变压器导体负荷过大引起过电流发热或者油管不通、绝热膨胀导致的变压器散热系统不良等。

牵引变压器发生过热故障会导致产生气体的成分发生变化，气体成分变化主要特征如下。

① 当牵引变压器发生过热故障的部位仅对绝缘油的分解有影响，分解出的气体以低分子烃类气体为主要成分，其中占总烃量 80%的特征气体是甲烷（CH_4）和乙烯（C_2H_4）。但随着故障部位温度的升高，甲烷的含量会减小，而乙烯和氢气（H_2）的含量反而会快速增加，所占的比例加大。当牵引变压器故障部位温度严重过热的时候还会伴随着乙炔（C_2H_2）的产生，但是其所占比例不会超过乙烯含量的 10%。

② 当牵引变压器发生过热故障时，涉及固体绝缘，除了产生上述的低分子烃类之外，还会分解出一氧化碳（CO）和二氧化碳（CO_2），且随着过热故障点的温度升高，CO/CO_2 的比值也增加。但是，当一部分油道发生堵塞而引发过热故障时，不会产生太多的低分子烃类气体，原因是发生这种故障后变压器温度不会升高太多，而且面积相对较大，这样对绝缘油的热解不大。

2. 放电故障

牵引变压器的常见放电故障有三种，分别是：局部放电、低能放电和高能放电。

1）局部放电

牵引变压器局部放电是固体绝缘材料和变压器内部液体之间形成路桥而发生放电的一种故障现象。牵引变压器局部放电一般又分成两种，一种是由气隙引起的局部放电，另一种是由油中气泡引起的局部放电。当牵引变压器发生局部放电的时候，损伤比较大的是电流互感器和电容套管，此时，通常产生最多的气体是氢气（H_2），其次是甲烷（CH_4）。局部放电能量较高的时候，除了会产生上述气体，还会产生较少的乙炔（C_2H_2）。另外，在绝缘纸的中间会发现有可见的蜡状物或者发电的痕迹。此故障会加速绝缘老化，进而会引起绝缘的破坏。

2）低能放电

牵引变压器低能放电一般是火花放电，并且低能放电不是连续的而是间歇性的，通常情况下发生在变压器、互感器或者套管中。牵引变压器发生低能放电，通常是铁心片间或者内部铁心接地接触不良导致的悬浮点放电，电流互感器内部引线对外壳发生放电，一次侧线圈的支持螺帽松动造成线圈屏蔽滤波悬浮电位放电或者分接开关拨叉悬浮电位放电等。当牵引变压器发生此类故障的时候，通常产生最多的气体是乙炔（C_2H_2）和氢气（H_2），其次还有一部分乙烯（C_2H_4）和甲烷（CH_4）混合在其中。但是发生低能放电故障的时候，能量相对比较小，所以释放出的总烃不多。

3）高能放电

牵引变压器高能放电也可以称为电弧放电，发生这种故障通常是因为线圈匝或者层间绝缘被击穿，由于引线的断裂导致闪弧，其内部发生过电压引起闪络或者因为电容被击穿和分接开关有飞弧现象等一些原因。牵引变压器发生高能放电通常是突发性的，发生前没有很明显的特征，并且通常对变压器油中分解气体的成分进行预诊断比较困难。故障发生的时候，会产生较多的气体而且反应比较剧烈，一般在这种情况下产出的气体还没有溶解在油中就会进入到气体继电器中，导致瓦斯继电器动作。通常情况下，如果发生牵引变压器高能放电，要立即分析油中气体的瓦斯成分，进而判断故障的性质及其严重性。当牵引变压器发生此类故障的时候，通常产生最多的气体是乙炔（C_2H_2）和氢气（H_2），其次还有一部分乙烯（C_2H_4）和甲烷（CH_4）混合在其中。如果在发生这类故障的同时涉及固体绝缘，那么瓦斯气体中会产生一氧化碳（CO）并且含量也比较多。

3. 受潮故障

当有水进入牵引变压器内部的时候，变压器油会含有水分和带湿杂质，并容易引起导电现象。如果水分进入固体绝缘材料或者牵引变压器的内部气隙空洞内，就会导致绝缘设备的加速老化。与此同时，当发生强烈的局部放电故障时，气体中会出现氢气（H_2），而且进入的水分在电的作用下发生电解反应，变压器内部的铁与水也会发生电化学反应，这些反应会产生较多的氢气（H_2）。如果牵引变压器发生受潮故障的时候不能及时发现并合理处理，则会导致放电性故障，更严重的时候甚至会对设备造成损坏。

4. 故障动作

动车组牵引变压器保护装置动作情况如表 3.14 所示。

表 3.14 动车组牵引变压器保护装置动作情况

保护装置名称	动作确认	原因
温度继电器	油温度升高到 65 ℃报警	1. 过负荷 2. 油冷却器堵塞 3. 送风机故障 4. 温度继电器自身故障
油流继电器	循环油量减小报警	1. 油泵故障 2. 漏油导致吸入空气 3. 异常低温造成循环油量不足 4. 油泵电源电路故障 5. 油流继电器自身故障
过压保护	变压器内部油压过高	1. 内部异常过热 2. 内部放电 3. 呼吸管堵塞 4. 外部冲击

3.5.2 牵引变压器故障处置

1. 典型故障 1

1）事件概况

2014 年 4 月 14 日，配属××局的 CRH5107+5123A 重联动车组担当 D5827 次（汉口—宜昌东）。16:15 列车运行至××西站进站前，司机反映无网压，CRH5107A 车机械师检查发现全列无牵引。CRH5123A 车组 03 车牵引变压器变红，CRH5123A 车组 06 车牵引变压器切除，列车惰行停车于××西站。16:22 对故障车牵引变压器空开断电复位及整车小复位后，CRH5107A 车恢复正常，CRH5123A 车牵引变压器均自动切除。16:30 CRH5123A 车机械师下车检查发现 03 车牵引变压器 T 型接头高压套管炸裂后，申请救援。由于××西站股道紧张，17:18 司机按调度命令由 CRH5107A 单组牵引开车。17:32 列车运行至××站，等待××动车所备用车进行救援，其间通过后续 D5863、D5723 次列车改签换乘 700 名旅客。18:46 救援车到达××站，18:52 换乘完毕后开车，终到晚点 2 h 28 min。

2）原因分析

牵引变压器 T 型接头是变压器原边的输入端，直接输入接触网供给牵引变压器的 25 kV 高压，当 T 型接头由于脏污、破损或材质原因等导致绝缘强度降低时，会引起放电、绝缘层被击穿，甚至 T 型接头炸裂故障。本次故障为 CRH5123A 车组 03 车牵引变压器 T 型接头堵头的环氧树脂绝缘层被击穿导致。

3）故障处理

对故障的牵引变压器 T 型接头进行更换。

2. 典型故障 2

1）事件概况

2014 年 7 月 20 日，由××局担当的 D5332 次 CRH5045A+087A 重联动车组，由于 508703 车牵引变压器自动切除，508703 车受电弓自动降下，21:46 停于××西—××东 465 km+425 m 处，经机械师复位处理后于 22:04 开车，区间停车 18 min。

2）原因分析

检查发现 508702 车 ACU 模块存在故障，而 TD 屏显示辅助正常是由于 ACU 内部故障导致其工作状态不稳定，使其未从网络中切除。由于 508702 车辅助变流器不能工作，而网络默认其状态良好，中压不能正常扩展，致使 03 车主变压器冷却油泵不能工作，从而切除变压器，受电弓自动降下。当断开 17Q08 空开，将 ACU 切除后实现中压的重新分配，03 车变压器冷却系统工作正常。

3）故障处理

入检查库后更换 508702 车 ACU 模块。

3. 牵引变压器应急故障处置

1）牵引变压器故障（635A、634B、631F）

故障现象：VCB 断开，主变压器无法重启、高压封锁；HMI 屏报以下代码。

① 635A：由于 3AC440 V 不正常而导致 VCB 断开。

② 634B：10－T01 变压器－VCB 断是由于变压器油流故障。

③ 631F：10－T01 变压器锁闭，无法重启。

故障原因：① 变压器油流故障；

② 牵引变压器保护。

注意：① 不需要停车，保持运行；

② 运行中升弓操作时，速度应在 200 km/h 以下。

处理过程如下。

① 确认故障：在 HMI 屏上开启维护模式界面，如图 3.71 所示。司机查看 HMI 屏故障信息，确认故障代码，惰行，同时通知随车机械师。

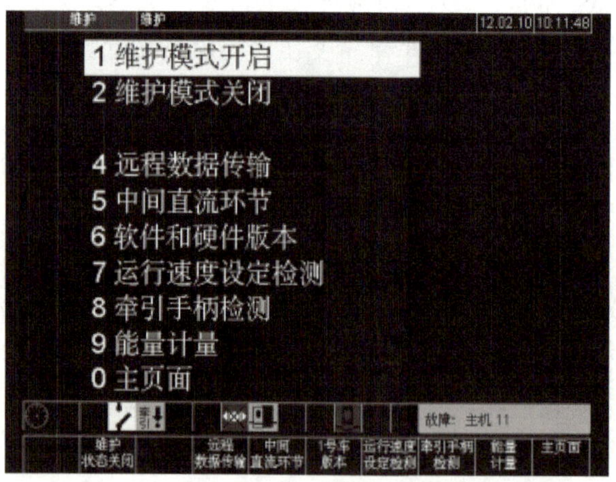

图 3.71　动车组司机室 HMI 屏维护模式开启

② 三键复位：选择合适时机，司机降弓。随车机械师在占用端司机室施加三键复位，若复位成功，则正常运行；若复位未成功，则执行第③步。

③ 进行 RA ResetALL 复位：在锁闭的牵引设备所在牵引单元司机室的主控 CCU 施加 RA ResetALL 复位。如还不成功则通过 RHVS Reset 复位，即在 Power 下拉菜单中选择 “R HVS Reset”选项，回车。选择“5－Reset transformer permanent lock”进行复位。完成后选

择“e – End”。通知司机维持运行。复位结束后，在 HMI 屏上关闭维护模式，HMI 屏维护模式关闭界面，如图 3.72 所示。恢复隔离开关，重新升弓，维持运行。

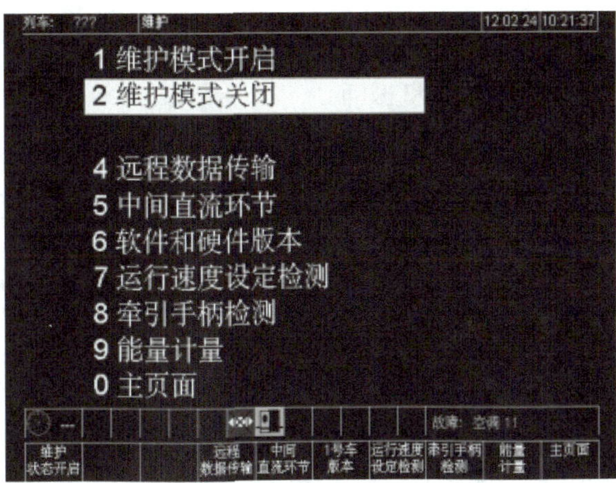

图 3.72　动车组司机室 HMI 屏维护模式关闭

司机室 HMI 屏故障显示界面如图 3.73 所示，如不成功可执行换弓操作，即切除车顶隔离开关，进行换弓操作，换弓正常后，维持运行。

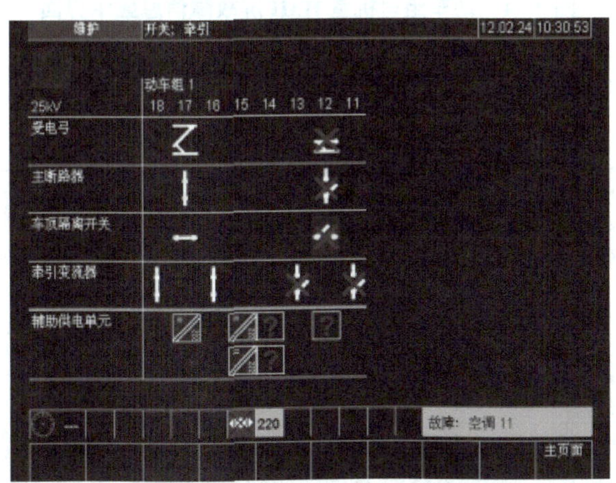

图 3.73　动车组司机室 HMI 屏故障显示界面

2）主变压器故障（6CA1、6CA2、6CA3 等）

故障现象：主断路器断开，牵引变压器无法重启、高压封锁；HMI 屏报以下代码。

① 6CA1：主断路器被切断，变压器浪涌过电流。

② 6CA2：主断路器被切断，无效电流过高。

③ 6CA3：主断路器被切断，差动电流保护响应。

④ 6CA5：主断路器被切断，主变压器瓦斯报警。

⑤ 6CA6：主断路器被切断，变压器过电流。

⑥ 631F：变压器锁闭，无法重启。

原因：① 牵引变压器保护；② 牵引变压器故障。

注意：① 发生上述故障禁止复位；

② 运行中升弓操作时，速度应在 200 km/h 以下。

处理过程如下。

① 确认故障：司机查看 HMI 屏故障信息，HMI 屏故障信息显示界面如图 3.74 所示，确认故障代码，惰行，同时通知随车机械师。

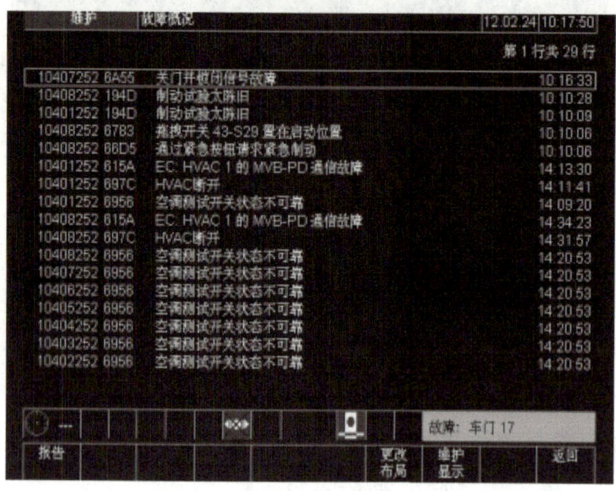

图 3.74　动车组司机室 HMI 屏故障信息显示界面

② 切除故障单元：操作界面显示如图 3.75 所示。切除故障牵引单元受电弓、主断路器、车顶隔离开关，升弓维持运行。

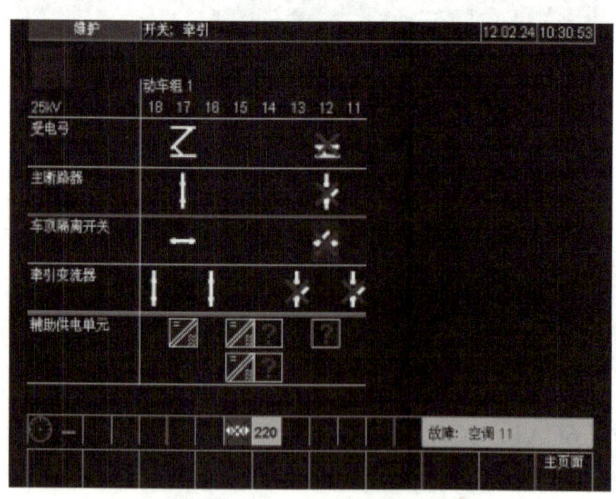

图 3.75　动车组司机室 HMI 屏故障显示界面

3）变压器保护（634E、634D、634C）

现象如下。

① 代码 634E（由于变压器保护启动，输出降低）：运行中 HMI 屏提示变压器保护启动，变压器功率减载 50%。

② 代码 634D（变压器冷却液温度超过限制值 T3）：运行中 HMI 屏提示变压器保护启

动，变压器输出封锁。

③ 代码 634C（变压器冷却液温度超过限制值 T4）：运行中 HMI 屏提示变压器保护启动，主断路器跳开。

原因：牵引变压器冷却故障。

注意： 此故障不需复位操作，当变压器温度低于 100 ℃时，该故障代码被自动复位。

处理过程如下。

① 确认故障：司机室 HMI 屏故障代码显示如图 3.76 所示。司机查看 HMI 屏故障信息，确认故障代码，同时通知随车机械师。

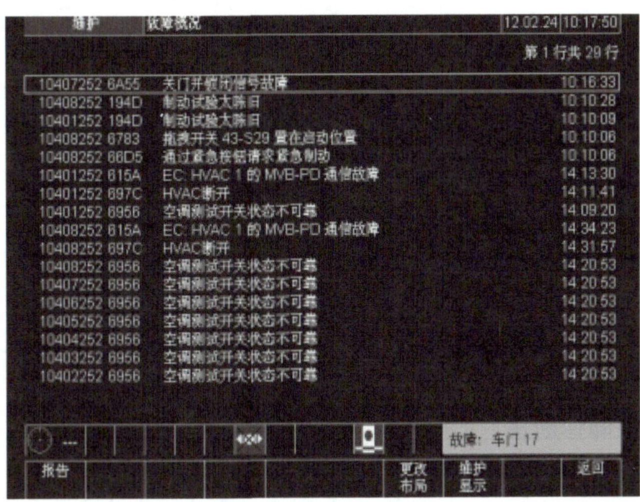

图 3.76　动车组司机室 HMI 屏故障代码

② 切除故障单元：若主断断开，无法闭合，报代码 634C，则随车机械师通知司机在 HMI 屏上切除故障单元的受电弓、主断路器及车顶隔离开关。司机室 HMI 屏故障显示界面如图 3.77 所示。

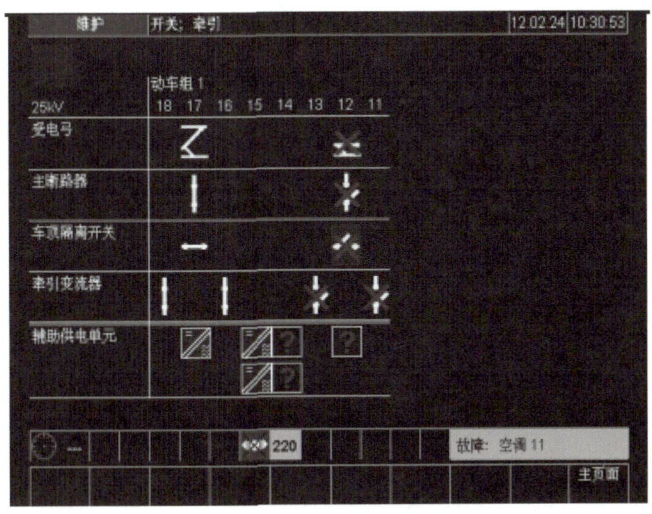

图 3.77　动车组司机室 HMI 屏故障显示界面

③ 维持运行：司机升弓，闭合主断，继续运行。

知识拓展

牵引变压器故障诊断方法

1. 局部放电检测法

在局部放电检测法中，一般会使用到的理论基础为超声波原理和红外线测量方法等，其中利用超声波原理测量方法的使用最为频繁。牵引变压器发生局部故障时，通常会伴随一系列现象出现，例如，出现气体、局部过热或者能量的损耗，以及产生超声波、电脉冲、光和电辐射等现象。发生局部放电故障时产生超声波的原因是局部体积发生了变化，此变化的原因是发生局部介质击穿的时候，电流会瞬间加大，导致温度升高，产生热胀冷缩使体积在短时间内增加。而当放电结束的时候，温度随之降低，体积减小。所以发生牵引变压器局部放电故障的时候，会导致体积的变化，进而引起介质的疏密产生超声波。超声波大概 10 ms 为一个放电周期，并且频率分布最多的范围为 20～150 kHz。局部放电检测中，可利用超声波传感器贴在牵引变压器的接地外壳上完成对牵引变压器超声波检测。该检测过程既不会对牵引变压器的工作产生影响，也兼顾到了工作人员的安全问题及电磁波的干扰问题。但需要注意的是，牵引变压器局部放电时信号相对微弱，这增加了特征量的提取及模式识别的工作难度。

2. 基于电磁场故障诊断法

牵引变压器变压的实质就是电磁感应。当牵引变压器的一侧通电时，铁心会产生交变磁场，变化的磁场则会产生相应的电场，根据此原理在牵引变压器的二次侧就会得到相应的交流电压，此二次侧输出的电流和电压与变压器内部磁场的大小和方向都有关系。还需注意的是，牵引变压器输出的电流、电压与输入的电流、电压、变压器的环境与温度，以及牵引变压器的内部环境都有关系。因此，可测量输入和输出电量，根据傅里叶与小波变换等理论对变压器测量的数据进行计算分析，以此得到牵引变压器不同状态时的频谱，进而通过对比频谱找到牵引变压器的故障类型。

3. 气体分析法

利用变压器油中气体分析法对变压器故障进行诊断是最常用的方法。其原理就是在变压器不同状态时，电和热使变压器油发生化学反应，产生的气体会发生相应的变化，根据油分解的气体成分与含量的不同可达到变压器故障诊断的目的。变压器油中的气体成分与其内部油的化学成分和变压器的电、热等化学反应有关系，而与变压器的内部结构和外界工作环境无关。所以这种故障诊断方法不仅适用于电力变压器，对于牵引变压器也同样适用。这种方法也可称为油中溶解气体分析法，即通过对油中气体的分析，根据气体的特征来判断变压器的不同状态，以达到故障诊断的目的。经过多年的发展，现在已经形成几种不同的诊断方法，如 IEC 推荐的三比值法等。

项目 4

牵引变流器

项目描述

本项目主要介绍动车组牵引变流器的结构原理和常见故障的分析处理，为实际解决牵引变流器相关故障打下基础。

学习目标

1. 能力目标

掌握动车组牵引变流器的拆卸、移动及安装方法。

掌握动车组牵引变流器的日常维护及检修项目的处理方法。

掌握动车组牵引变流器应急故障的处理方法。

2. 知识目标

掌握动车组牵引变流器的基本工作原理；

掌握动车组牵引变流器的结构及性能参数；

掌握动车组牵引变流器冷却系统的结构及基本工作原理。

3. 素质目标

培养学生自学的能力。

培养学生勤奋刻苦的学习态度和严谨的职业素养。

任务 4.1 变流技术基础

工作任务

1. 掌握电力变换的基本工作原理；
2. 掌握常用电力电子器件的性能及应用。

相关配套知识

4.1.1 变流技术概述

早期的电力牵引传动系统均采用“交－直”传动方式，使用直流电机作为驱动设备。由于直流电机的单位功率重量较大，使得高速列车既要满足大功率驱动又要减轻轴重，造成了难以克服的矛盾。而现在普遍采用的“交－直－交”传动系统，将恒频的交流电通过整流电路变换成直流电，再经逆变系统将直流电变换成可调压、调频的交流电。这种变频系统虽然多了一个中间直流环节，但输出交流电的频率可高于电网的频率。许多场合下，同一个电力变换电路既能作整流电路，又能作逆变电路，所以也称这样的电力变换装置为变流器。变流器由主回路和控制回路组成，主回路包括整流器、中间直流环节和逆变器。

4.1.2 整流器

整流器，即将交流电（AC）转变为直流电（DC）的设备。常见整流电路类型有：单相桥式整流电路、三相桥式整流电路和三相桥式全控整流电路。

1. 单相桥式整流电路

由于二极管具有单向导电性，对于单相交流电，可以利用 4 个二极管组成如图 4.1（a）所示的单相桥式整流电路以实现整流的目的。单相交流电 U_1 经降压得到 U_2 输入桥式电路，而 D1/D4 和 D2/D3 两对二极管可交替导通，使负载电阻 R 在 U_2 的整个周期内都有电流通过，而且方向不变，输出波形如图 4.1（b）所示，从而实现了全波整流。

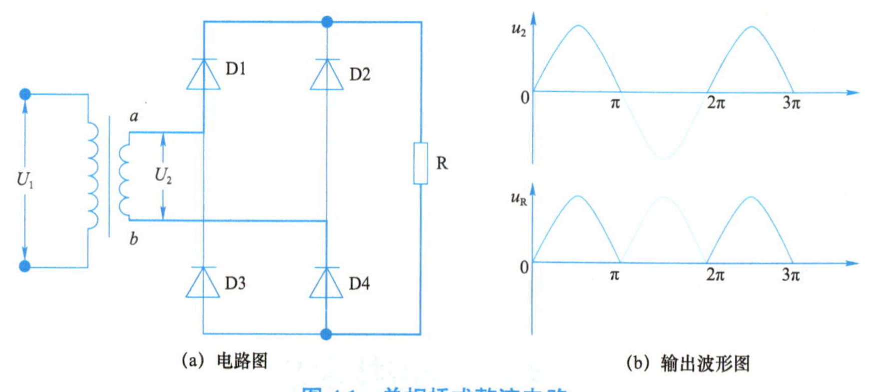

图 4.1 单相桥式整流电路

2. 三相桥式整流电路

而针对三相交流电，可利用 6 个二极管组成如图 4.2（a）所示的三相桥式整流电路来实现整流的目的。通常，将阴极共接的 D1、D3、D5 称为共阴极组，而阳极共接的 D4、D6、D2 称为共阳极组。三相交流电输入整流桥后，共阴极组中阳极电位最高的二极管导通，而共阳极组中阴极电位最低的二极管导通，任意时刻共阳极组和共阴极组中各有一个二极管处于导通状态。此外，习惯上希望二极管按从 1～6 的顺序导通，为此将二极管按图示的顺序编号，即共阴极组中与 A、B、C 三相电源相接的 3 个二极管分别为 D1、D3、D5，共阳极组中与 A、B、C 三相电源相接的 3 个二极管分别为 D4、D6、D2。分析可知，按此编号，二极管的导通顺序为 D1－D2－D3－D4－D5－D6。最终得到如图 4.2（b）所示波形，即 A、B、C 三相电经整流桥之后都只保留电位最高的一段波形（实线部分），输出直流电。

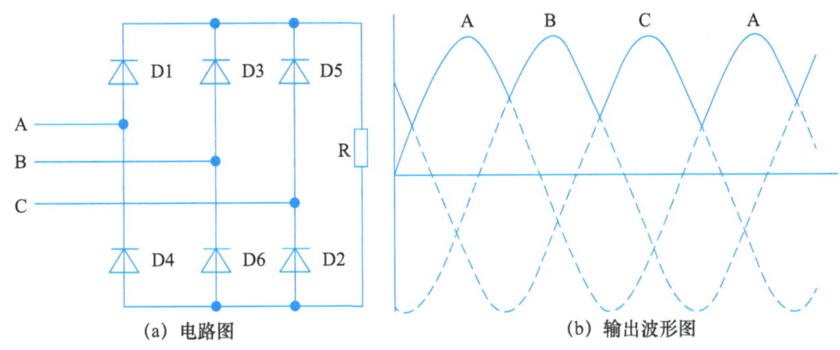

图 4.2　三相桥式整流电路

3. 三相桥式全控整流电路

三相桥式全控整流电路是在三相桥式整流电路的基础上，将不可控型开关元件二极管替换成半控型开关元件晶闸管（俗称可控硅 SCR），以实现输出波形的外部干预。

晶闸管全称为晶体闸流管，是一种功率半导体器件，具有容量大、效率高、控制特性好、寿命长、体积小等特点。常用的有螺栓式与平板式两种，有三个引出极：阳极（A）、阴极（K）、门极（G）。图 4.3 为晶闸管的外形和电气图形符号。

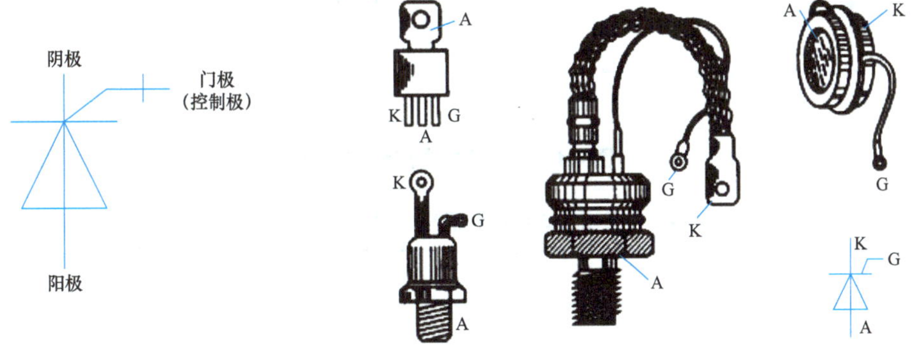

图 4.3　晶闸管的外形和电气图形符号

晶闸管导通和关断条件见表 4.1。

表 4.1　晶闸管导通和关断条件

状　态	条　件	说　明
从关断到导通	1. 阳极电位高于阴极； 2. 控制极有足够的正向电压和电流	两者缺一不可
维持导通	1. 阳极电位高于阴极； 2. 阳极电流大于维持电流	两者缺一不可
从导通到关断	1. 阳极电位低于阴极电位； 2. 阳极电流小于维持电流	任一条件即可

总结如下：

① 晶闸管承受反向阳极电压时，无论门极承受何种电压，晶闸管都处于关断状态；

② 晶闸管承受正向阳极电压时，仅在门极承受正向电压的情况下晶闸管才导通；

③ 晶闸管在导通情况下，只要有一定的正向阳极电压，无论门极电压如何，晶闸管均保持导通，即晶闸管导通后，门极失去作用；

④ 晶闸管在导通情况下，当主回路电压（或电流）减小到接近于零时，晶闸管关断。

所以利用 6 个晶闸管可组成如图 4.4（a）所示的三相桥式全控整流电路，通过对晶闸管施加控制信号，即可输出可控的直流波形，如图 4.2（b）所示。三相桥式全控整流电路晶闸管的工作情况如表 4.2 所示。

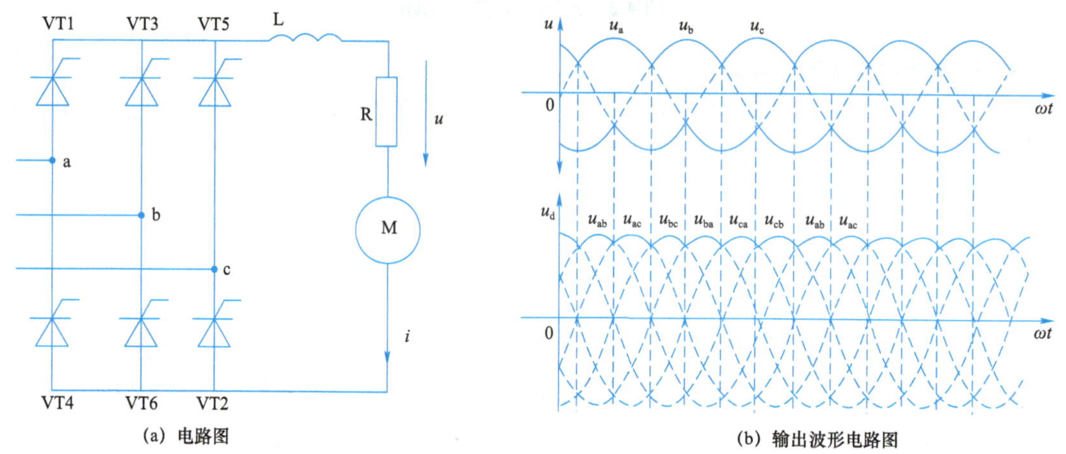

(a) 电路图　　(b) 输出波形电路图

图 4.4　三相桥式全控整流电路

表 4.2　三相桥式全控整流电路晶闸管的工作情况

序　　号	1	2	3	4	5	6
共阴极组中导通的晶闸管	VT1	VT1	VT3	VT3	VT5	VT5
共阳极组中导通的晶闸管	VT6	VT2	VT2	VT4	VT4	VT6
整流输出电压	$U_a-U_b=U_{ab}$	$U_a-U_c=U_{ac}$	$U_b-U_c=U_{bc}$	$U_b-U_a=U_{ba}$	$U_c-U_a=U_{ca}$	$U_c-U_b=U_{cb}$

4.1.3　逆变器

逆变与整流相对应，是将直流电（DC）转变为交流电（AC）的设备。在逆变器出现以前，DC/AC 变换是通过直流电机－交流电机来实现的，称为旋转变流器。随着电力电子技术的高速发展，大功率开关元件和集成控制电路的研发成功，利用半导体技术就可以实现 DC/AC 的变换，这种装置称为静止变流器，通常所说的逆变器就是静止变流器。

1. 单相逆变电路

利用4个基本开关元件，即可组成如图4.5（b）所示逆变电路。4个开关组成两种开关状态：① S_1、S_4闭合，S_2、S_3断开；② S_2、S_3闭合，S_1、S_4断开。当电路处于①状态时，电阻R上电流方向为从左向右"→"，即获得正向电压；当电路处于②状态时，电阻R上电流方向为从右向左"←"，即获得反向电压，从而获得交流电波形。当状态①、②以相同时间间隔 t_0 切换时，即可获得如图4.5（b）所示的波形，显然如果减小切换时间间隔 t_0 即可得到更高频率的交流电。

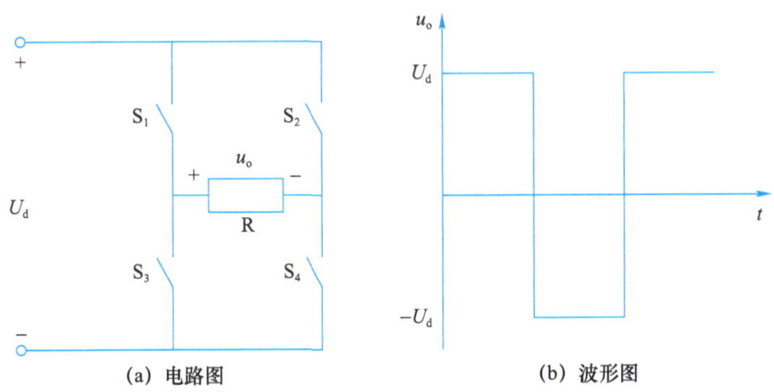

图4.5 单相逆变电路

2. 单相桥式逆变电路

在原本单相逆变电路的基础上，将4个基本开关替换成全控型开关元件GTO、IGBT等，即可得到如图4.6所示的单相桥式逆变电路，由两对桥臂组成：VT1与VT4、VT2与VT3分别组成两对导电臂，交替导通180°。其中VD1～VD4为续流二极管。

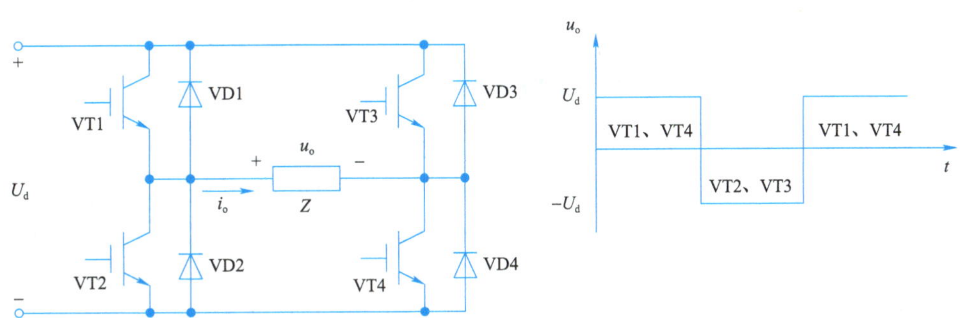

图4.6 单相桥式逆变电路及电压波形

门极可关断晶闸管（GTO）也具有单向导电特性，即当其阳极A、阴极K两端为正向电压，在门极G上加正的触发电压时，晶闸管将导通，导通方向为A→K。GTO的结构及符号如图4.7所示。在门极关断晶闸管导通状态，若在其门极G上加一个适当负电压，则能使导通的晶闸管关断。

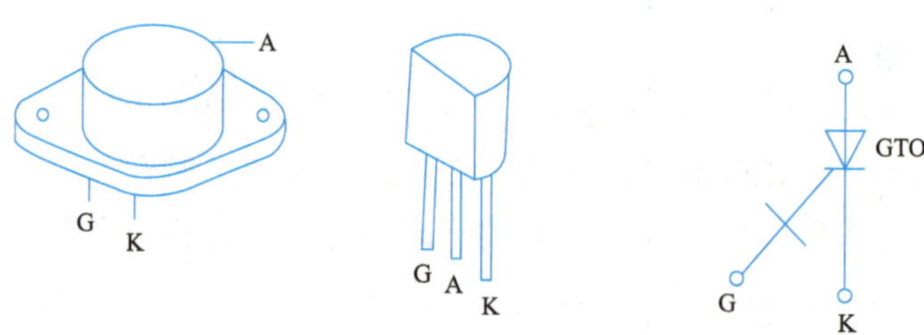

图 4.7　GTO 的结构及符号

近年来，GTO 元件的性能不断提高，可关断电流达 4 000 A，阻断电压达 6 000 V 以上，开关速度也有所提高。然而其在应用中也存在着不足：由于它增益比较小，如关断 2 000～3 000 A 电流，需要高达 700～800 A 的门极电流，这对门极驱动装置的要求很高；GTO 元件在高电压下导通，大电流下关断，电流、电压变化率及应力很大，需要设置性能良好的吸收电路，这就增加了开关损耗，降低了效率，并对冷却系统提出更高要求。

绝缘栅双极型晶体管（IGBT）是双极型晶体管（BJT）和金属氧化物半导体场效应晶体管（MOSFET）的复合器件，IGBT 的结构与简化等效电路如图 4.8 所示。其将 BJT 的电导调制效应引入到 VDMOS 的高阻漂移区，大大改善了器件的导通性，同时它还具有 MOSFET 的栅极高输入阻抗，为电压驱动器件。

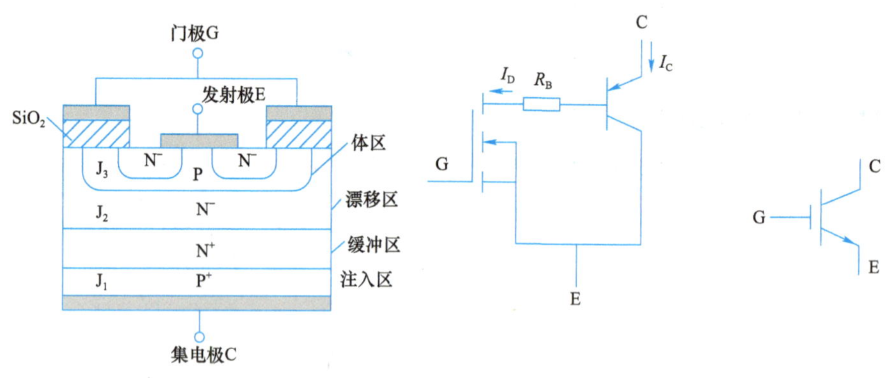

图 4.8　IGBT 的结构与简化等效电路

开通和关断时均具有较宽的安全工作区，IGBT 所能应用的范围基本上替代了传统的晶闸管（SCR）、可关断晶闸管（GTO）、晶体管（BJT）等器件，与其他电力电子器件相比，IGBT 具有高可靠性、驱动简单、保护容易、不用缓冲电路和开关频率高等特点。智能型功率模块（IPM）是以 IGBT 技术为基础的电力电子开关，由高速低功耗的管心、优化的门极驱动电路及快速保护电路构成。与 IGBT 器件相比，IPM 还具有以下特点。

① 快速的过流保护。

② 过热保护。

③ 桥臂对管互锁保护。

④ 器件布局合理，无外部驱动线，抗干扰能力强，工作可靠性高。

⑤ 驱动电源欠压保护。

GTO 与 IGBT/IPM 基本性能比较如表 4.3 所示。

表 4.3　GTO 与 IGBT/IPM 基本性能比较

	GTO 元件	IGBT/IPM 元件
电压	4 500 V（>6 000 V）	3 300 V（>4 000 V）
电流	3 000～4 000 A（可关断电流）	1 200 A
开关频率	500 Hz	5 kHz
开关损耗	大	小
通态损耗	小	大
吸收回路损耗	大	小
驱动功率	大（电流控制型）	小（电压控制型）
di/dt，du/dt 限制	严格（须加阳极电抗器）	不严（无须阳极电抗器）
保护功能	外设	完善的自我保护

IGBT 开关频率的提高，带来了很多好处，例如，PWM 调制频率的提高，在电机侧，可使得电机电流的高次谐波减少，并使电机的损耗噪声下降；在电网侧，可降低电网电流的谐波，减小等效干扰电流，减少变压器的损耗和噪声。

3. 三相桥式逆变电路

电路由 3 个半桥组成，开关管采用全控型半导体元件 IGBT（电路中用 VT 表示），VD1～VD6 为续流二极管，三相桥式逆变电路组成如图 4.9 所示。通常中、大功率的应用场合均要求采用三相逆变电路，当对波形有较高要求时，则采用对此基本线路进行多重叠加或采用 PWM 控制方法，以抑制高次谐波。

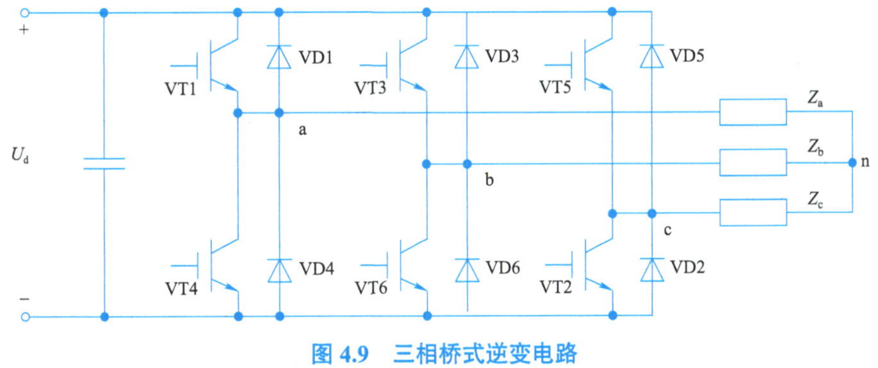

图 4.9　三相桥式逆变电路

根据各开关管导通时间的长短，该电路可分 180° 导通型和 120° 导通型，其中常用的为 180° 导通型，其相电压与线电压波形如图 4.10 所示。在 180° 导通型中，每个开关管的驱动信号持续 180°，同一相上下 2 个开关管交替导通，在任何时刻都有 3 个开关管导通。

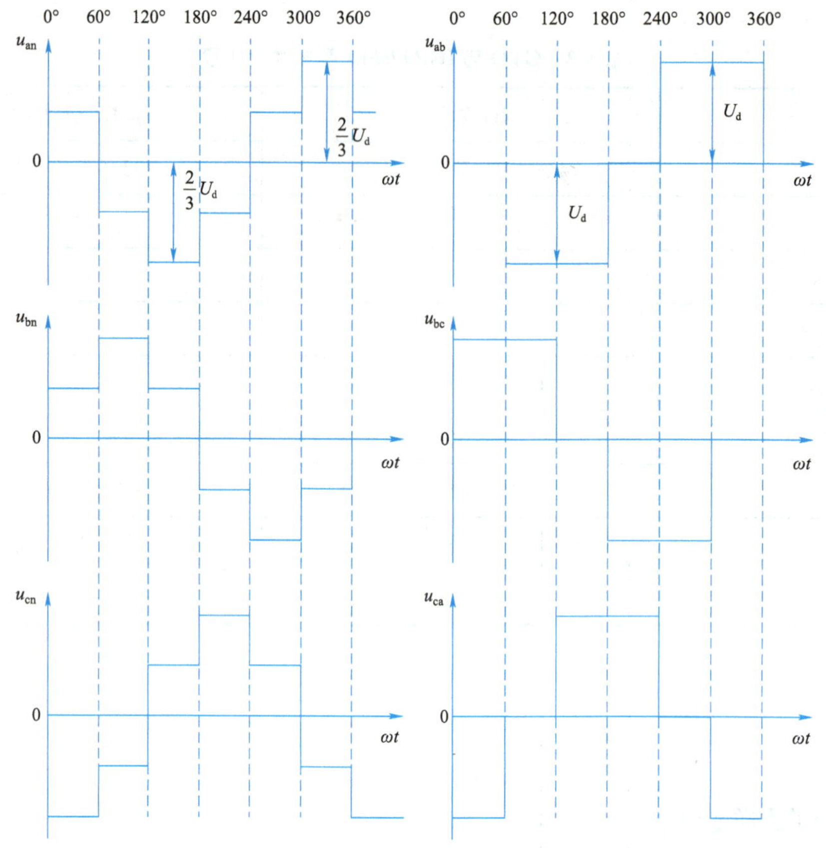

图 4.10 180° 导通型三相桥式逆变电路相电压与线电压波形

在一个周期内，6 个开关管触发导通的次序为 VT1～VT6，依次相隔 60°，导通的组合顺序为 VT1－VT2－VT3、VT2－VT3－VT4、VT3－VT4－VT5、VT4－VT5－VT6、VT5－VT6－VT1、VT6－VT1－VT2，每种组合工作 60° 电角度，而此电路输出电压波形多为矩形波。为了使输出电压波形趋于正弦波，可以采用多重逆变或脉冲宽度调制的方法。

4.1.4 脉宽调制控制

脉冲宽度调制简称脉宽调制（pulse width modulation，PWM），PWM 技术通过调节控制电压脉冲的宽度和脉冲列的周期来控制输出电压和频率。通过 PWM 信号触发 IGBT 的导通与关断，将直流电压变为电压脉冲列。在逆变器中采用 PWM 控制，可以同时完成调频和调压的任务。PWM 广泛应用于开关电源、不间断电源、直流电机调速、交流电机变频调速和中频炉电源控制等领域。

冲量（脉冲面积）相等而形状不同的窄脉冲加在具有惯性的环节上时，其输出响应基本相同。即对于两个不同的窄脉冲，如果它们的面积相等，则将它们分别加在相同的惯性环节上，如 RL 电路，则有相同的输出波形，称之为面积等效原理，它是 PWM 控制技术的重要基础。因此，可以将不同面积的正弦波形用宽窄不同的脉冲波来代替。图 4.11 为正弦波形等效成 SPWM 波，图 4.12 为单相桥式 PWM 逆变电路。

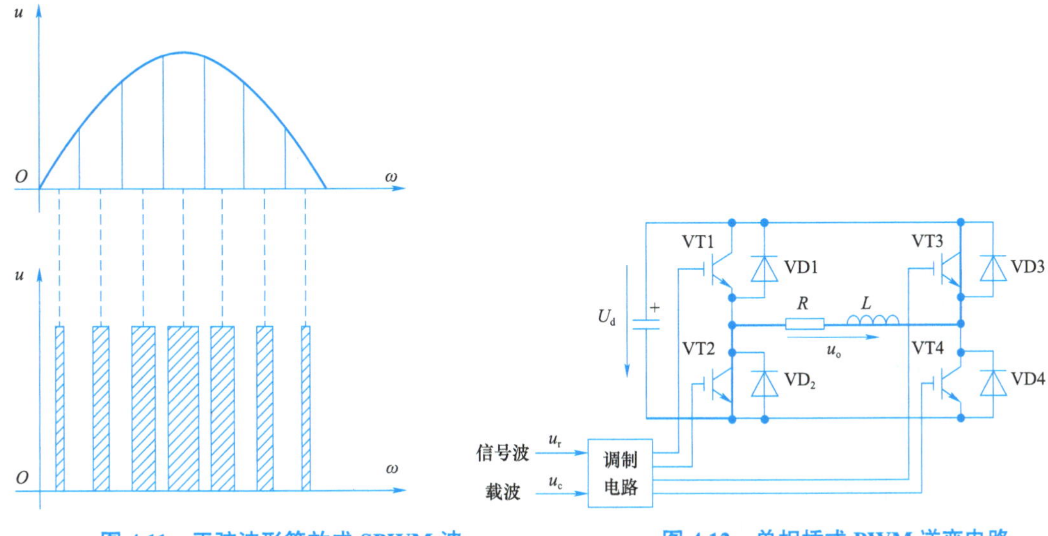

图 4.11　正弦波形等效成 SPWM 波　　图 4.12　单相桥式 PWM 逆变电路

1. 单极性 SPWM 控制

在正半周，让 IGBT 管 VT1 一直保持导通，而让 VT4 交替通断。当 $u_c>u_r$ 时，VT1、二极管 VD3 导通，负载上所加电压 $u_0=0$。当 $u_c<u_r$ 时，VT1、VT4 导通，负载上所加电压 $u_0=U_d$。

在负半周，让 IGBT 管 VT2 一直保持导通，而让 VT3 交替通断。当 $u_c<u_r$ 时，VT2、二极管 VD4 导通，负载上所加电压 $u_0=0$。当 $u_c>u_r$ 时，VT2、VT3 导通，负载上所加电压 $u_0=-U_d$。

像这种在 u_r 的半个周期内三角波载波只在一个方向变化，所得到的 PWM 波形也只在一个方向变化的控制方式称为单极性 PWM 控制方式，如图 4.13 所示。调节调制信号 u_r 的幅值可以使输出脉冲宽度作相应的变化，这能改变逆变器输出电压的基波幅值，从而实现对输出电压的平滑调节；改变调制信号 u_r 的频率则可以改变输出电压的频率。

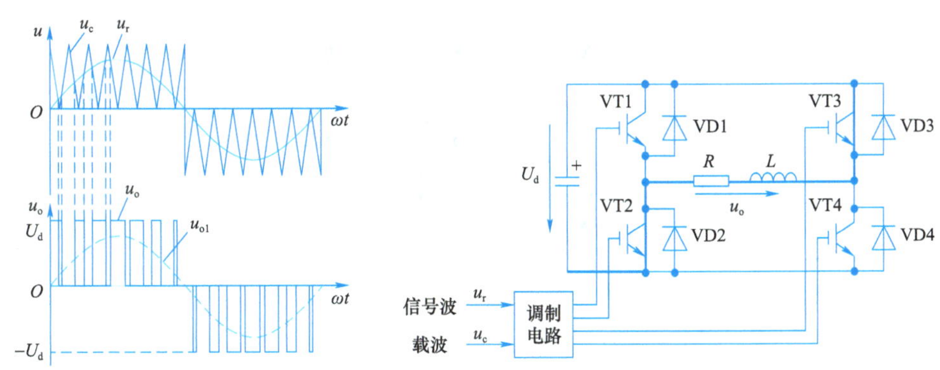

图 4.13　单极性 PWM 控制方式

2. 双极性 SPWM 控制

在双极性 PWM 控制方式中，在 u_r 的半个周期内，三角形载波是在正负两个方向变化的，所得到的 PWM 波形也是在两个方向变化的，如图 4.14 所示。在一个周期内，输出的 PWM 波形只有$\pm U_d$两种电平。当 $u_r>u_c$时，给 VT1 和 VT4 以开通信号，给 VT2、VT3 以关断信号，输出电压 $u_0=U_d$；当 $u_r<u_c$时，给 VT2、VT3 以开通信号，给 VT1、VT4 以关断信号，输出电压 $u_0=-U_d$。

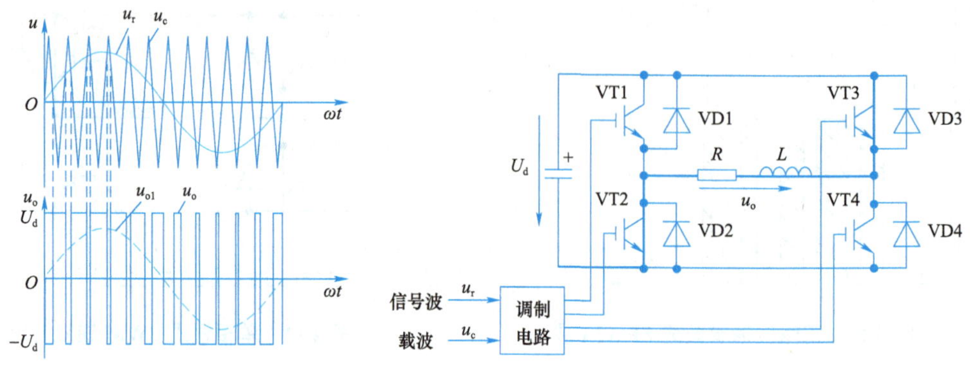

图 4.14　双极性 PWM 控制方式

3. 三相桥式 SPMW 逆变电路

在 PWM 型逆变电路中，使用最多的是如图 4.15 所示的三相桥式 SPWM 逆变电路，其控制方式一般都采用双极性方式。U、V 和 W 三相的 PWM 控制通常共用一个三角波载波 u_c，三相调制信号 u_{rU}、u_{rV}和 u_{rW}的相位依次相差 120°。U、V 和 W 各相开关器件的控制规律相同，现以 U 相为例来说明。当 $u_{rU}>u_c$时，给上桥臂晶体管 VT1 以导通信号，给下桥臂晶体管 VT4 以关断信号，则 U 相相对于直流电源假想中点 O 的输出电压 $u_{UO}=U_d/2$；当 $u_{rU}<u_c$时，给 VT4 以导通信号，给 VT1 以关断信号，则 $u_{UO}=-U_d/2$；VT1 和 VT4 的驱动信号始终是互补的。V 相和 W 相的控制方式和 U 相相同。

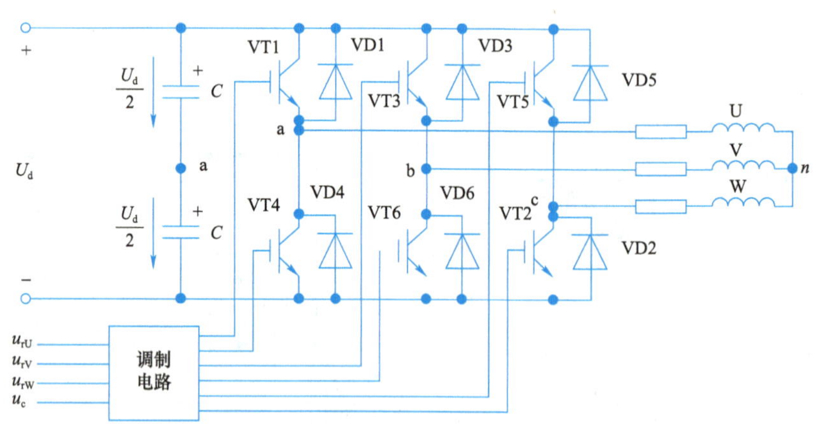

图 4.15　三相桥式 SPMW 逆变电路

任务 4.2　CRH5 型动车组牵引/辅助变流器

工作任务

1. 掌握 CRH5 型动车组牵引/辅助变流器的基本结构原理及性能参数；
2. 掌握 CRH5 型动车组牵引/辅助变流器的控制与冷却系统。

相关配套知识

CRH5 型动车组牵引/辅助变流器，内部有两组四象限整流器（4QC）和电机逆变器，一组辅助逆变器，每一组逆变器控制一台 568 kW 牵引电机，辅助逆变器向车载三相 400 V/50 Hz 用电设备供电。主变流器的主要功能是将 25 kV/50 Hz 的单相交流电通过牵引变压器降压后，输出单相 AC 1 770 V/50 Hz 的电，经四象限整流器得到 3 600 V 的中间直流电；再经逆变器输出电压频率可调的 0～2 808 V 的三相交流电来控制每台电机；同时辅助逆变器从中间回路输入直流 3 600 V 电经斩波降压逆变后输出三相 400 V/50 Hz 的交流电，为辅助系统的设备供电。变流器由 8 个组件构成，它们分别是 2 个辅助组件、2 个牵引模块组件、2 个用户组件、1 个冷却系统、1 个电阻组件。8 个组件通过中央线槽连接形成一个整体。

CRH5 主变流器具有以下特点：

① 典型的模块化结构，主要由 8 个组件组成，通过紧固件连接；

② 牵引/辅助变流器集成在一个箱体中，辅助回路输入电压来自中间直流环节；

③ 冷却方式采用水冷和强迫风冷；

④ 车底安装，防护等级为 IP54；

⑤ 采用最新的高压 IGBT（6 500 V/600 A）技术，中间直流电压在额定工况下为 3 600 V；

⑥ 采用矢量控制技术，多种 PWM 模式优化调制。

4.2.1　主变流器的工作原理

1. 主变流器概述

主变流器由牵引整流逆变单元、辅助逆变单元、控制单元、冷却单元构成，与车辆底板总成在一起。

2 个四象限整流器（4QC）并联，给 2 个牵引逆变器和 1 个辅助逆变器供电。

2 个三相电压型两电平逆变器，分别给一台异步牵引电机供电。

2 个制动斩波器，当列车处于过分相区时，消耗来自负载的能量（制动阶段中的动能）。

1 个辅助逆变器，给辅助设备提供 400 V/40 Hz 的交流电。

1 个牵引控制单元（TCU），控制四象限整流器、制动斩波器、牵引逆变器的 IGBT 开关，以获得满足车辆牵引、制动性能要求的控制。

1 个辅助控制单元（ACU），控制辅助逆变器的 IGBT 开关，以获得 400 V/40 Hz 的三相交流电压。

本装置分通气部分和密封部分，将需要散热的冷却系统、变压器、滤波电抗器、电阻器进行绝缘隔离后安装在通气部；将有必要进行绝缘防止污损的部分安装在密封部。

变流器的结构组成如图 4.16 所示。辅助组件 1 主要包括辅助功率模块、辅助控制单元（ACU）、高频变压器和接口插座；辅助组件 2 主要包括斩波电感、滤波器、中压端子板、隔离开关、用于保护的开关组件；牵引组件 1 和牵引组件 2 的结构基本相同，主要由四象限整流模块、逆变模块、支撑电容和水冷回路接口组成；用户组件 2 主要由中间直流滤波电容器、端子板、传感器组件组成；用户组件 1 主要由牵引控制单元（TCU）、电压、电流传感器组件、接地开关、辅助隔离开关、高压隔离开关组成；冷却组件主要由水冷散热器、风扇、风道、水泵和膨胀水箱组成；电阻组件主要由放电电阻、辅助滤波器组成。

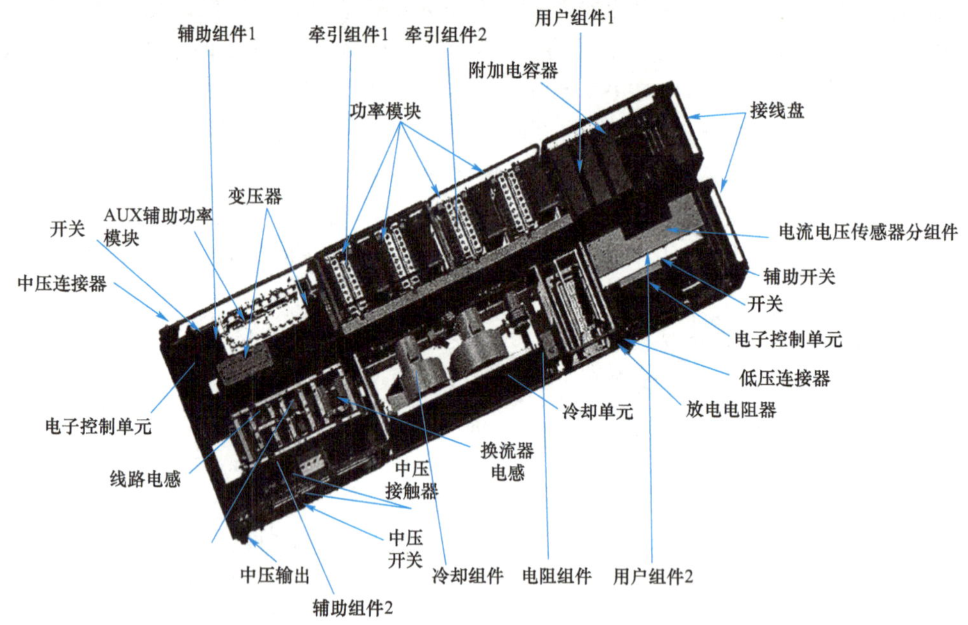

图 4.16　变流器的结构组成

CRH5 的每个牵引/辅助变流器能够在 40 ℃环境温度下，以及大于等于 22.5 kV 的电网电压下为每个电机轴提供 550 kW 的电能，保证电气牵引和再生制动及辅助供电。

牵引/辅助变流器是一个具有 IGBT 的变流器，从电路角度来看，包括以下 4 个组件。

1）四象限整流器

四象限整流器（4QC1 和 4QC2）是 PMCF 形式，它由 2 个 IGBT 的模块组成，具有 600 A/6 500 V IGBT 的 PMCF 输入变流器，为 2 个牵引逆变器供电和 1 个辅助逆变器供电。它通过 2 个主变压器次级绕组供电。两个相互在 180° 之间转换的 PMCF 能够从电网吸收电流（或者在电制动阶段给电网供电），功率因数接近 1 并且符合噪声计和谐波畸变电流的限定噪声值。另外，它能够在电制动阶段通过向电网反馈电流来实现逆变。

2）电机逆变器

电机逆变器是三相逆变器，具有 600 A/6 500 V IGBT 在两级具有外部电压的 2 个三相逆变器（INV-TRAZ1 和 INV-TRAZ2），其中每个都为一个异步牵引电机供电。它通过从中间滤波器获取电源，提供一个幅值和频率都能改变的交流电压（其值和频率取决于电机转速）为相关牵引异步电动机供电；该逆变器带有两极的外部电压，并且可以无须机械开关，从电力牵引转换到电制动。

3）制动斩波器

具有 600 A/6 500 V IGBT 的 2 个制动斩波器（CHF1 和 CHF2），当列车在中性区时能够在相关电阻器上消耗动能（在电机制动模式过程中产生）。具有 IGBT 的模块以这样一种方式配置的目的是在输出端组成 2 个单相并联桥，它能够从 2 个相应牵引变压器次级绕组整流单相交变电压（AC1 770 V）结果获得一个稳定的输出直接电压。

4）辅助变流器

具有 600 V/1 200 A IGBT 的 1 个辅助变流器（CH－INV AUX），通过从中间滤波器获取电源，通过 2 个斩波器和一个高频退耦变压器产生给辅助逆变器供电的电压水平，它为辅助服务的 AC380 V 线路供电。

2. 四象限变流器的工作原理和技术参数

1）四象限整流器的工作原理

四象限整流器的工作原理如图 4.17 所示。

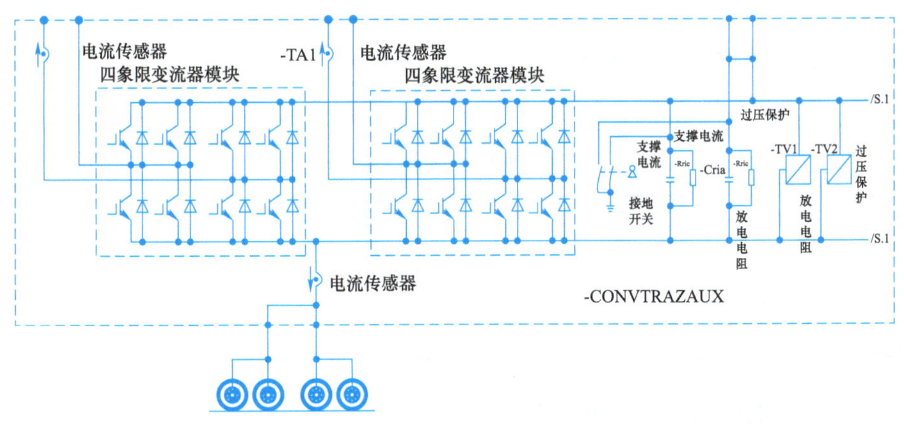

图 4.17 四象限整流器的工作原理

由变压器次级绕组提供的两组单相交流电源 1 770 V，经过接线端子 10×01A（10×02A）、电流传感器-TA2（-TA1）分别进入四象限变流器模块 4QCA（4QCB），经过对 IGBT 的 PWM 脉宽调制，将其转换为 DC 3 600 V。当变流器负载为牵引状态运行时，脉宽调制的电流相位、频率与网压一致，用以提供矢量控制的逆变器电源输入；当变流器负载为制动状态运行时，脉宽调制的电流相位与网压反相、频率与网压一致，实现将中间电路的剩余能量回馈电网，并保持中间电路电压稳定；由于采用 PWM 技术，可以实现主变压器次级绕组电压与电流的同相位，功率因数接近于 1。

2）四象限整流器的整体技术参数

四象限整流器的整体技术参数见表 4.4。

表 4.4　四象限整流器的整体技术参数

参数	数值
额定输入电压（主变压器次级）	2×1 770 V（AC）
最大非永久电压（相对额定输入电压）	+24%
输入永久电压变化范围（相对额定输入电压）	−24%～+16%
最小瞬间电压（相对额定输入电压）	−30%
输入网压频率	50 Hz
额定输出电压	DC 3 600 V（中间回路电压）
输出电压变化范围	3 200～3 700 V
额定输出电流	540 A
IGBT 开关频率	250 Hz

3）四象限整流器的结构

牵引辅助变流器内共有两组四象限整流器（4QC），每组由 1 个电流传感器及 1 个四象限模块组成。四象限模块的 IGBT（具有反向并联二极管）采用双管并联，其冷却液采用水乙二醇溶液，四象限模块的冷却方式采用水循环强迫式风冷方式。

4）四象限整流器的主要部件参数

四象限整流器的主要部件参数如表 4.5 所示。

表 4.5　四象限整流器的主要部件参数

序号	名称	代号	型号	数量
1	电流传感器	TA1、TA2	LB2000—S/SP4	2
2	IGBT	H1、H2、B1、B2	FZ600R65KF1	16

3. 电机逆变器的电路特点和工作原理

逆变器部分的作用是通过 IGBT 的顺序导通，将直流电变换为电压和频率均可调的三相交流电（variable voltage variable frequency，VVVF）。

1）电路特点

采用新型高压 IGBT（6 500 V/600 A）元件，直流输入电压 DC 3 600 V。采用模块化设计，每个逆变电路由一个功率模块组成，包括 8 个 IGBT，其中 6 个组成 2 电平三相逆变器，1 个作为斩波器，1 个将栅极和发射极短路作为二极管使用。采用矢量控制技术，多种 PWM 模式优化调制。

2）工作原理

逆变器工作原理图如图 4.18 所示。

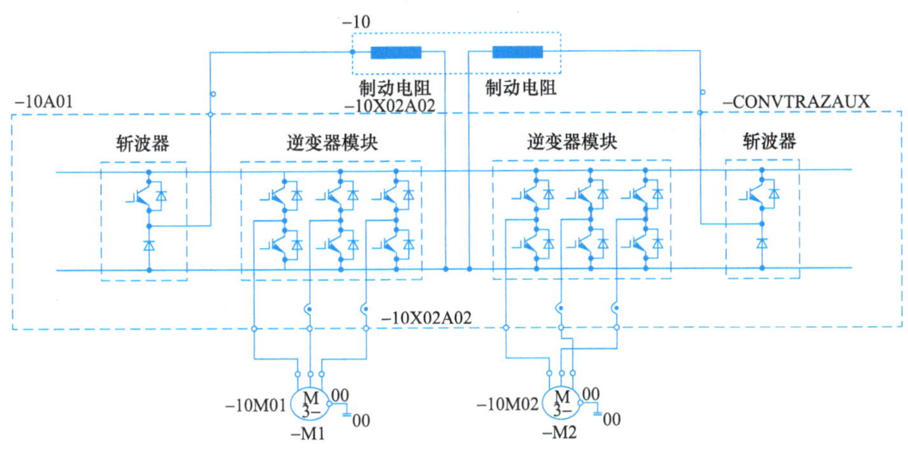

图 4.18　逆变器工作原理图

三相逆变电路由 6 个带无功反馈的二极管的 IGBT 组成，逆变器的开关原理如图 4.19 所示。

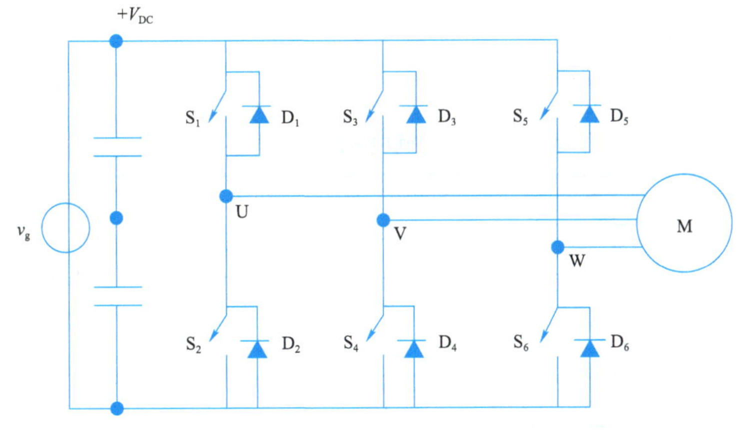

图 4.19　逆变器的开关原理

电路工作时，开关管 S_1～S_6 顺序导通，得到需要的电压波形。为了能够驱动逆变器，需要由 TCU 发出控制脉冲，脉冲通过安装在功率模块上的驱动电路使逆变器工作。考虑每个分支上的两个 IGBT 是互补的，不能同时导通，变流器的可能开关状态是 8 种。

4. 中间回路的工作原理和技术参数

1）中间回路的工作原理

中间回路是四象限脉冲整流器和负载端的逆变器之间的联结纽带，主要由支撑电容 Cdc、电容器的放电电阻器 Rdc、附加电容 Cris、放电电阻 Rris、接地开关 SMT 组成，支撑电容 Cdc 的主要功能包含以下几点：

① 与四象限脉冲整流器、逆变器交换无功功率和谐波功率；

② 与异步电动机交换无功功率；

③ 与四象限电抗器交换无功功率；

④ 支撑中间回路电压，使其保持稳定。

由于采用单相脉冲整流技术，在牵引辅助变流器的中间回路势必存在二次谐波，如果增加二次吸收回路，则势必增加变流器的体积与成本，因而在该变流器内，通过去掉二次吸收回路，并调整直流侧支撑电容的值，以达到减少二次谐波电压的目的。

2）中间回路的主要部件技术参数

中间回路的主要部件技术参数如表 4.6 所示。

表 4.6　中间回路的主要部件技术参数

序　号	名　称	代　号	型　号	数　量
1	支撑电容	Cdc lmF	DKTFM538A1007	4
2	支撑电容	Cris 1.67 mF	DKTFM537A1677	3
3	放电电阻	Rdc	RWST50×37315 kΩ/600 W	2
4	放电电阻	Rris	RWST50×37315 kΩ/600 W	2
5	接地开关	SMT	RUM5DC4 000 V/300 A	1

3）中间电容参数选择

首先列出计算中间电容所需的技术参数，如表 4.7 所示。

表 4.7　计算中间电容所需的技术参数

电机输出功率	564.1 kW
电机效率	0.935
逆变器效率	0.98
辅助功率	520 kW
中间回路电压	3 200 V
逆变器输入功率	564.1/0.935/0.98=615.6 kW

PMCF 输出功率（2×逆变器输入功率+辅助功率）=1 751.2（kW）。

中间电路电流为

$$I_{dc} = \frac{P_{outPMCF}}{V_{dc}} = \frac{1751.2\times10^3}{3200} = 547.25\text{（A）}$$

根据 PMCF（四象限）控制理论，可以得到二次谐波电流峰值 $I_{100,peak}$ 和有效值 $I_{100,rms}$ 分别为

$$I_{100,peak} = \frac{I_{dc}}{\cos\phi} = \frac{547.25}{\cos(34°)} = 660.1\text{（A）}$$

$$I_{100,rms} = \frac{I_{100,peak}}{\sqrt{2}} = 466.76\text{（A）}$$

由于变流器中间回路并没有采用二次滤波电路，二次谐波电流势必会使中间电路电压产

生脉动，假定中间电压波动（峰－峰）为 6.25%，则

$$V_{\text{rippiepp}} = \frac{I_{\text{ripeak}}}{\omega \times c} \times 2$$

$$V_{\text{rippie}} = \frac{V_{\text{rippiepp}}}{V_{\text{de}}} \times 100$$

$$C = \frac{I_{\text{1nnpea}} \times 2 \times 100}{V_{\text{vppe}} \times \omega \times V_{\text{de}}} = \frac{660/4 \times 2 \times 100}{6.25 \times 2 \times \pi \times 100 \times 3\,000} = 10.51\text{（mF）}$$

根据实际情况，选取 4 个 1 mF、3 个 1.67 mF 的电容器并联，实际容量为 9.01 mF。则可以计算出峰－峰值 233.3 V，约为 7.33%。同理，当中间回路电压上升到 3 600 V，则可以计算出峰－峰值 198 V，为 5.52%。至此初步完成电容参数选择。

4.2.2　变流器构成

1. 功率模块

CRH5 动车组牵引/辅助变流器的功率模块适应 3.6 kV 等级的中间电压，包含 2 个四象限脉冲整流器（PMCF）功率模块、2 个牵引逆变器/制动斩波功率模块、1 个辅助功率模块。变流器功率模块分布如图 4.20 所示。

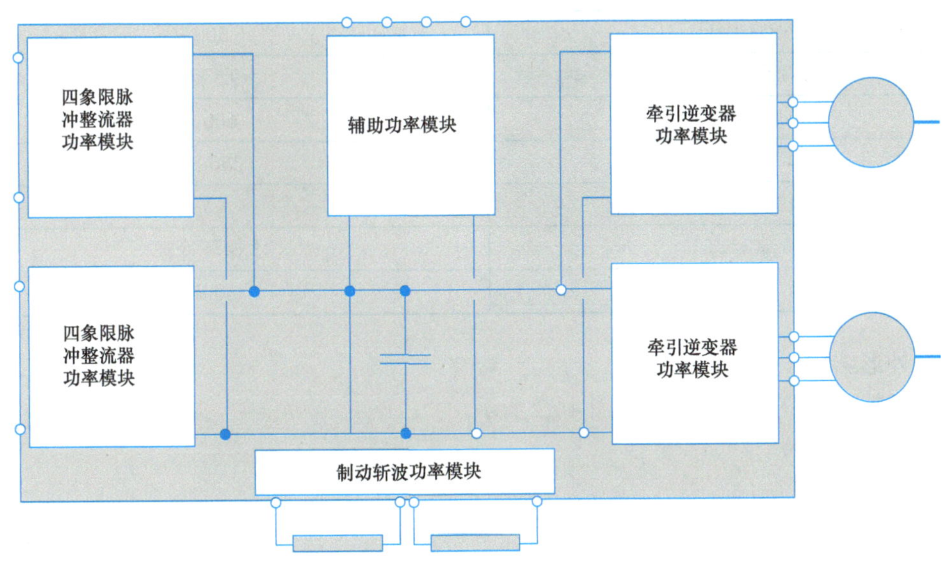

图 4.20　变流器功率模块分布

1）四象限脉冲整流器功率模块

四象限脉冲整流器功率模块的功能是将变压器次边绕组的交流电压（AC 1 770 V）转换成中间回路的直流电压（DC 3 600 V）。这种四象限脉冲整流器很好地解决了电力牵引设备对于功率因数、等效干扰电流、优化黏着利用和再生制动能力方面的特殊而苛刻的要求。

四象限整流模块的电路结构采用强迫换相的单相全控桥电路，其电路原理如图 4.21 所示，每个桥臂由 2 个带反向续流二极管的 IGBT 并联组成，双备份冗余设计，具有可靠性高、寿命长的特点。

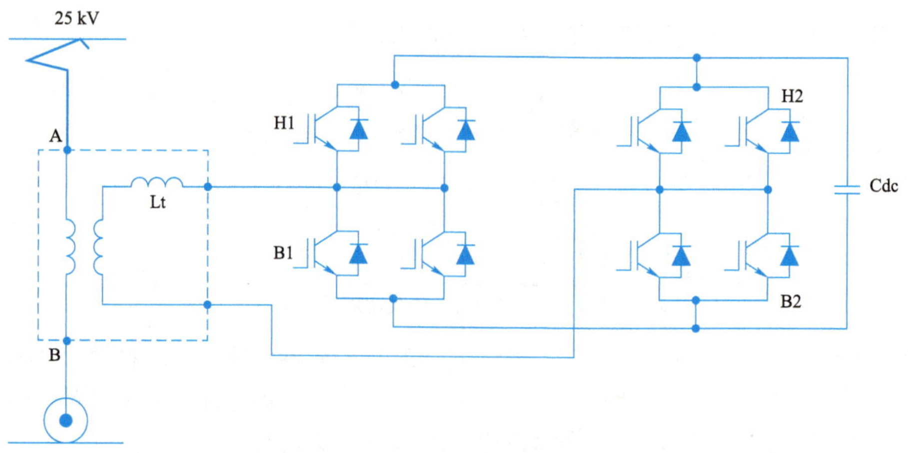

图 4.21　四象限整流模块的电路原理

（1）主要技术参数

表 4.8 为整流器模块主要技术参数。

表 4.8　整流器模块主要技术参数

功率模块型号	2×233XHP
IGBT 型号	FZ600R65KF1_Eupec_5_24
IGBT 电压	6 500 V
IGBT 绝缘电压	9.5 kV
IGBT 电流	600 A
工作频率	250 Hz
每臂的并联 IGBT/二极管数量	2
冷却方式	水循环冷却
重量	60 kg

（2）外形结构

四象限整流模块的外形结构如图 4.22 所示。

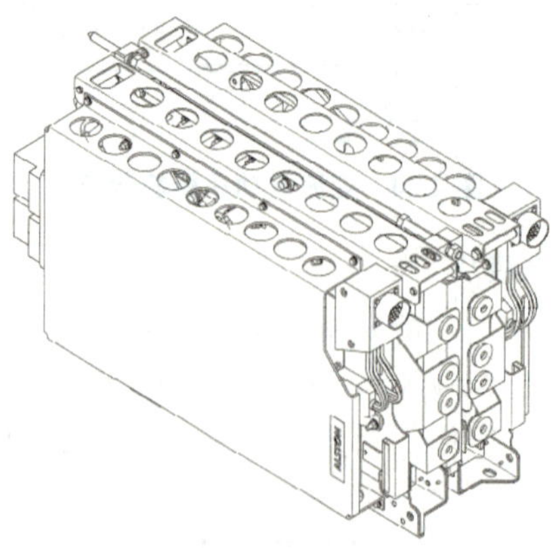

图 4.22　四象限整流模块的外形结构

四象限整流模块的结构主要由冷却散热基板、IGBT 元件、驱动电路板、动态快速连接器、复合母排及框架组成，重量为 60 kg。

2）牵引逆变器/制动斩波功率模块

（1）牵引逆变器功率模块

牵引逆变器功率模块的功能是将中间回路的直流电压（DC 3 600 V）转换为幅值和频率可调的三相交流电压，供给牵引电机。牵引逆变器功率模块采用两点式电路，其电路原理如图 4.23 所示。

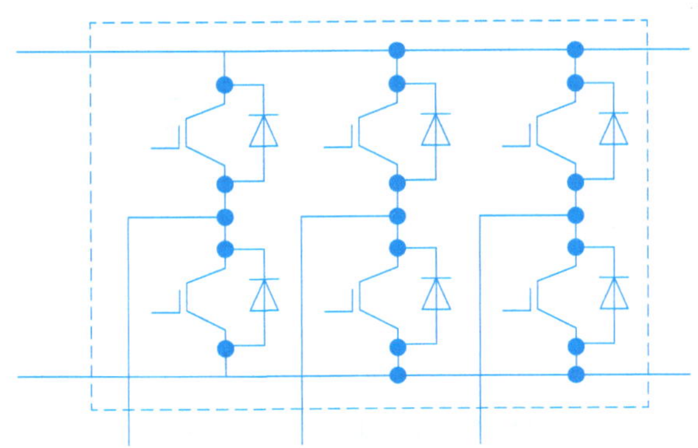

图 4.23　牵引逆变器功率模块的电路原理

牵引逆变器功率模块的主要技术参数如表 4.9 所示。

表 4.9　牵引逆变器功率模块的主要技术参数

功率模块型号	233VHP_INV_1R
IGBT 型号	FZ600R65KF1_Eupec_5_24
IGBT 电压	6 500 V
IGBT 绝缘电压	9.5 kV
IGBT 电流	600 A
输出电压	0～2 808 V
输出频率	0～200 Hz
冷却方式	水循环冷却
重量	60 kg

（2）制动斩波功率模块

制动斩波功率模块是一种安装在牵引逆变器模块里的附加 IGBT。所选 IGBT 是 EUPEC 制造的 FZ600R65KF1 型器件，其功能是消耗制动时从牵引电机反馈回来的能量。这种能量一般不能高于中间直流回路/逆变器母排所规定的电压值。当电压超过规定值时，制动斩波器控制将能量传送到制动电阻器上消耗掉。制动斩波功率模块的电路原理如图 4.24 所示。

（3）制动电阻器

制动电阻器如图 4.25 所示。

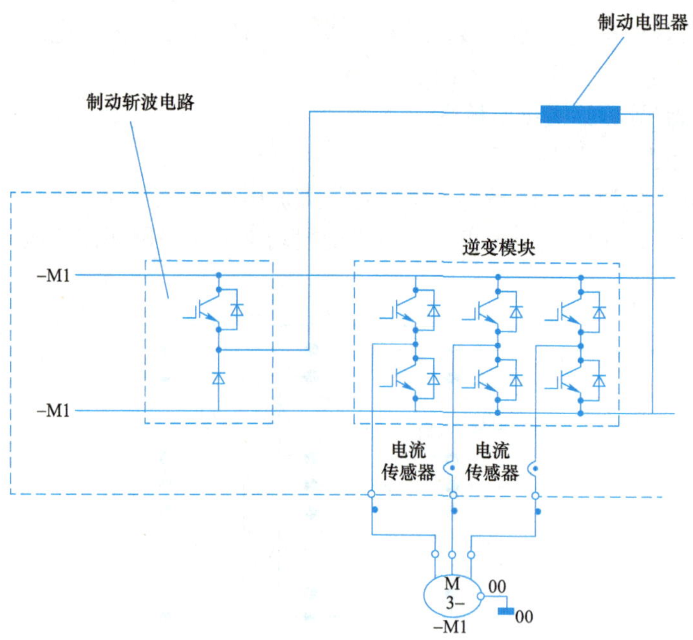

图 4.24　制动斩波功率模块的电路原理

图 4.25　制动电阻器

制动电阻器的主要技术参数如表 4.10 所示。

表 4.10　制动电阻器的主要技术参数

参考标准	EN60322
阻力系数	6.5～90 hm
额定绝缘电压	4 kV
最小间隙距离	72 mm
最小爬电距离	200 mm
工作时间	设计为列车通过分相区时工作
每部分的能量	10 MJ×2
制动持续时间	10 s

制动电阻器安装在车顶，采用双重绝缘，如图 4.26 所示。

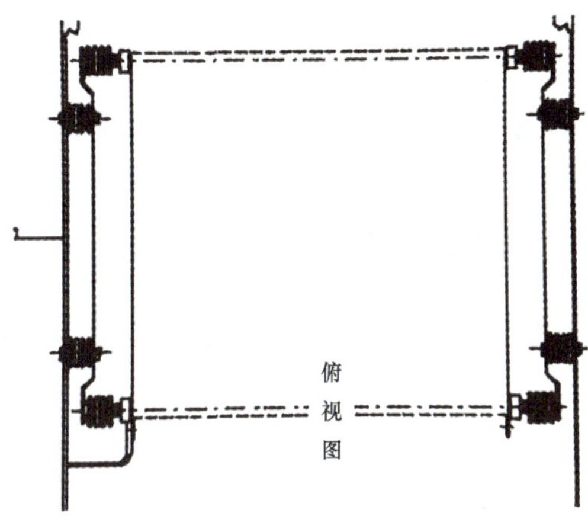

图 4.26　制动电阻器双重绝缘

3）辅助功率模块

辅助功率模块采用双段式结构组成，前段为斩波降压，后段为谐振整流加逆变。

从中间回路输出的电压（3 600 V）首先经过隔离开关 KAUX、退耦电抗器 LINCH 进入变流器辅助模块内，然后经过两组串联的单相半桥斩波电路（开关频率为 4 kHz）、两个斩波降压变压器（TR1、TR2）、两组串联的单相全波整流电路输出脉宽可调的斩波电压，再经过串联的两组谐振滤波器（由 2 个 IGBT、2 个电容串联组成，IGBT 开关频率为 8 kHz）、斩波电抗器、滤波电容（CADC）、均压电阻（RADC）输出辅助逆变器所需的 DC 600 V 电源，最后经过空间电压矢量逆变器（开关频率为 2 kHz）输出 PWM 波。

2. 冷却系统

1）结构及作用

冷却系统主要由 1 个热交换器、1 个电动泵、2 个风机、1 个膨胀水箱及管路等构成。另外，系统中还包括 1 个安全阀、1 个除气留水器、1 个水补给系统、1 个温度传感器和 1 个压力传感器。热交换器和风机用于热量与空气温度的热交换，电动泵用于冷却液的循环流动，膨胀水箱用于存储冷却液，压力传感器和温度传感器用于控制和调节冷却系统中冷却液的温度和压力，其控制由牵引控制单元 TCU 来管理。

牵引变流器需要冷却的部件主要是 4 个牵引功率模块和 1 个辅助功率模块。通过冷却系统管路中的水乙二醇混合液循环流过功率电子元件的安装基板，功率模块产生的热量被循环带走，然后水泵将此混合液抽入到空气 – 水热交换器中，将热量散发到周围空气环境中，达到冷却的效果。此外冷却系统中的风机还有给辅助变流器中的电抗器冷却的作用。

为了便于维护，冷却系统组件的每个元件从变流器的侧面很易接近，加冷却液的阀和液面水平指示仪在列车站台侧。牵引变流器冷却系统的结构及管道布置如图 4.27 所示。

2）冷却系统热设计

冷却系统热设计应首先检查电气和电子设备的热要求，然后进行液体设计和气体设计。

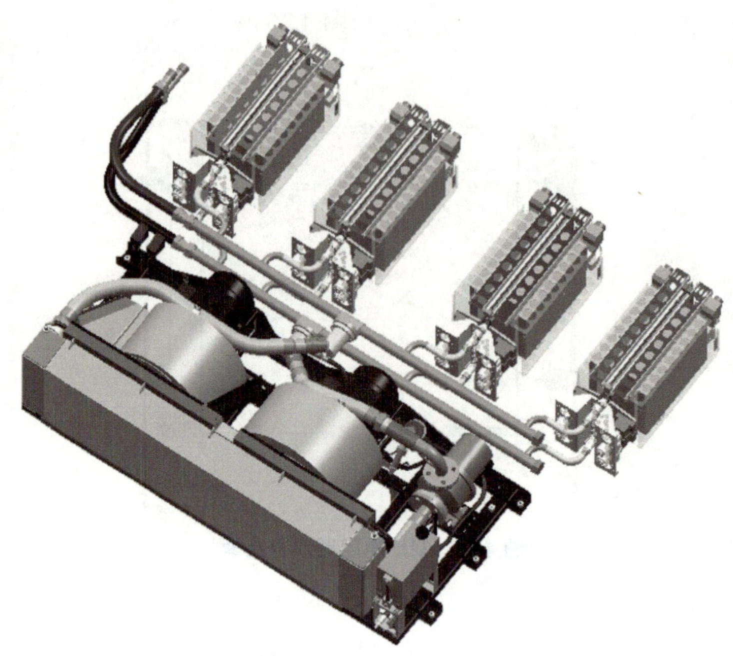

图 4.27　冷却系统的结构及管道布置

（1）液体设计

液体系统图的设计应首先进行回路的布置，确定管道路线和直径，然后计算出泵的液体工作点，并制定泵的规范。

（2）气体设计

气体系统图的设计应首先进行回路布置，确定压降，然后计算出风机的工作点，并制定风机的规范。

变流器冷却系统的气体回路布置如图 4.28 所示，交换器冷却空气由两个风机保障，从车辆相关侧吸入，然后通过位于变流器底侧的排放通道排出。

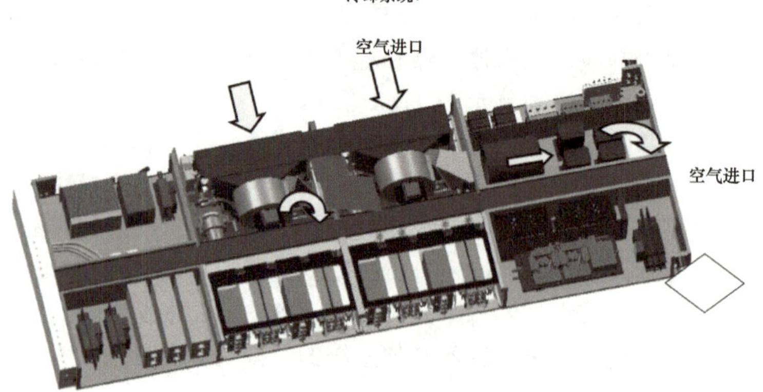

图 4.28　气体回路布置

冷却回路的气体具体参数如表 4.11 所示。

表 4.11　冷却回路的气体具体参数

进口水温度 T	72.8 ℃
出口水温度 T	69.1 ℃（最大 70 ℃）
温度差	3.7 ℃
进口空气温度	47.6 ℃
出口空气温度	68.0 ℃
温度差	20.4 ℃
环境温度	45 ℃
入口空气流量	（47.6 ℃）2.33 m^3/s
热阻 Q、（1+5%）	2.71 m^3/s
热功率	46.9 kW（功率模块：45 kW+1.9 kW）
风机数量	2 个
管道数量	2 个
空气流速	7.5 m/s
热交换器和空气损耗	长度 1 420 mm、高度 390 mm、堵塞 15%
压力损耗	100 Pa
海拔高度	780 m

热阻值如表 4.12 所示。

表 4.12　热阻值

进口空气温度热阻	环境温度热阻	备　　注
0.46	0.51	℃/kW@69.1 ℃
0.54	0.59	℃/kW@72.8 ℃

管道参数如表 4.13 所示。

表 4.13　管道参数

	最小	平均	最大
管道 1 流量/（m^3/s）	1.33	1.41	1.48
管道 1 压力/Pa	688	757	825
管道 2 流量/（m^3/s）	1.14	1.20	1.26
管道 2 压力/Pa	1 007	1 114	1 218
总流量/（m^3/s）	2.47	2.61	2.74
入口空气流量/（m^3/s）	2.32	2.46	2.58

3. 电器部件

1）高频变压器

高频变压器的作用是对辅助逆变器中的半桥斩波电路输出电压进行隔离降压，主要由变压器、冷却风扇、温度继电器组成，其结构特征如下。

① 磁路：熔结的芯线。

② 导体材料：一次侧为铜导体；二次侧为铜导体。

③ 绝缘材料：高熔点芳香族聚酰胺树脂。

④ 保护方式：在变压器的最热区域放置有温度继电器进行温度预测保护。

变压器的冷却原理如图 4.29 所示。

2）接地开关

RUM5 接地开关安装在用户平台 2 内，目的是在变流器故障及维修时使滤波电容器上的残余电压接地。它由 7 个接地接触器组成，手动控制，有“Service”和“M.A.T”2 个工作位置，分别代表“接地接通”和“接地断开”。

接地开关通常用控制杆锁定在“Service”位置，白色钥匙插入后互锁，所有的接地接触器开通。插入棕色钥匙可使接地开关从“Service”位置转换到“M.A.T”位置，此时所有的高压触点接地，所有的电容器放电。接地开关的最大工作电压为 4 000 V。

接地开关外形如图 4.30 所示。

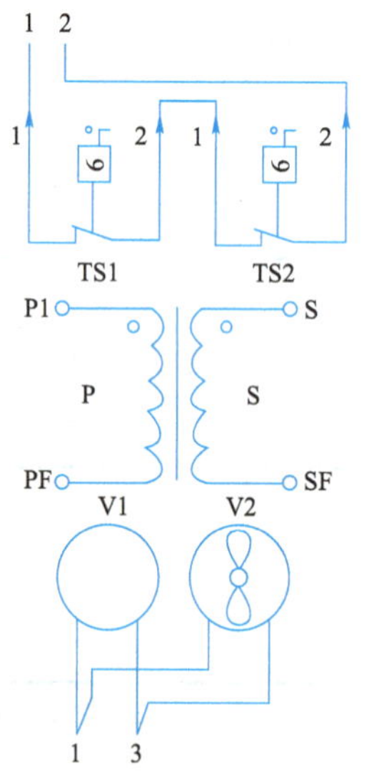

图 4.29　变压器的冷却原理

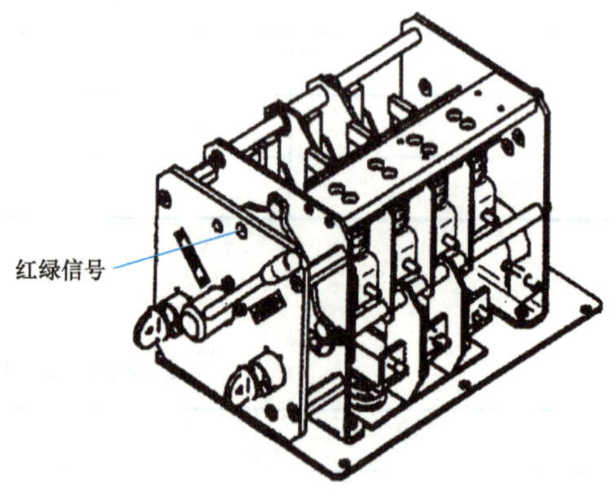

图 4.30　接地开关外形

3）高压隔离开关

高压隔离开关为辅助逆变器的总控开关，进行辅助逆变器高压输入的通断控制，安装在用户平台 2 内。根据中间电路的电压，隔离开关选用 MS 公司型号为 LTHMDC 8001 NO 的产品，其剖面电路结构图如图 4.31 所示，高压隔离开关主要技术参数见表 4.14。

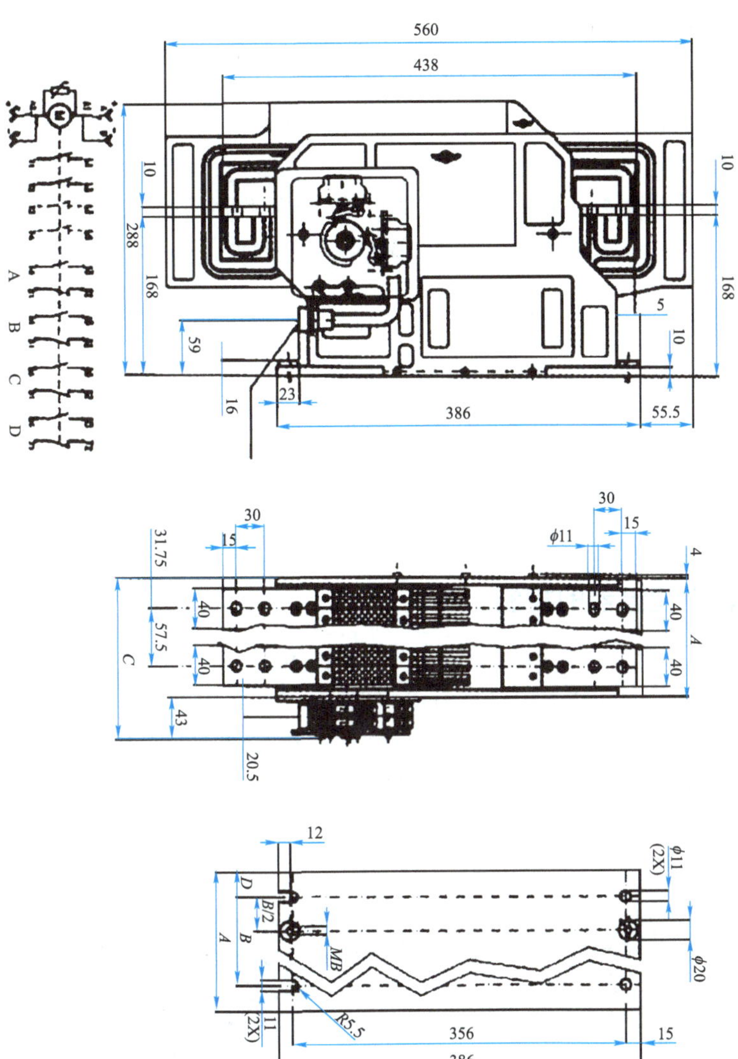

图 4.31　隔离开关剖面电路结构图

表 4.14　高压隔离开关主要技术参数

极数	1 对常开触点
额定工作电压	4 000 V
额定电流	800 A
控制电压	24 V
75 ℃最大工作电流	750 A
阻断能力	400 mA/4 kV
能承受的最大电流（t=100 ms）	140 kA
触点断开间隙	≥35 mm
辅助触点	3 常开+3 常闭

4）中压接触器

中压接触器的主要功能是在正常和失效状况下控制中压电路的通断，它是带有辅助触点（1 常开+1 常闭）的四极单稳态型接触器。

5）EMI 滤波器

EMI 滤波器的作用是减小辅助变流器输出侧的电磁噪声干扰，改善输出电压的波形。它安装在辅助平台 2 内，主要特性是三相四线滤波器，金属外壳，高插入损耗，低泄漏电流，易安装，结构设计紧凑。

6）中压控制板

中压控制板 MTI 板组件、MT2 板组件主要用来完成对辅助平台 2 中 EMI 滤波器输出电源的重新分配，用以提供各种辅助负载所需电源。

7）中压输出控制板

BT/MT 组件安装在辅助平台 2 内，主要完成所有辅助负载的投入和切除，主要由四级接触器（KTLU）、隔离开关（SMT 400）组成。

4.2.3 牵引/辅助变流器的控制

牵引/辅助变流器主要由牵引控制单元（TCU）来控制实现驱动扭矩和输出控制。TCU 能够控制输入变流器、制动斩波器及牵引逆变器的 IGBT。通过 TCU 的电压和电流传感器，能够监视牵引变流器正确操作，以及正确调整在牵引和电制动阶段中由牵引电机输出的扭矩。此外，辅助控制器（ACU）正确控制辅助变流器的 IGBT 来产生 AC 400 V/50 Hz 三相电压为辅助服务供电。

TCU 的外形及位置如图 4.32 所示。

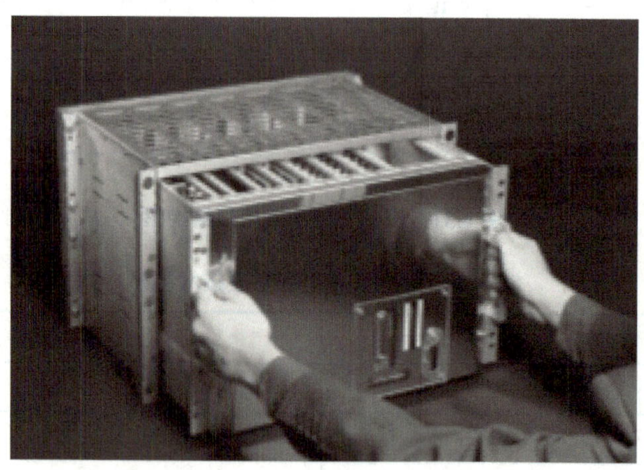

图 4.32　TCU 的外形及位置

TCU 能够控制输入变流器 PMCF、制动斩波器及牵引逆变器的 IGBT，达到驱动转矩和功率控制。TCU 控制简图如图 4.33 所示。

（1）TCU 的主要功能

① 功率图控制；

② 牵引/制动需求管理；

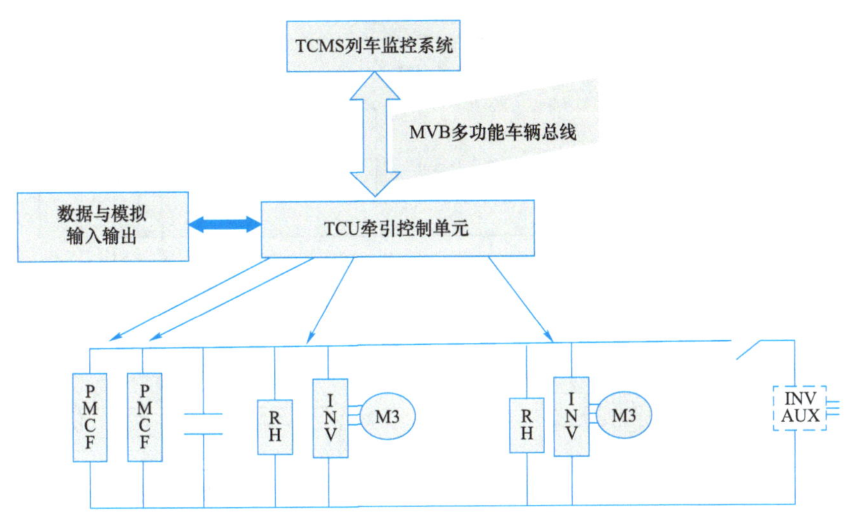

PMCF—四象限脉冲整流器；RH—斩波器；INV—电机逆变器；INVAUX—辅助逆变器。

图 4.33　TCU 控制简图

③ 冷却系统管理和监测；

④ MVB 总线处理；

⑤ 速度管理和车轮滑动/空转控制；

⑥ 从传感器上获取采集信号和电力电路的快速保护；

⑦ 两个独立的牵引逆变器控制；

⑧ PMCF（即四象限脉冲整流器）控制；

⑨ 制动斩波器控制；

⑩ 维修功能（自检、逆变器折算功率测试、数据记录、事件和故障记录），与 WIN-SCOPE 工具的 RS485 通信。

牵引控制单元的 I/O 如图 4.34 所示。

TCU 放在变流器支座里，集成了牵引电机逆变器和斩波器的控制，以及 25 kV/50 Hz 交流电网的双重强制转换单相桥（PMCF）。

（2）TCU 的组成

① 系统驱动管理监测：由 ATLS、NETXM、2 个 EBY1、2 个 SBT、2 个 ESAL 板来完成；

② CRT4 – 制动斩波器和电机逆变器管理：由 CCA4、CCN4、2 个 CCB4 板卡来完成；

③ CRT2 – PMCF 管理：由 CCAP、CCNP、CCB 板卡来完成。

TCU 的组成部分如图 4.35 所示。

（3）TCU 的特点

① TCU 通过电流和电压传感器控制并诊断电力电子变流电路；

② TCU 驱动 K-AUX 开关进行辅助隔离；

③ TCU 与冷却和电机风扇控制的低压信号相连接。

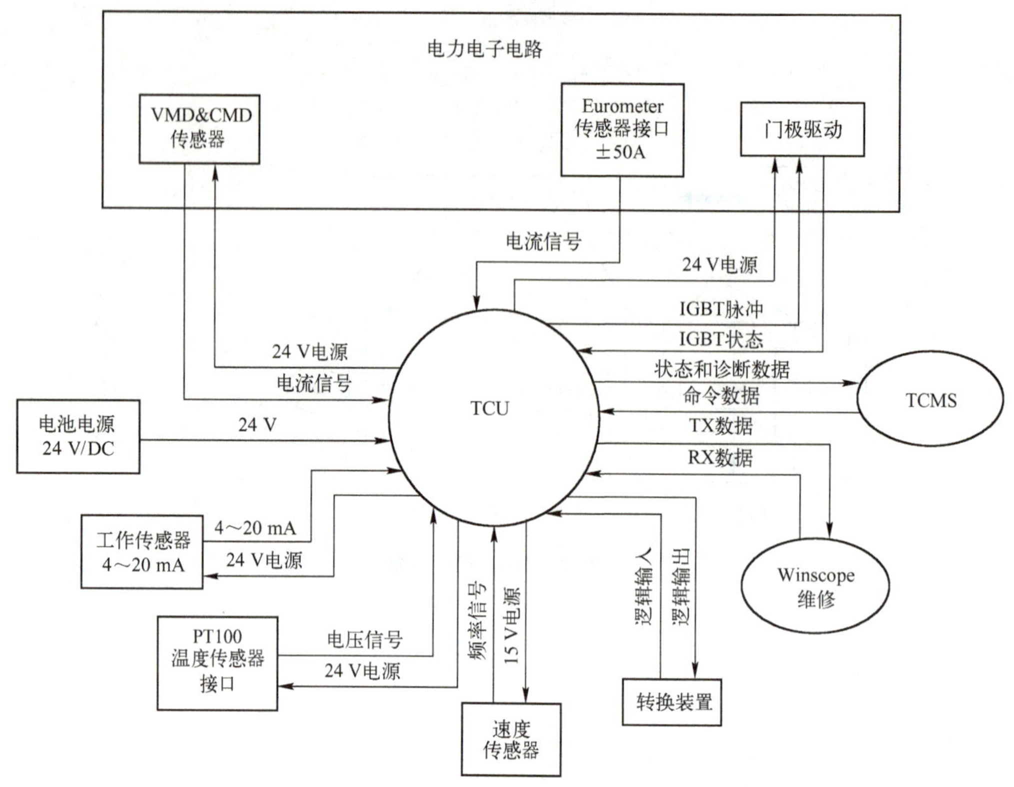

图 4.34　牵引控制单元的 I/O

4.2.4　牵引变流器的冷却系统管理

1. 冷却系统工作原理

冷却系统收集 4 个牵引功率模块和 1 个辅助功率模块耗散的热量，通过冷却混合液从这 5 个功率模块中采集热量并散耗到强制水/空气冷却器上。

2. 牵引与辅助变流器的组成

冷却系统由 1 个热交换器、1 个电机泵、2 个电机风扇、1 个膨胀水箱、连接功率模块的水管、2 个快速联轴节、1 个安全阀、1 个脱气器、1 个水补充系统组成。此外，冷却系统还提供 1 个压力传感器和 1 个温度传感器来控制和调整冷却系统。冷却回路温度由相关 TCU 控制。系统冷却组件的每个零件可以直接从变流器下侧接触到以便维修操作。

冷却剂的补充和冷却剂液位显示可以从车辆侧面完成。

3. 功率电子元件的冷却

功率电子元件的冷却是通过循环水和乙二醇混合液来完成的，将这个混合液泵入空气交换器中，目的是向周围环境散发热量。

交换器冷空气由 2 个风扇保证，从车厢相关侧吸入空气，然后通过位于变压器底侧的排放通道排出。

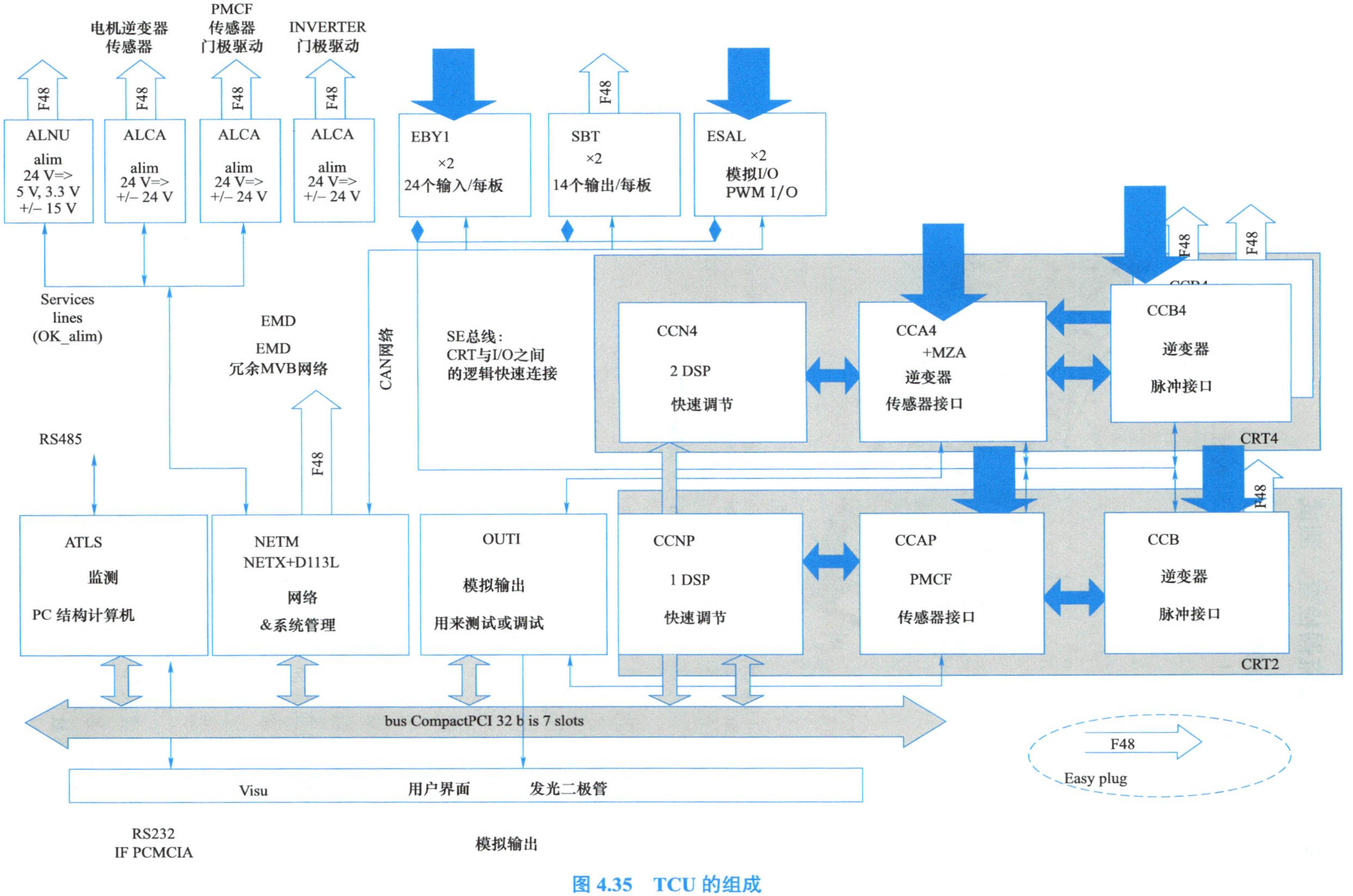
电机逆变器
传感器
PMCF
传感器
门极驱动
INVERTER
门极驱动
F48
ALNU
alim
24 V=>
5 V, 3.3 V
+/- 15 V
ALCA
alim
24 V=>
+/- 24 V
EBY1
×2
24个输入/每板
SBT
×2
14个输出/每板
ESAL
×2
模拟I/O
PWM I/O
Services
lines
(OK_alim)
EMD
EMD
冗余MVB网络
CAN网络
SE总线：
CRT与I/O之间
的逻辑快速连接
CCN4
2 DSP
快速调节
CCA4
+MZA
逆变器
传感器接口
CCB4
逆变器
脉冲接口
CRT4
RS485
ATLS
监测
PC 结构计算机
NETM
NETX+D113L
网络
&系统管理
OUTI
模拟输出
用来测试或调试
CCNP
1 DSP
快速调节
CCAP
PMCF
传感器接口
CCB
逆变器
脉冲接口
CRT2
bus CompactPCI 32 b is 7 slots
F48
Easy plug
Visu
用户界面
发光二极管
RS232
IF PCMCIA
模拟输出

图 4.35 TCU 的组成

4.2.5 牵引/辅助变流器检查、测试

1. 牵引/辅助变流器整体检查

① 打开车辆底架上的侧导流罩，以接触到牵引/辅助变流器，变流器的结构组成如图 4.36 所示。

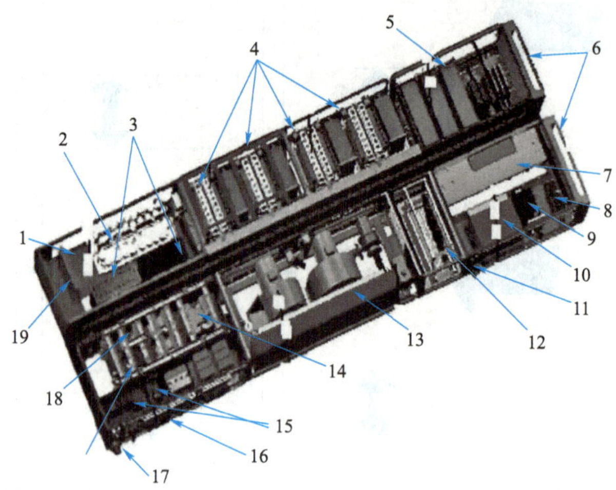

1—中压接触器；2—辅助功率模块；3—变压器；4—功率模块；5—附加电容器；6—端子板；
7—电压电流传感器；8—辅助开关；9—开关；10—TCU；11—低压接触器；12—放电开关；13—冷却单元；
14—斩波电感；15—中压接触器；16—中压开关；17—中压输出；18—线路电感；19—ACU。

图 4.36 变流器的结构组成

② 检查安装的紧固件，如安装在车体及托架上的螺母和开口销的完整性。

③ 旋松并拆卸螺钉，并打开牵引/辅助变流器的侧盖。

④ 检查电缆压盖的完整性及端子盒。

⑤ 使用洁净的干布或刷子清洁电缆接线和接地连接。

⑥ 检查接地连接电缆接线及其紧固件的完整性、有无破损或过热痕迹。

⑦ 检查冷却组件的完整性。

⑧ 检查压力传感器的完整性和功能。

⑨ 关闭变流器的侧盖，并用螺钉固定。

⑩ 关闭变流器的侧导流罩。

2. 牵引/辅助变流器冷却器检查

① 检查冷却器表面是否积有松散碎屑或多余异物。

② 使用压缩空气清除冷却器表面堆积的松散碎屑。

③ 使用吸尘器清除冷却器表面上的灰尘。

3. 故障诊断、处理及分析

1）四象限模块故障

下载 TCMS 及 TCU 数据，确定故障模块后进行更换。

2）冷却风扇故障

下载 TCMS 故障数据确定故障风机，使用 TCU 软件启动风机，查看风机是否工作。若风机转动正常，则判断为 TCU 故障，若不工作，检查风机控制断路器、接触器、热保护是

否动作，检查接线是否正常，必要时更换故障风机。

3）冷却泵故障

检查冷却泵控制断路器、接触器、热保护是否动作，检查接线是否正常，测量冷却泵本身绕组，如有烧损接地，须进行更换处理。

4）冷却液液位低

如图 4.37 所示，检查冷却液的液位是否在标尺的 3/4 位置，水平面必须在 90～140 mm 之间。若不正常，检查箱体是否有漏点，若无漏点，则补充冷却液。

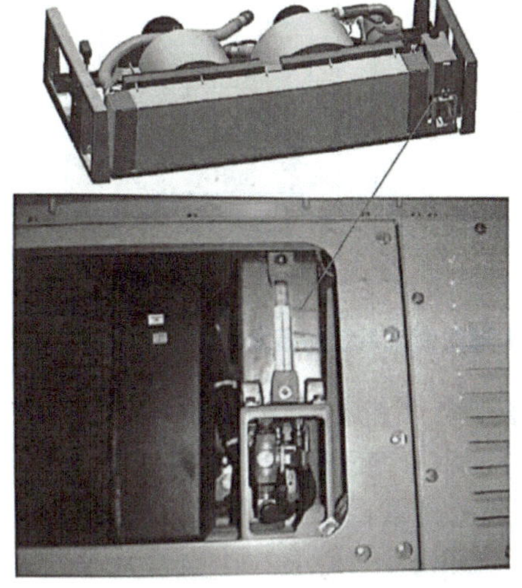

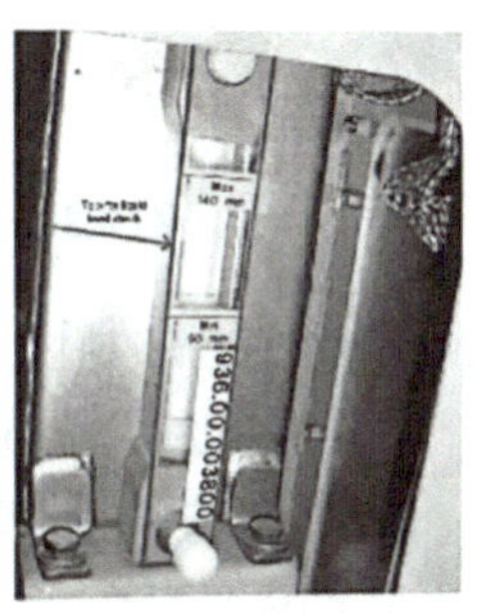

图 4.37　冷却液液位指示

任务 4.3　CR400BF 型动车组牵引/辅助变流器

工作任务

1. 掌握 CR400BF 型动车组牵引/辅助变流器的基本结构原理及性能参数；
2. 掌握 CR400BF 型动车组牵引/辅助变流器的维护及故障处理。

相关配套知识

4.3.1　概述

CR400BF 新型智能动车组是中车长春轨道客车有限责任公司研发生产的，采用 4 动 4 拖的编组方式，最高运行速度为 350 km/h。其变流系统采用 TKD511E 型牵引/辅助变流器，一般安装在 2 号车、4 号车、5 号车和 7 号车的设备舱内。牵引/辅助变流器包含 2 个四象限脉冲整流器、2 个牵引逆变器、1 个辅助变流器、2 个过压限制电阻、1 个串联谐振电路、1 个控制单元、1 套冷却循环装置及 1 套无火救援回送装置。其基本组成如图 4.38 所示。

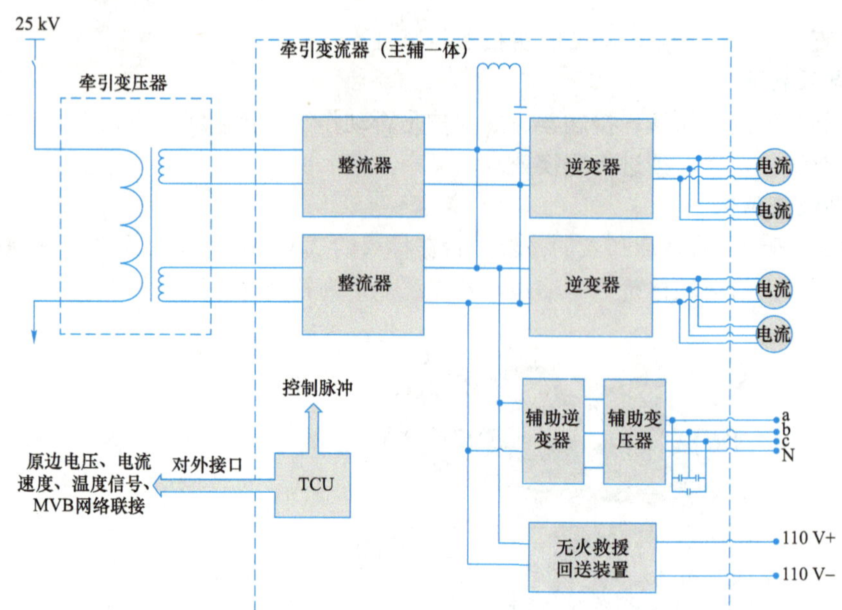

图 4.38　牵引/辅助变流系统的基本组成

CR400BF 型动车组主电路是以两辆动车（每辆动车安装一台变流器，两台变流器共用一台变压器）为 1 个基本单元，系统经外部牵引变压器将单相 25 kV/50 Hz 供电线连接到牵引/辅助变流器上，并利用接触器将变压器次级线圈与牵引辅助变流器分离。通过预充电单元（接通时）和 2 个并联的 4QC 整流模块（每个模块为一个全桥整流电路）给中间直流回路供电。中间直流回路包括支撑电容、谐振电路、接地故障检测和限压斩波模块。后经逆变器将中间直流回路的电压能量变换为三相变频脉冲电压，给三相异步牵引电机供电，而中间直流回路也同时给辅助逆变器供电。其基本原理框图如图 4.39 所示。

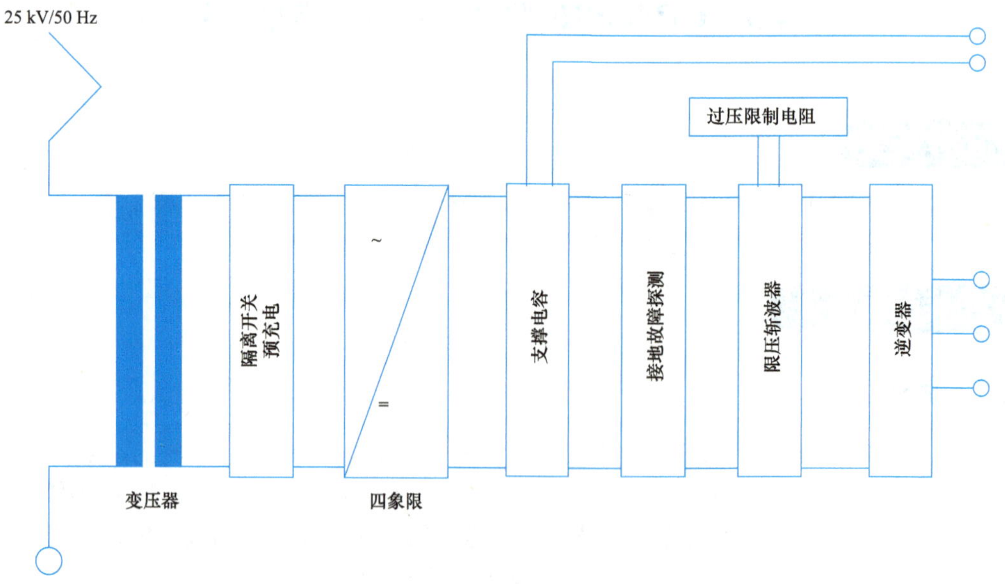

图 4.39　牵引/辅助变流器的基本原理框图

每个牵引/辅助变流器都包含 2 个四象限脉冲整流器、2 个 PWM 牵引逆变器、带接地故障检测的中间直流回路、辅助逆变器、限压斩波器和限压电阻、谐振滤波电路、冷却系统。详细内部电路如图 4.40 所示。

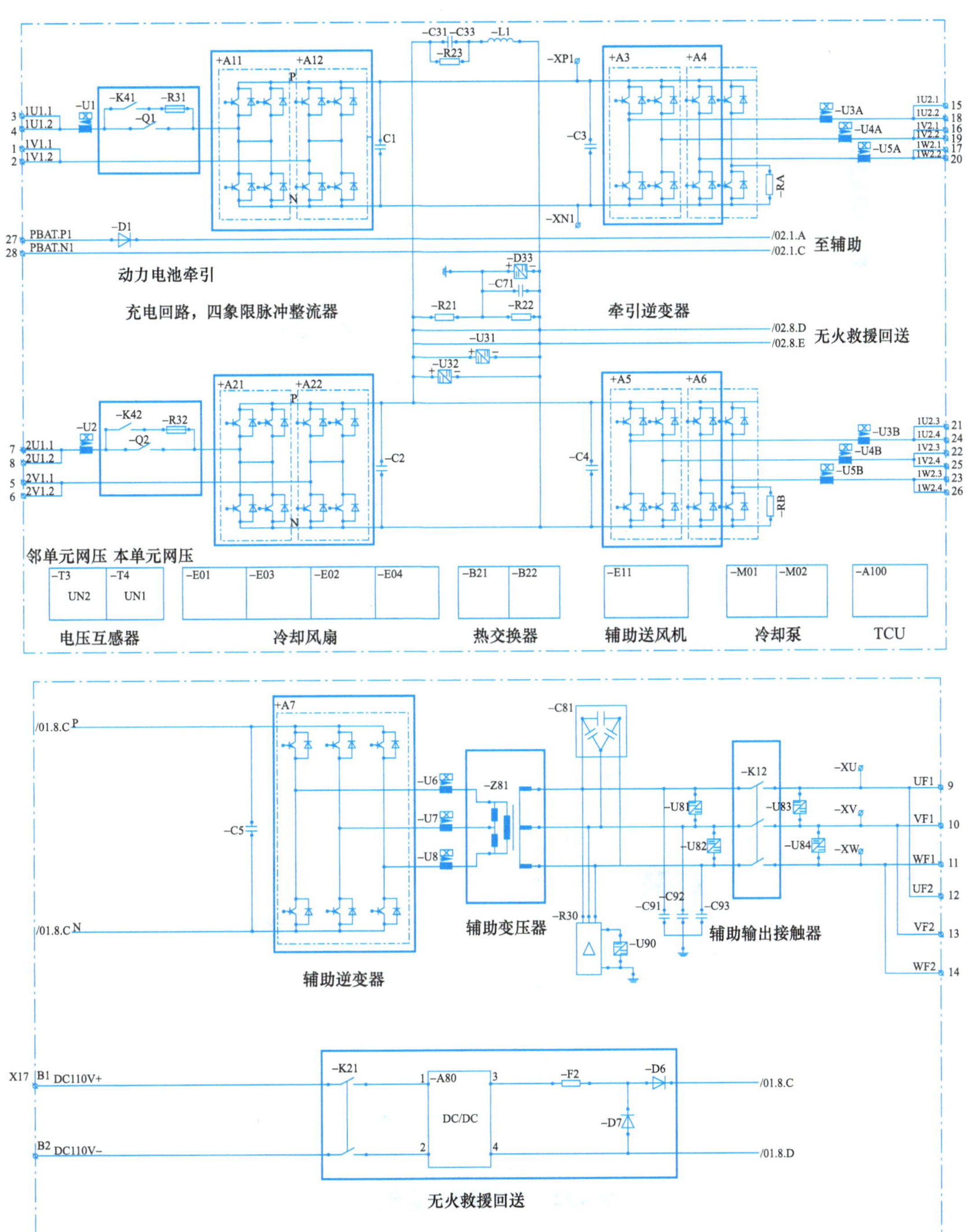

图 4.40 牵引/辅助变流器内部电路图

（1）接触器和预充电装置

接触器位于牵引变压器次级绕组和牵引/辅助变流器四象限脉冲整流器的输入端之间，通过两套接触器，实现牵引/辅助变流器两重四象限脉冲整流器输入段的接通与断开，输入电路如图 4.41 所示。

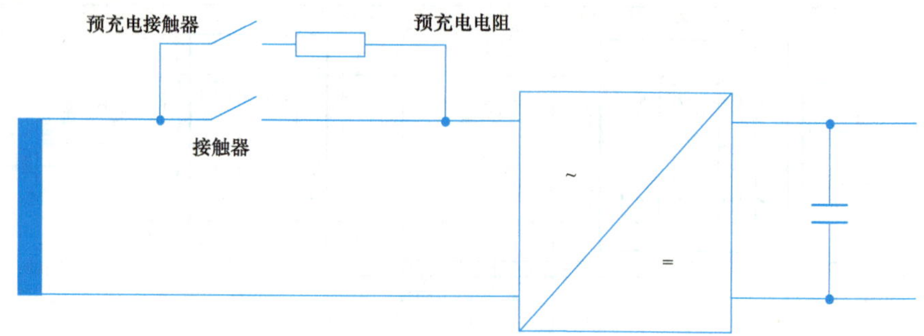

图 4.41 输入电路（用于一个四象限脉冲整流器）

预充电单元由预充电接触器和预充电电阻构成，并以并联的形式连接到接触器上。在变流器投入运行初期，变流器的中间直流回路电容器须通过预充电单元来进行充电，因为当输入端电压突然接到空的电容器上时会产生较大瞬间峰值电流，而通过预充电单元可有效降低这一充电峰值电流。最终，在中间直流回路电压达到理论终值（变压器次边电压的峰值）的 95%以上后，接触器才能闭合以接通 4QC 模块。

（2）四象限脉冲整流器

变流器箱中包括 2 个并联的四象限脉冲整流器，每个四象限脉冲整流器包括 2 个相控模块，该模块是一个完整的半桥臂，如图 4.42 所示。

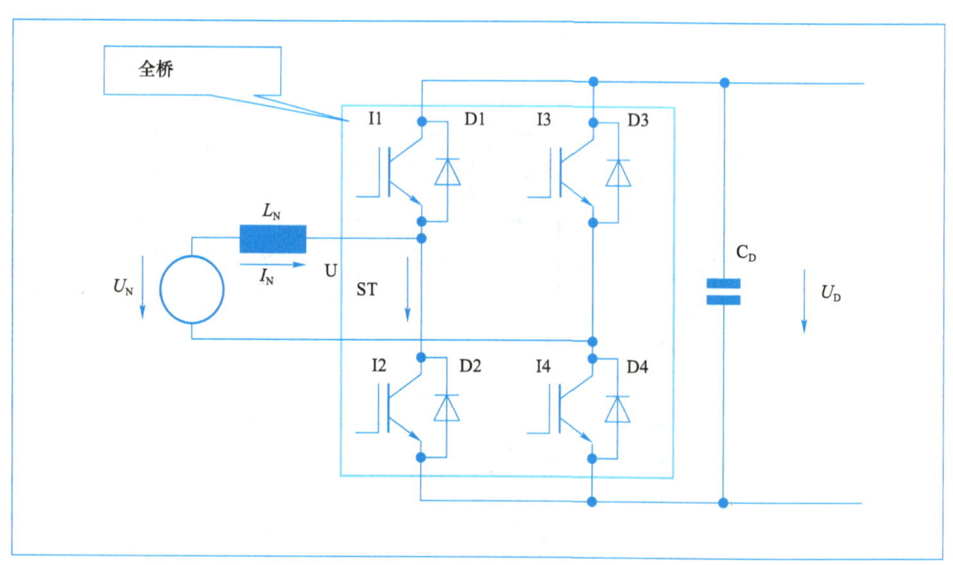

图 4.42 四象限脉冲整流器

四象限脉冲整流器的主要功能是控制牵引主回路和中间直流环节的能量流动，将输入的单相交流电压转换成直流。其电流和电压波形如图 4.43 所示。

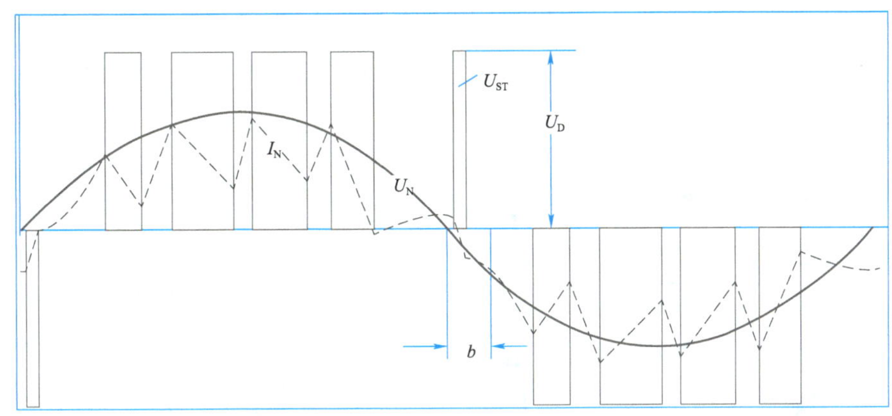

图 4.43　四象限脉冲整流器的电流和电压波形

四象限脉冲整流器中“四象限”的意思是 U_{ST} 和 I_N 的相位角在牵引和制动的时候是可变的，在四个象限内都可以对电压和电流的相角进行控制。

为了让电流流入牵引变压器的漏电感 L_N，在正半周导通 I2 或 I3 之一（负半周时导通 I1 或 I4），此时牵引变压器副边短路，当达到理想的电流值后关断 IGBT。因为有变压器漏感所以电流不会中断，电流通过续流二极管 D1 和 D4（为正半周，负半周时为 D2 和 D3）对中间直流环节电容充电并逐渐减小（直到 $U_D>U_N$）。同时，中间直流环节也会被充电，利用这个原理可以将电流维持在给定值附近，并可将功率因数（$\cos\varphi$）和中间直流环节电压保持在一个理想的范围内。这个过程再次开始时，会轮流动作各半桥以实现热负载平衡。

改变占空比可以实现电压和电流的移相，从而可将电流的有效值、功率因数（$\cos\varphi$）和中间直流环节电压调节到所需值。根据牵引电网频率分割的 IGBT 开关频率会产生每个牵引电网周期内的脉冲数，脉冲数越多，能使电流实际值越准确地接近电流给定值。

（3）中间直流回路电容器

直流回路电容器是一个储能电路，对中间直流回路电压起到平滑和缓冲的作用。由于在短时间内能量的输入和输出是不相等的，因此需要直流回路电容，连接形式如图 4.44 所示。

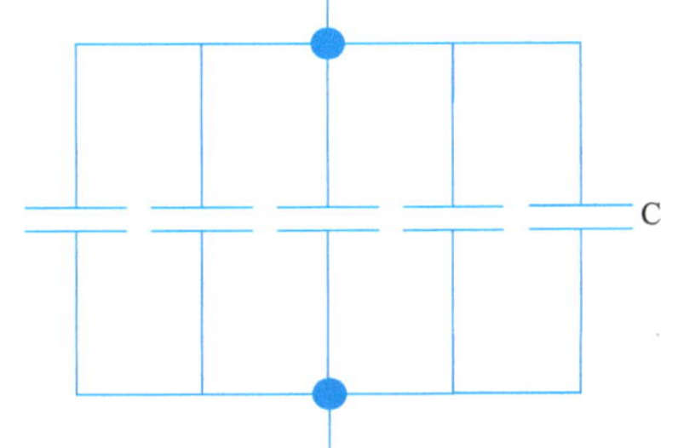

图 4.44　中间直流回路电容器

每个变流器的中间直流回路电容由 5×0.75 mF 电容器构成，电容值共有 3.75 mF。

（4）谐振滤波电路

谐振滤波电路由电容器和谐振电抗（不在牵引变流器内部）构成。该滤波电路过滤由二次谐波电流导致的中间直流回路中的波动，其组成结构如图 4.45 所示。

谐振滤波电路中电容容值共有 C_n=4.05 mF。

（5）中间直流回路连续放电电阻

将高阻值电阻并联到变流器的中间直流回路电容中，即为放电电阻。在变流器由于不规则性停止运行且额定放电机构不能工作后，这些大阻值电阻须在限定的时间内泄放掉中间直流回路电容上的电荷。

（6）接地故障检测电路

接地故障检测包括在中间直流回路中，由分压电路、电压传感器和评估电路的差动放大器构成，其组成结构如图 4.46 所示。

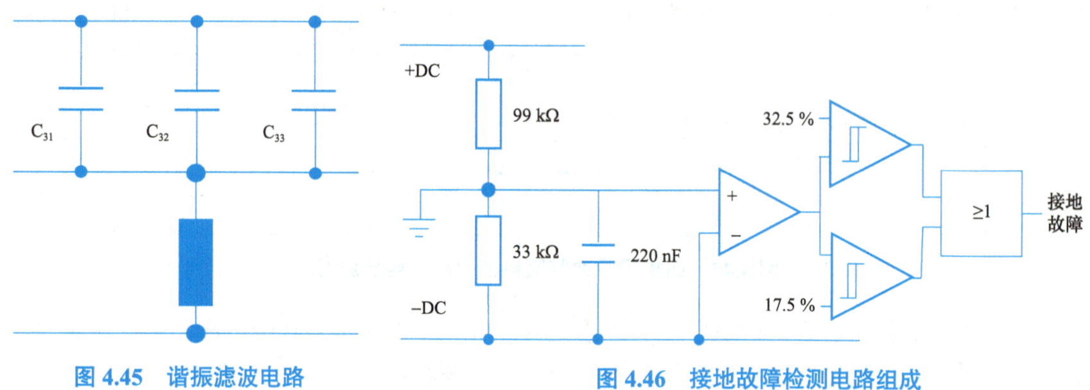

图 4.45　谐振滤波电路

图 4.46　接地故障检测电路组成

分压电路将连续放电电阻分成 99 kΩ∶33 kΩ 的两个部分，电阻器的中央抽头接地，一个滤波电容器并联到下部部件中。系统会监控此电容的电压，在出现接地故障时，其测量电压与基准电压差值会发生改变，经比较放大后传入下级互感器电路，从而相关的 TCU 会指出接地故障。

接地故障简化电路如图 4.47 所示。

在额定运行期间，互感器的值显示为整体中间直流回路电压的 25%，须考虑±30%的公差（即实际范围为 17.5%～32.5%）。而在接地故障的情况下，由于电容值的充电反向，其测量电压会发生改变，数值为变为（U_E/U_d）%或 100%，通过此方法便可以检测判断出接地故障。

（7）牵引逆变器

牵引逆变器为三相全桥逆变电路，逆变器通过 3 个输出端子向同一个转向架上的 2 台牵引电机供电，电压幅值和频率可调。电路构造如图 4.48 所示。

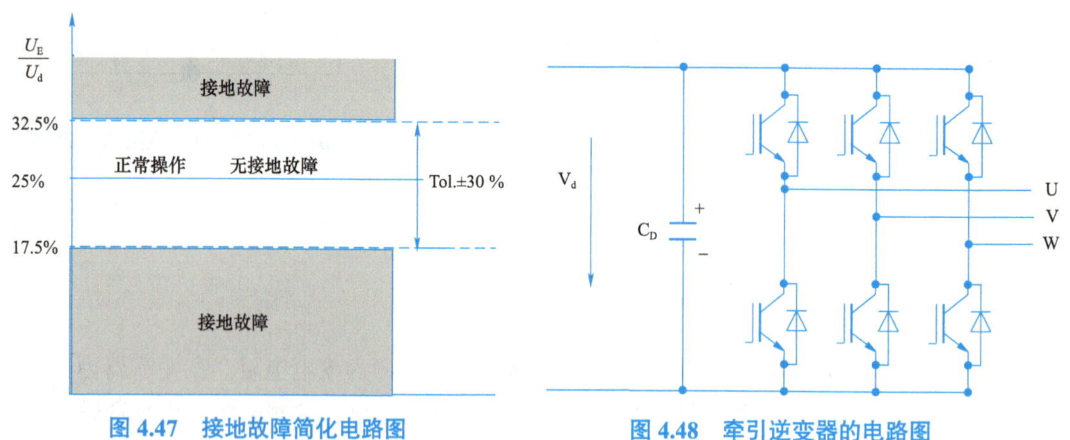

图 4.47　接地故障简化电路图

图 4.48　牵引逆变器的电路图

IGBT 是具有高开关频率的全控性电子开关元件。这使得 3 个输出端子能够按要求与中间直流回路的正负极进行连接。选择特定的开关状态以便在电机绕组中获得正弦交流电流，而通过时钟脉冲可驱动 IGBT 调节输出电压的有效值。

（8）辅助逆变器

辅助逆变器从牵引辅助变流器中间环节取电，采用三相全桥逆变电路、高频隔离变压器加三相滤波结构及并网控制方案。辅助逆变器在动车组过无电区时，利用牵引辅助变流器的再生工况可以实现供电保持状态，采用并网供电方式，可以使列车上的每个辅助逆变器同步向列车交流供电母线供电。

（9）限压斩波器和限压电阻

限压斩波器和限压电阻共同构成过电压限制回路，其中限压电阻放置在牵引变流器内部。在再生制动时，来自电机的能量将提供给中间直流回路。而过电压限制回路的电阻，会吸收来自中间电路不能反馈回接触网的能量。

（10）无火救援回送装置

当列车救援回送时，若列车被拖拽行驶速度大于 70 km/h，无火救援回送装置将被激活，可以将 DC 110 V 在短时内升高到 DC 600 V，以供给牵引电机励磁。同时逆变器和牵引电机进入再生发电工况，使中间回路电压升高，并输出给辅助变流器，使其启动工作，从而实现给列车辅助系统供电。

4.3.2　牵引变流器的维护

在进行任何维护作业之前，必须小心查看下列 5 个安全规则。

① 断开电源。

② 电源必须锁住，防止接触器再次闭合。

③ 检查设备是否真的处于无电压条件下。

④ 接地并短接。

⑤ 盖子或邻近零件必须处于无电状态。

即使在断电后，牵引变流器仍可能有危险电压级别，而给中间直流回路电容器放电至非危险电压级别至少需要 45 min 的时间。如果未小心地遵守这些说明，则可能导致死亡、严重的身体伤害和严重的材料损坏。

1. 运行条件

平均运行时间：330 d/y。

每车/年平均运行里程：1 000 000 km/y。

每车/年平均载客运营时间：5 940 h/y。

每车/年平均运营时间：6 600 h/y。

平均日运营时间：18 h。

设计寿命：30 年或 1 500 万 km。

运行环境条件海拔高度≤1 500 m（部分区段可 2 000 m）、温度区间−40～+40 ℃、相对湿度≤95%。

2. 维护等级

CR400BF 动车组在进行维护作业前，需要根据其运行里程，确定维护等级和维护周期，具体情况如表 4.15 所示。

表 4.15　CR400BF 维护等级

维护等级	运行距离/km	时间间隔
I1	8 000	72 小时
I2	2 万	20 天
M1	10 万	90 天
M2	40 万	360 天
M3	85 万	720 天
R1	165 万	3 年
R2	330 万	6 年
R3	660 万	12 年

3. 维护项目

CR400BF 型动车组的维护项目根据其维护级别，设有具体的工作内容，其一览表如表 4.16 所示。

表 4.16　维护项目一览表

维护级别	任务名称	内容描述
M1	进气口检查	检查进气口滤网，保证无脏堵
M2	冷却液体连接管路配件检查	检查冷却液体连接管路处的密封性，保证无泄漏
	盖处的密封检查	检查盖处的密封
	机箱外部与清洁	目视检查和清洁机箱外部
	进气口清洁	清洁进气口
M3	冷却介质检查	检查冷却介质液体
	设备箱的内部区域清洁	清洁设备箱的内部区域
	密封检查	检查冷凝水出口的密封
	断路器触点检查	检查断路器的触点
	接触器的灭弧室检查	检查接触器的灭弧室
	辅助接触器检查	检查辅助接触器

续表

维护级别	任务名称	内容描述
R1	箱体外部目视检查	清洁变流器表面可触及部位，无严重机械损伤，表面油漆破损露出底漆处补漆，紧固件无松动
	箱体内部电缆线束外观检查	箱体内、外可见部位电气接线连接牢固，插头无腐蚀，接触良好，插头的固定螺丝安装牢固。端子及端子排无烧损、变形，电缆无过热变色及机械损伤，带保护的电缆防护状态良好，固定牢固。电缆线号、设备标识齐全清晰
	箱体密封性检查	箱体密封性良好，胶条无贯穿性开裂或严重破损，箱门锁闭机构功能正常
	冷却系统管路检查	冷却系统管路及连接处密封良好，无泄漏。进、出水口密封良好
	冷却液检查	冷却液液位符合要求
	接触器断路器检查	接触器、断路器等触点无影响功能的烧蚀，功能正常
	灭弧罩检查	清洁接触器灭弧罩，无影响功能的烧蚀、掉块和裂纹，功能正常
	电气部件外观检查	可视范围部件安装牢固，无机械损伤。功率模块、控制单元及电流电压传感器外观状态良好，无烧损，安装牢固；电容可视部位外观状态良好，无漏液，可见部位端子无烧损、变色
	清洁	清洁变流器内部可触及范围内浮尘
R2	箱体外部目视检查	清洁变流器表面可触及部位，无严重机械损伤，表面油漆破损露出底漆处补漆，紧固件无松动
	箱体内部电缆线束外观检查	箱体内、外可见部位电气接线连接牢固，插头无腐蚀，接触良好，插头的固定螺丝安装牢固。端子及端子排无烧损、变形，电缆无过热变色及机械损伤，带保护的电缆防护状态良好，固定牢固。电缆线号、设备标识齐全清晰
	箱体密封性检查	箱体密封性良好，胶条无贯穿性开裂或严重破损，箱门锁闭机构功能正常
	冷却系统管路检查	冷却系统管路及连接处密封良好，无泄漏。进、出水口密封良好
	冷却液检查	冷却液液位符合要求
	接触器断路器检查	接触器、断路器等触点无影响功能的烧蚀，功能正常
	灭弧罩检查	清洁接触器灭弧罩，无影响功能的烧蚀、掉块和裂纹，功能正常
	电气部件外观检查	可视范围部件安装牢固，无机械损伤。功率模块、控制单元及电流电压传感器外观状态良好，无烧损，安装牢固；电容可视部位外观状态良好，无漏液，可见部位端子无烧损、变色
	正弦滤波电容测量	电容值测量
	清洁	清洁变流器内部可触及范围内浮尘

续表

维护级别	任务名称	内容描述
R3	箱体外部目视检查	目视检查吊耳及吊耳焊缝，无裂纹，无严重机械损伤，紧固部位无松动，防松标记清晰、无错位。铆钉铆接状态良好，脱落、松动、腐蚀时修复或更新； 箱门锁闭机构功能正常
	箱体探伤	吊耳焊缝探伤
	箱体部件修复	表面油漆损伤处修复油漆
	箱体清洁	箱体内外部清洁
	风机分解检修	更新风机轴承
	水泵分解检修	更新水泵密封圈
	冷却管路更新	水管软管及卡箍、冷却液更新
	电容清洁及目视检查	清洁电容表面灰尘； 检查电容可视部位电气连接、机械连接安装牢固，良好，无漏液，可视部位端子头无损伤、变色
	电阻清洁及目视检查	清洁电阻表面； 检查电阻表面电气连接、机械连接安装牢固，无开裂，安装状态良好
	线束检修和清洁	清洁检查线束，更换破损电缆、端子与线号标签
	控制单元测试	控制单元整体测试
	功率模块测试	功率模块整体测试
	五级修器件更新	1. 更新格兰头 2. 更新 Harting 连接器定位销 3. 更新 Harting 连接器插座外壳 4. 更新箱内外标识 5. 更新橡胶护套 6. 更新 IGBT 安装导轨 7. 更新 IGBT 安装挡板 8. 更新 C1－C5 电容挡板 9. 更新防护用的黑帽 10. 更新谐振回路电缆 11. 更新门板密封条
	牵引变流器出厂功能试验	对牵引变流器进行出厂例行试验

4.3.3 故障处理

在进行故障排查和配件更换时，需要准确找到相关部件的具体位置，牵引变流器盖位置仰视图如图 4.49 所示。主要部件详细描述见表 4.17。

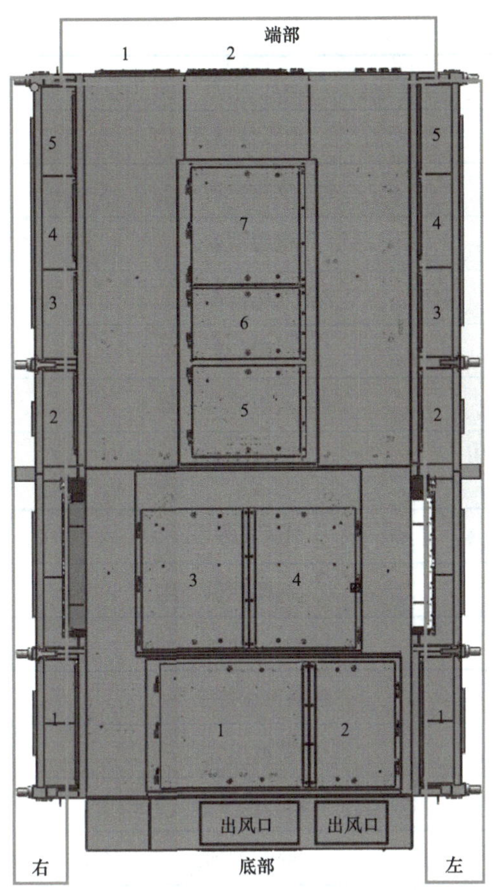

图 4.49　牵引变流器盖位置仰视图

表 4.17　牵引变流器主要部件

序号	设备代码	名　称	盖后安装位置
1	A100	控制器单元	左 5
2	A11/A12/A21/A22	四象限侧功率模块	A11/A12：右 4；A21/A22：右 3
3	A3/A4/A5/A6	牵引逆变器侧功率模块	A3/A4：左 3；A5/A6：左 4
4	A7	辅助功率模块	左 2
5	A80	救援回送装置	右 5/或端部 1
6	L1	谐振电抗器	底部 2
7	RA/RB	限压电阻	RA：底部 1；RB：底部 2 和左 1
8	R31/R32	预充电电阻	右 5 或端部 1
9	Z81	辅助变压器	底部 1
10	E01/E02/E03/E04	冷却风扇	E01/04：底部 3；E02/03：底部 4

续表

序号	设备代码	名　　称	盖后安装位置
11	U31/U32/U33	电压传感器	右 5 或端部 1
12	C1/C2/C3/C4/C5	支撑电容	底部 6、底部 7
13	C31/C32/C33	谐振电容	C31/C32：右 2；C33：左 2
14	K41/K42	预充电接触器	端部 2
15	Q1/Q2	接触器	端部 2
16	U1/U2	四象限电流传感器	端部 2
17	U3A/U4A/U5A/U3B/U4B/U5B	牵引逆变器电流传感器	端部 2
18	T3/T4	网压互感器	左 5
19	E11	内部风机	底部 5
20	U81/U82/U83/U84/U90	辅助输出电压传感器	底部 5
21	U6/U7/U8	辅助电流传感器	底部 5
22	C81	滤波电容	右 1
23	K12	输出接触器	右 1
24	E21/E22	热交换器	E21：右；E22：左
25	M01/M02	冷却泵	M01：底部 3；M02：底部 4
26	R21/R22	中间直流检测及常放电电阻	右 5 或端部 1
27	R23	谐振电容常放电电阻	底部 5
28	C71	接地检测电容	底部 7
29	Z1	滤波器	左 5
30	K23/K24/K25	中间继电器	K23/K24：左 5；K25：右 5
31	D6/D7	无火回送二极管	右 5
32	F2	熔断器	右 5
33	A81/A82	功率模块电源	左 5
34	D1	输入二极管模块	底部 5

项目5

牵 引 电 机

项目描述

本项目介绍电机的结构及工作原理，磁场及感应电动势的基本概念，电机的运行特性，以及电机的启动、调速、反转和制动的方法。

学习目标

1. 能力目标

能够运用本项目的相关知识，分解和组装电机。

能够识别电机的额定值。

能够根据应用条件，选择合适电机。

2. 知识目标

掌握电机的结构组成。

掌握电机的基本工作原理和电机的工作特性。

3. 素质目标

培养学生与同学和老师的沟通能力。

完成对知识的理解，培养学生的学习能力。

任务5.1 直 流 电 机

工作任务

1. 掌握直流电机的种类和基本结构。
2. 掌握直流电机的工作原理及特性。

相关配套知识

直流电机是将直流电能和机械能进行相互转化的旋转电机，可用作电动机或发电机。

直流发电机能提供直流电源，可用作同步发电机的励磁机、蓄电池的充电机、专用的可调压直流电源、电解、电镀的低压大电流直流电源等。随着晶闸管整流电源的发展和完善，直流发电机在许多领域中被替代，只在一些特定场合仍具有一定的重要性。

直流电动机因其具有宽广的调速范围、较强的过载能力和较大的启动转矩等特点，广泛应用于对启动和调速要求较高的生产机械中，如电力机车、内燃机车、早期的动车组等的牵引电机。

5.1.1 电机结构

直流电机由定子与转子两大部分构成，两者之间存在气隙。定子主要用来建立主磁场，并作为电机的机械支撑，包括主磁极、换向极、机座（磁辗）、端盖和电刷装置等部件。转子主要包括电枢铁心、电枢绕组和换向器等部件，用来产生感应电动势、流通电流、产生电磁转矩，从而实现机电能量转换。图 5.1 为直流电机的主要结构。

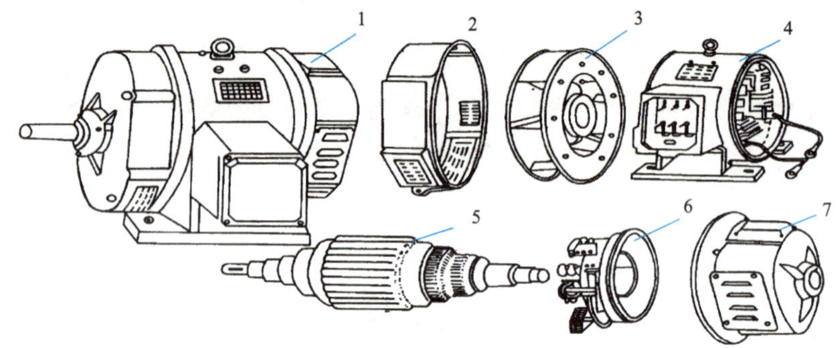

1—直流电机总成；2—后端盖；3—通风机；4—定子总成；5—转子总成；6—电刷装置；7—前端盖。

图 5.1 直流电机结构图

1. 定子

直流电机定子的作用是产生磁场和作为电机的机械支撑，主要由机座、主磁极、换向极和电刷装置等组成。

1）机座

机座兼起机械支撑和导磁磁路两个作用。它既是用来作为安装电机所有零件的外壳，又是联系各磁极的导磁铁轭。机座通常为铸钢件，也有的采用钢板焊接而成。

2）主磁极

主磁极是一个电磁铁，如图 5.2 所示，由主极铁心和主极绕组两部分组成。主极铁心一般用 1 ~ 1.5 mm 厚的薄钢板冲片叠压后再用铆钉铆紧成一个整体。

3）换向极

换向极又称为附加极，它装在两个主极之间，用来改善直流电机的换向。换向极由换向极铁心和换向极线圈构成。

4）电刷装置

电刷装置的作用是通过电刷与换向器表面的滑动接触，将转动的电枢绕组与外电路相连。电刷装置一般由电刷、刷握、刷杆、刷杆座等部分组成，如图 5.3 所示。

2. 转子

转子又称电枢，主要由转轴、电枢铁心、电枢绕组和换向器等组成。

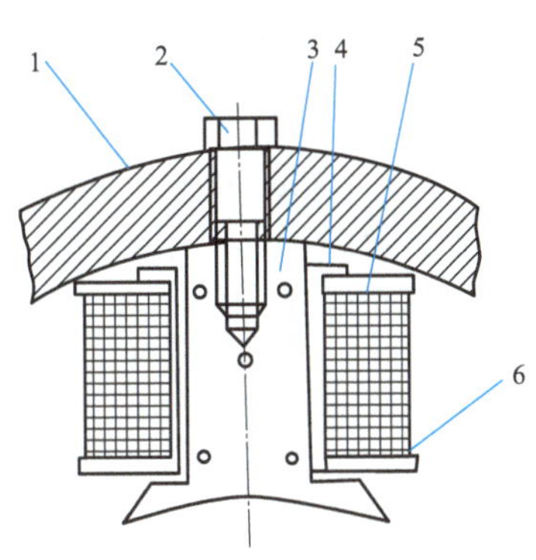

1—机座；2—主极螺钉；3—主极铁心；
4—框架；5—主极绕组；6—绝缘垫衬。

图 5.2 主磁极

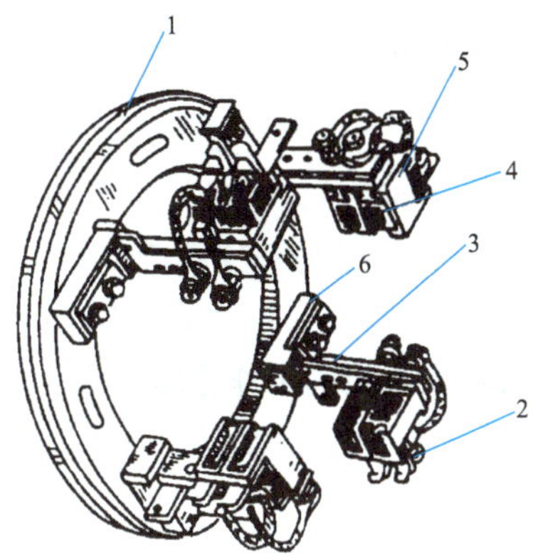

1—刷杆座；2—弹簧；3—刷杆；4—电刷；
5—刷握；6—绝缘杆。

图 5.3 电刷装置

1）转轴

转轴的作用是用来传递转矩，一般用合金钢锻压而成。

2）电枢铁心

电枢铁心是电机磁路的一部分，也是承受电磁力作用的部件。当电枢在磁场中旋转时，在电枢铁心中将产生涡流和磁滞损耗，为了减小这些损耗的影响，电枢铁心通常用 0.5 mm 厚的电工硅钢片叠加而成，电枢铁心固定在转子支架或转轴上。电枢铁心和铁心冲片如图 5.4 所示，沿铁心外圈均匀地分布有槽，在槽内嵌放电枢绕组。

3）电枢绕组

电枢绕组的作用是产生感应电势和通过电流产生电磁转矩，实现机电能量转换。它是直流电机的主电路部分。

4）换向器

换向器的作用是机械整流，即在直流电动机中，它将外加的直流电流逆变成绕组内的交流电流；在直流发电机中，它将绕组内的交流电势整流成电刷两端的直流电势。换向器的结构如图 5.5 所示。

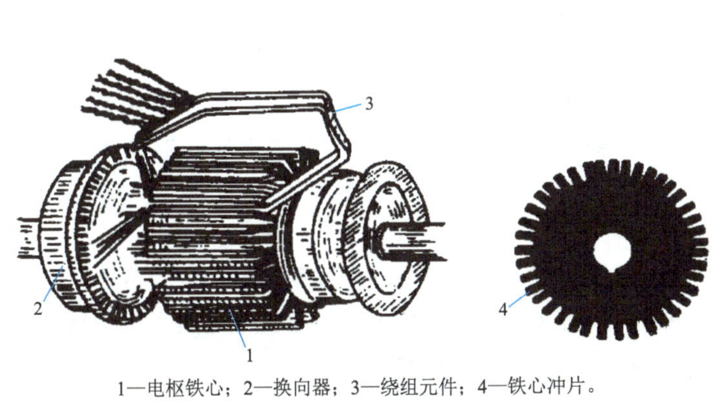

1—电枢铁心；2—换向器；3—绕组元件；4—铁心冲片。

图 5.4 电枢铁心和铁心冲片

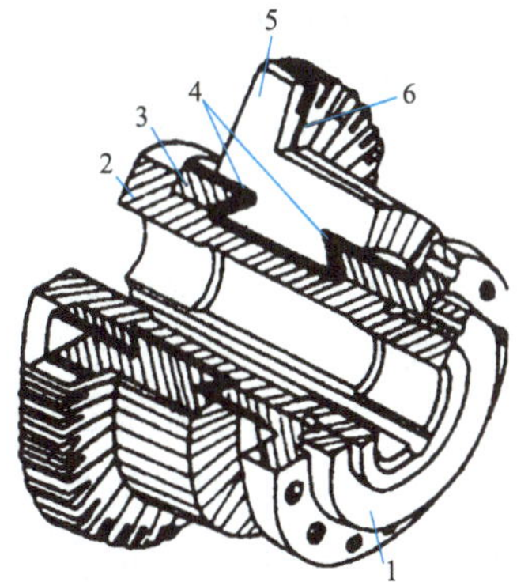

1—螺旋压圈；2—换向器套筒；
3—V 形压圈；4—V 形云母环；
5—换向铜片；6—云母片。

图 5.5 换向器的结构

5.1.2 工作原理

直流电机模型如图 5.6 所示，N、S 为定子上固定不动的两个主磁极，两个主磁极 N、S 之间装有一个可以转动的、由铁磁材料制成的圆柱体，圆柱体表面嵌有一线圈（电枢绕组），线圈首末两端分别连接到两个弧形钢片（换向片）上。换向片之间用绝缘材料构成一个整体，称为换向器，它固定在转轴上，随转轴一起转动，整个转动部分称为电枢。

1. 直流发电机的工作原理

导体在磁场中运动时，导体中会感应出电势 e，可表示为

$$e = Blv \tag{5.1}$$

式中，B 为磁场密度；l 为导体长度；v 为导体与磁场的相对速度。

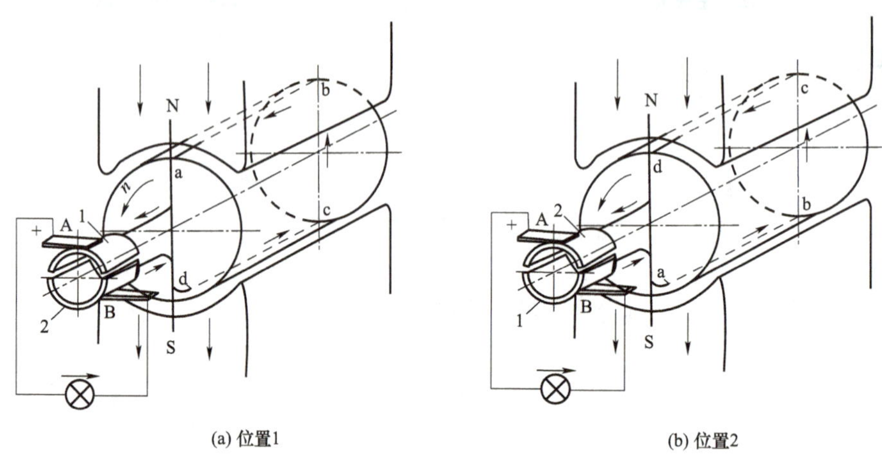

图 5.6 直流电机模型

正方向可用右手定则判断。电势 e 正方向表示电位升高的方向，与 U 相反。如果同一元件上 e 和 U 正方向相同时，$e = -U$ 。

1）电动势的产生

图 5.6 直流电机模型（a）中，电枢被原动机以恒速 n 驱动，按逆时针方向转动时，线圈 ab 和 cd 切割磁力线产生的感应电动势，在负载与线圈构成的回路中产生电流 I，其方向与产生的电动势方向相同。当电枢转到图 5.6（b）中所示位置时，ab 边转到了 S 极下，cd 边转到了 N 极下。这时线圈中感应电动势的方向发生了改变，但由于换向器随同一起旋转，使得电刷 A 总是接触 N 极下的导线，而电刷 B 总是接触 S 极下的导线，故电流仍由 A 流出 B 流回，方向不变。

虽然直流发电机有换向器的作用，可将线圈内的交变电动势在两电刷间变换为方向不变的电动势，但它的大小仍然是脉动的。欲获得在方向和量值上均恒定的电动势，则应增加电枢铁心上的槽数和线圈匝数，同时换向器上的换向片数也要相应增加。

2）电磁转矩与能量转换分析

电枢电流 I 与磁场相互作用产生的电磁力形成了电磁转矩 T。

用左手定则可以判定，电磁转矩 T 的方向与电枢旋转方向相反。因此，在电枢等速旋转时，原动机的驱动转矩 T_1 必须与发电机的电磁转矩 T 和空载损耗转矩 T_0（发电机轴上转矩）相平衡，即

$$T_1 = T + T_0 \tag{5.2}$$

电磁转矩方向与转速方向相反。

能量转换的过程为：原动机（机械能）→电磁转矩→发电机负载（电能）。当发电机的负载（电枢电流）增加时，电磁转矩和输出功率也随之增加，这时原动机的驱动转矩所供给的机械功率亦必须相应增加，以保持转矩之间和功率之间的平衡。可见，发电机向负载输出电功率的同时，原动机也向发电机输出机械功率，发电机起着将机械能转换为电能的作用。

2. 直流电动机的工作原理

两极直流电动机的工作原理参见图 5.6，直流电动机的结构与直流发电机相同，不同的是：电刷 A、B 外接直流电源。图示瞬时电流的流向为+→A 换向片→1→a→b→c→d→换向片 2→B→－。根据电磁力定律，载流导体 ab、cd 都将受到电磁力 f 的作用，其大小为

$$f = Bli \tag{5.3}$$

式中，i 为导体中流过的电流。

1）电磁转矩的产生

导体所受电磁力的方向用左手定则确定，在此瞬时，ab 位于 N 极下，受力方向从右向左，cd 位于 S 极下，受力方向从左向右，电磁力对转轴便形成电磁转矩 T。在电磁转矩的作用下，电枢逆时针旋转起来。

当电枢转到 90° 时，电刷不与换向片接触，而与换向片间的绝缘片相接触，此时线圈中没有电流流过，$i = 0$，故电磁转矩 $T = 0$。但由于机械惯性的作用，电枢仍能转过一个角度，电刷 A、B 又将分别与换向片 2、1 接触。线圈中又有电流 i 流过，此时，导体 ab、cd 中的电流改变了方向，即为 b→a，d→c，且导体 ab 转到 S 极下，ab 所受的电磁力方向从左向右，cd 转到 N 极下，cd 所受的电磁力方向从右向左。因此，线圈仍然受到逆时针方向电磁转矩的作用，电枢始终保持同一方向旋转。

2）电磁转矩与能量转换分析

在直流电动机中，电刷两端虽然加的是直流电源，但在电刷和换向器的作用下，线圈内部却变成了交流电，从而产生了单方向的电磁转矩，驱动电机持续旋转。同时，旋转的线圈中也将感应产生电势 e，其方向与线圈中的电流方向相反，故称为反电势。直流电动机若要维持继续旋转，外加电压就必须高于反电势，才能不断地克服反电势而流入电流，正是这种不断克服，实现了将电能转换成为机械能。

5.1.3 运行特性

由于表征电动机输出机械性能的主要数据是转矩和转速，所以直流电动机的运行特性中最重要的就是转矩—转速特性（亦称机械特性），其次是工作特性。

直流电动机的运行性能因励磁方式不同而有很大差异，下面分别加以研究。

1. 他励与并励电动机的运行特性

他励电动机和并励电动机的运行特性大致相同。

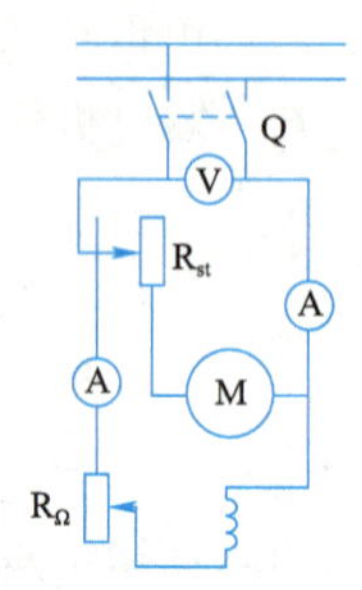

图 5.7　他（并）励电动机的接线图

他（并）励电动机的接线图如图 5.7 所示。他（并）励电动机的运行特性大都可以从电压方程和转矩方程中近似地导出。下面先讨论转矩-转速特性。

1）转矩-转速特性

他（并）励电动机的转矩-转速特性是指当$U = U_N$，R_f =常值时，$n = f(T_e)$。

从电磁转矩公式和电动机的电压方程可知，$T_e = C_T \phi I_a = C_T \phi \left(\dfrac{U - C_e n\phi}{R_a} \right)$，由此可以推出

$$n = \frac{U}{C_e \phi} - \frac{R_a}{C_e C_T \phi^2} T_e \tag{5.4}$$

由于当$U = U_N$，R_f =常值时，R_a远小于$C_e C_T \phi^2$，故不计磁饱和效应时，他（并）励电动机的机械特性为一稍微下降的直线。如果计磁饱和，电枢反应呈现去磁作用，机械特性的下降程度减小，甚至可以成为水平或上翘的曲线。总之，他（并）励电动机的转速随着所需电磁转矩的增加而稍有变化，如图 5.8 所示，称为硬特性。

2）工作特性

如以电动机的电枢电流或输出功率作为自变量，可将转矩-转速特性分别表示为转速特性和转矩特性，这是两条基本的工作特性。

转速特性是指当$U = U_N$，R_f =常值时，$n = f(I_a)$或$n = f(P_2)$。

从电动势公式$E_a = C_e n\phi$和电压方程，可知

$$n = \frac{E_a}{C_e \phi} = \frac{U}{C_e \phi} - \frac{R_a I_a}{C_e \phi} \tag{5.5}$$

上式通常称为电动机的转速公式。该公式表示，在电压 U 和励磁电流I_f均为常值的条件下，影响他（并）励电动机转速的因素有两个，即电枢电阻压降和电枢反应。当电动机的负载增加时，电枢电流增大使电动机的转速趋于下降；电枢反应如有去磁作用时，则使转速趋于上升，因此，这两个因素对转速的影响部分地抵消，使他（并）励电动机的转速变化很小。实际上，为保证他（并）励电动机的稳定运行，常使它具有如图 5.9 所示的稍微下降的转速特性。

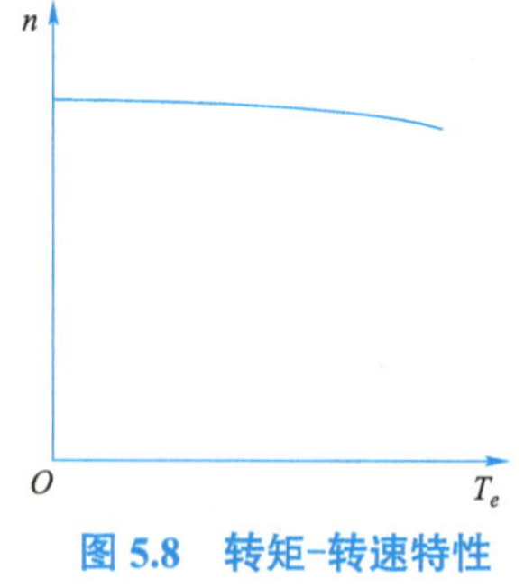

图 5.8　转矩-转速特性

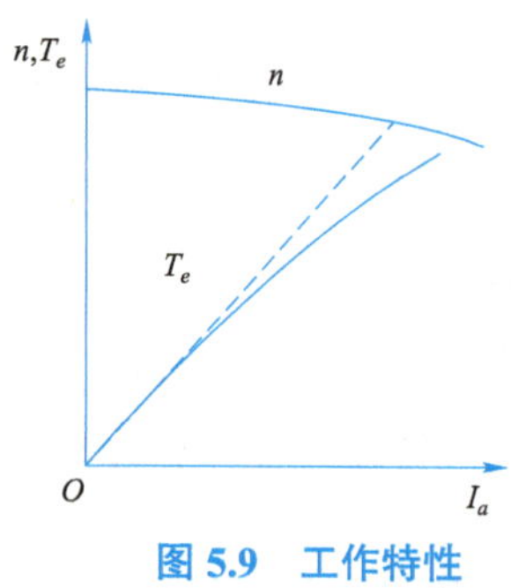

图 5.9　工作特性

当$I_f = I_{fN}$时，他（并）励电动机的转速调整率Δn为

$$\Delta n = \frac{n_0 - n_N}{n_N} \times 100\% \tag{5.6}$$

式中，n_N 为额定负载、额定励磁下电动机的转速（额定转速）；n_0 为同一励磁下电动机的空载转速。他（并）励电动机在负载变化时，转速变化很小，Δn =3%～8%，所以它基本上是一种恒速电机。

转矩特性是指当 $U = U_N$，R_f =常值时，$T_e = f(I_a)$ 或 $T_e = f(P_2)$。

从电动机的转矩公式 $T_e = C_T \phi I_a$ 可知，当 I_f =常值且不计磁饱和时，ϕ 为常值，于是电磁转矩将与电枢电流成正比变化，即 $T_e = f(I_a)$ 为一条直线。计磁饱和时，由于磁通量 ϕ 略微减少，故转矩特性 $T_e = f(I_a)$ 将如图 5.9 所示。

效率特性是指当 $U = U_N$，$I_f = I_{fN}$ 时，$\eta = f(I_a)$ 或 $\eta = f(P_2)$。他（并）励电动机的效率特性与其他电机相类似。

2. 串励电动机的运行特性

串励电动机的接线图如图 5.10 所示，串励电动机的特点是，电枢电流与励磁电流相等，即：$I_a = I_s = I$。

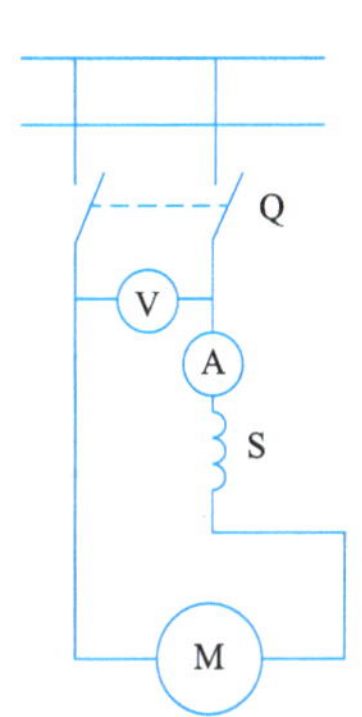

图 5.10　串励电动机的接线图

1）转矩-转速特性

串励电动机的转矩-转速特性为当 $U = U_N$ 时，$n = f(T_e)$。

从电动机的电压方程可知：$U = E_a + I_a(R_a + R_s) = C_e n\phi + I_a(R_a + R_s)$。

式中，R_s 为串励绕组的电阻。

若将电机的磁化曲线用 $\phi = K_s I_s$ 表示，则

$$U = (C_e K_e n + R_s + R_a) I_a \tag{5.7}$$

于是，电磁转矩可表示为

$$T_e = C_T \phi I_a = C_T K_s I_a^2 = C_T K_s \left(\frac{U}{C_e K_s n + R_s + R_a} \right)^2 \tag{5.8}$$

由此，可以解出

$$n = \frac{1}{C_e K_s} \left[\sqrt{\frac{C_T K_s}{T_e}} U - (R_a + R_s) \right] \tag{5.9}$$

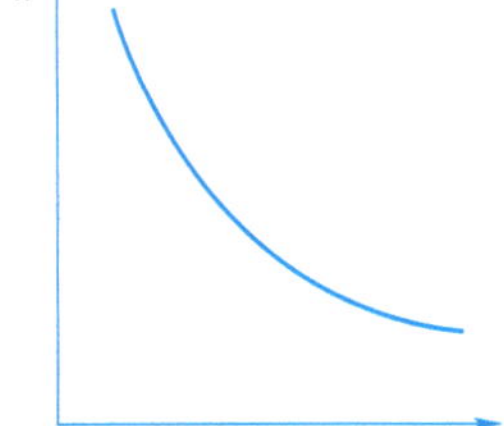

图 5.11　转矩-转速特性

串励电动机的转矩-转速特性如图 5.11 所示。从图 5.11 可以看出，串励电动机的转速随着转矩的增加而迅速下降，这种特性称为软特性。

2）工作特性

串励电动机的主要工作特性亦是转速特性和转矩特性。

转速特性是指当 $U = U_N$ 时，$n = f(I_e)$ 或 $n = f(P_2)$。转速特性可以从电压方程得出，即

$$n = \frac{U - I_a(R_a + R_s)}{C_e \phi} = \frac{U - I_a(R_a + R_s)}{C_e K_s I_s} = \frac{U}{C_e K_s} \frac{1}{I_a} - \frac{R_a + R_s}{C_e K_s} \tag{5.10}$$

式（5.10）表明 n 与 I_a 大体成双曲线关系，当负载增加时，I_a 增加，使电枢回路的电阻压降 $I_a(R_a+R_s)$ 增大；另外由于 $I_a=I_s$，故串励磁动势和主磁场亦增大。这两个因素都促使转速下降，这是由串励电动机的约束所导致。

串励电动机不允许空载运行，所以转速调整率定义为

$$\Delta n=\frac{n_{1/4}-n_N}{n_N}\times 100\% \tag{5.11}$$

式中，$n_{1/4}$ 为输出功率等于 $\frac{1}{4}P_N$ 时电动机的转速。

转矩特性是指当 $U=U_N$ 时，$T_e=f(I_a)$ 或 $T_e=f(P_2)$。

从转矩公式可知，当磁路不饱和时，$\phi=K_sI_s$，K_s 为常值，于是 $T_e\approx C_TI_a^2$，当磁路饱和时，$\phi\approx$ 常值，于是 $T_e\approx C_TI_a$。

从转矩公式可得，轻载时，串励磁动势较小，磁路处于不饱和状态，此时电磁转矩与电枢电流的平方成正比；随着负载的增加，串励磁动势增大，磁路呈现饱和，此时电磁转矩将与电枢电流成正比。这是串励电动机的另一个特点，这点对电动机的启动和过载来说具有重要意义。

3. 复励电动机的运行特性

复励电动机通常接成积复励。由于积复励电动机既有并励绕组，又有串励绕组，故其稳态特性介于并励电动机和串励电动机两者之间。若励磁磁动势以并励磁动势为主，则其稳态特性接近于并励电动机；但由于有串励磁动势的存在，当负载增加、电枢电流增大时，电枢反应的去磁作用可以得到抑制，不会导致转速特性上翘，从而保证电动机可以稳定地运行。

4. 调速方式

使用一台电动机时，首先碰到的问题是如何启动。要使电动机启动的过程达到最优，主要应考虑以下几个方面的问题：启动电流 I_{st} 的大小、启动转矩 T_{st} 的大小、启动设备是否简单等。电动机驱动的生产机械常常需要改变运动方向，例如起重机、刨床、轧钢机等，这就需要电动机能快速地正反转。某些生产机械除了需要电动机提供驱动力矩外，还需电动机在必要时，能提供制动的力矩，以便限制转速或快速停车。例如，当电车下坡和刹车时、起重机下放重物时、机床反向运动开始时，都需要电动机进行制动。因此掌握直流电动机启动、反转和制动的方法，对电气技术人员是很必要的。

1）直流电机的启动

直流电机从接入电源开始，转速由零上升到某一稳定转速为止的过程，称为启动过程或启动。

（1）启动条件

当电机启动瞬间，$n=0$，$E_a=0$，此时电机中流过的电流称为启动电流 I_{st}，对应的电磁转矩称为启动转矩 T_{st}。为了使电机的转速从零逐步加速到稳定的运行速度，在启动时电机必须产生足够大的电磁转矩。如果不采取任何措施，直接给电机加上额定电压进行启动，这种启动方法称为直接启动。直接启动时，启动电流 $I_{st}=U_N/R_a$ 将升到很大的数值，同时启动转矩也很大，过大的电流及转矩对电机及电网可能会造成一定的危害，所以一般启动时要对 I_{st} 加以限制。总之，电机启动时，一要有足够大的启动转矩 T_{st}；二要启动电流 I_{st} 不能太大。另外，启动设备要尽量简单、可靠。

（2）启动方法

他励直流电机常用的启动方法有电枢串电阻启动和降压启动两种。不论采用哪种方法，启动时都应该保证电机的磁通达到最大值，从而保证产生足够大的启动转矩。

① 电枢串电阻启动。

启动时，在电枢回路中串入启动电阻 R_{st} 进行限流，电机加上额定电压，R_{st} 的数值应使 I_{st} 不大于允许值。

为使电机转速能均匀上升，启动后应将与电枢串联的电阻平滑均匀切除。但这样做比较困难，实际中只能将电阻分段切除，通常利用接触器的触点来分段短接启动电阻。由于每段电阻的切除都需要有一个接触器控制，因此启动级数不宜过多，一般为 2～5 级。

在启动过程中，通常限制最大启动电流 $I_{st1}=(1.5\sim2.5)I_N$、$I_{st2}=(1.1\sim1.2)I_N$，并尽量在切除电阻时，使启动电流能从 I_{st2} 回升到 I_{st1}。

他励直流电机串电阻三级启动时的机械特性如图 5.12 所示。

启动时依次切除启动电阻 R_{st1}、R_{st2}、R_{st3}，相应地电机工作点从 a 点到 b 点、c 点、d 点，……最后稳定在 h 点运行，启动结束。

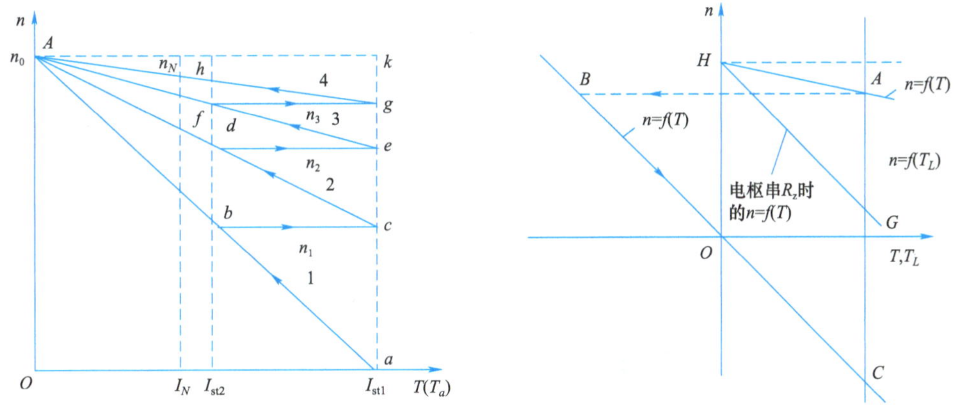

图 5.12　他励直流电机串电阻三级启动时的机械特性

② 降压启动。

为保证足够大的启动转矩，降压启动只能在电机有专用电源时才能采用。启动时，通过降低电枢电压来达到限制启动电流的目的。

降压启动虽然需要专用电源，设备投资大，但它启动电流小，升速平滑，并且启动过程中能量消耗也较少，因而得到广泛应用。

2）直流电机的反转

在有些电力拖动设备中，由于生产的需要，常常需要改变电机的转向。电机中的电磁转矩是动力转矩，因此改变电磁转矩 T 的方向就能改变电机的转向。根据公式 $T=C_T\phi I_a$ 可知，只要改变磁通 ϕ 或电枢电流 I_a 这两个量中一个量的方向，就能改变 T 的方向。因此，直流电机的反转方法有两种：一种是改变磁通的方向，另一种是改变电枢电流的方向。由于磁滞及励磁回路电感等原因，反向磁场的建立过程缓慢，反转过程不能很快实现，故一般多采用后一种方法。

3）直流电机的调速

直流电机调速的种类有以下几种。

（1）调节电枢供电电压

改变电枢电压主要是降低电枢电压，从电机额定转速向下变速，属于恒转矩调速方法。对于要求在一定范围内无级平滑调速的系统来说，这种方法最好。变化遇到的时间常数较小，能快速响应，但是需要大容量可调直流电源。

（2）改变电机主磁通

改变磁通可以实现无级平滑调速，但只能减弱磁通进行调速（简称弱磁调速），从电机额定转速向上调速，属于恒功率调速方法。变化时间遇到的时间常数同变化遇到的相比要大得多，响应速度较慢，但所需电源容量小。

（3）电枢回路串电阻调速

是电机电枢回路外串电阻进行调速的方法，设备简单，操作方便。但是只能进行有级调速，调速平滑性差，机械特性较软；空载时几乎起不到调速作用；还会在调速电阻上消耗大量电能。

（4）直流电机的制动

电机的制动是指在电机轴上加一个与旋转方向相反的转矩，以达到快速停车、减速或稳速。制动可以采用机械方法和电气方法，常用的电气方法有三种：能耗制动、反接制动和回馈制动。判断电机是否处于电气制动状态的条件是：电磁转矩 T 的方向和转速 n 的方向是否相反。如果是，则为制动状态，其工作点应位于第二或第四象限；反之则为电动状态。

在电机的制动过程中，要求迅速、平滑、可靠、能量损耗小，并且制动电流应小于限值。

任务 5.2 异步电机

工作任务

1. 掌握交流异步电机的种类和基本结构。
2. 掌握交流异步电机的工作原理及特性。

相关配套知识

直流电力拖动和交流电力拖动于 19 世纪先后诞生。在 20 世纪上半叶，由于直流拖动具有优越的调速性能，因此高性能可调速拖动都采用直流电机；而约占电力拖动总容量 80%以上的不变速拖动系统则采用交流电机。当时交流调速系统的性能无法与直流调速系统相匹敌，在一段时期内已成为一种举世公认的事实。直到 20 世纪 60—70 年代，随着电力电子技术的发展，才实现了电力电子变换器的交流拖动系统，特别是大规模集成电路和计算机控制的出现，出现了高性能的交流调速系统，这种交直流拖动按调速性能分工的格局终于被打破。

直流电机的缺点也日益凸显，主要是直流电机的换向问题，因其具有电刷和换向器，必须经常检查和维修。而交流电机不存在换向问题，它比直流电机结构简单、成本低廉、工作可靠、维护方便、惯量小、效率高，因此用交流调速拖动系统代替直流调速拖动系统的呼声越来越强烈。交流调速拖动控制系统已经成为当前电力拖动控制的主要发展方向。

交流调速的应用主要有以下三个方面。

1. 一般性能的节能调速

风机、水泵等通用机械的容量几乎占工业电力拖动总容量的一半以上，风机、水泵的调速范围和对动态快速性的要求都不高，只需要一般的调速性能。

2. 高性能的交流调速系统和伺服系统

许多需要调速的生产机械过去多用直流拖动，与交流电机相比，其最大优点是控制简单。直到 20 世纪 70 年代初发明了矢量控制技术，也称磁场定向控制技术，该技术通过坐标变换，将交流电机的定子电流分解成转矩分量和励磁分量，用来分别控制电机的转矩和磁通，就可以获得和直流电机相仿的高动态性能，从而使交流电机的调速技术取得了突破性的进展。以后又陆续提出了直接转矩控制、解耦控制等方法，形成了一系列可以和直流调速系统媲美的高性能交流调速系统。

3. 特大容量、极高转速的交流调速

直流电机换向能力的缺点限制了它的容量，而交流电机没有换向器，不受这种限制，因此特大容量的电力拖动设备，如厚板轧机、矿井卷扬机等，以及极高转速的拖动，如高速磨头、离心机等，都宜采用交流调速。

5.2.1　电机结构

异步电机的主要优点是结构简单、容易制造、价格低廉、运行可靠、运行效率较高。缺点是功率因数较低，因为它总是从电网吸收一部分无功功率，但它在工业中应用却极其广泛。

异步电机运行时，定子绕组接到交流电源上，转子绕组自身短路，由于电磁感应的关系，在转子绕组中产生电动势、电流，从而产生电磁转矩。所以异步电机又称为感应电机。按定子相数分，有单相异步电机、两相异步电机和三相异步电机；按转子结构分，有绕线型异步电机和鼠笼型异步电机。

三相异步电机主要由固定的定子和旋转的转子两部分组成，转子装在定子内腔里，借助轴承被支撑在两个端盖上。此外，还有端盖、轴承、机座、风扇等部件。为了保证转子能在定子内自由转动，定子和转子之间必须有一间隙，称为气隙。三相异步电机的气隙是一个非常重要的参数，其大小及对称性对磁通及电机性能有很大影响。

三相鼠笼型异步电机的组成部件如图 5.13 所示。

1. 定子

定子由定子三相绕组、定子铁心和机座组成。

1）定子三相绕组

定子绕组是异步电机的电路部分，在异步电机的运行中起着很重要的作用，是将电能转换为机械能的关键部件。定子三相绕组的结构是根据需要对称地接成星形或三角形形状。

2）定子铁心

定子铁心是异步电机磁路的一部分，由于主磁场以同步转速相对于定子旋转，为减少在

铁心引起的损耗，铁心采用 0.5 mm 厚的高导磁电工钢片叠成，电工钢片两面涂有绝缘漆以减少铁心的涡流损耗。

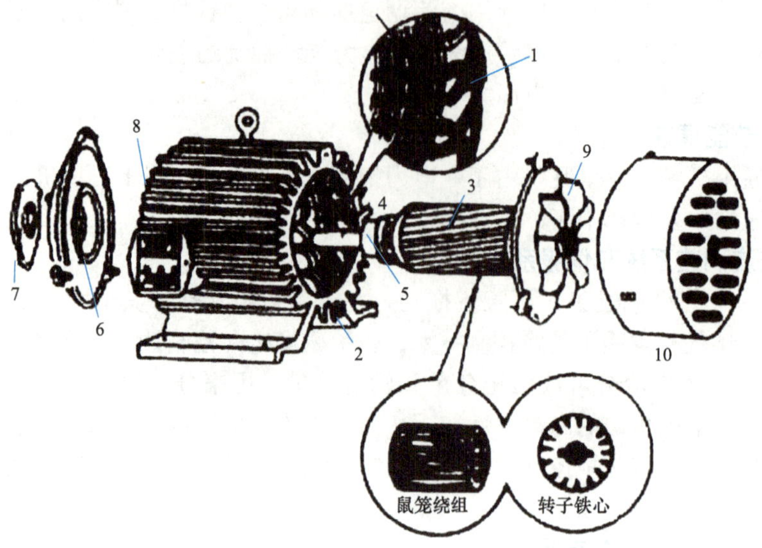

1—定子绕组；2—机座；3—转子；4—转轴；5—轴承；6—端盖；7—轴承盖；8—接线盒；9—风扇；10—罩壳。

图 5.13 三相鼠笼型异步电机的组成部件

3）机座

机座又称机壳，它的主要作用是支撑定子铁心，同时也承受整个电机负载运行时产生的反作用力，运行时由于内部损耗所产生的热量也通过机座向外散发。

2. 转子

异步电机的转子由转子铁心、转子绕组及转轴组成。

1）转子铁心

转子铁心是电机磁路的一部分，也是用电工钢片叠成的。与定子铁心冲片不同的是，转子铁心冲片是在冲片的外圆上开槽，叠装后的转子铁心外圆柱面上均匀地形成许多形状相同的槽，用以放置转子绕组。

2）转子绕组

转子绕组是异步电机的另一部分。其作用为切割定子磁场，产生感应电动势和电流，并在磁场作用下受力而使转子转动。其结构可分为鼠笼型转子绕组和绕线型转子绕组两种类型。

3）转轴

转轴是整个转子部件的安装基础，又是力和机械功率的传输部件，整个转子靠轴和轴承被支撑在定子铁心内腔内。转轴一般由中碳钢或合金钢制成。

3. 气隙

异步电动机的气隙很小，中小型电机一般为 0.2～2 mm。气隙越大，磁阻也越大。要产生同样大的磁场，就需要较大的励磁电流。由于气隙的存在，异步电机的磁路磁阻远比变压器要大，因此异步电机的励磁电流要比变压器的大得多。变压器的励磁电流约为额定电流的 3%，异步电机的励磁电流约为额定电流的 30%。励磁电流作为无功电流，励磁电流越大，功率因数越低。为提高异步电机的功率因数，必须减少它的励磁电流，最有效的方法是尽可能缩短气隙长度。但是气隙过小会使装配困难，还有可能使定子、转子在运行时发生摩擦或碰撞，因此气隙的最小值由制造工艺及运行安全可靠等因素来决定。

4. 其他部件

端盖：安装在机座的两端，它的材料加工方法与机座相同，一般为铸铁件。

轴承：连接转动部分与不动部分。

轴承端盖：保护轴承，使轴承内的润滑油不溢出。

风扇：冷却电机。

5.2.2　工作原理

三相异步电机的工作原理如图 5.14 所示，定子上的三相绕组接在三相交流电源上形成闭合回路。三相异步电机的工作可分为三种情况：电动机运行、发电机运行和制动运行。

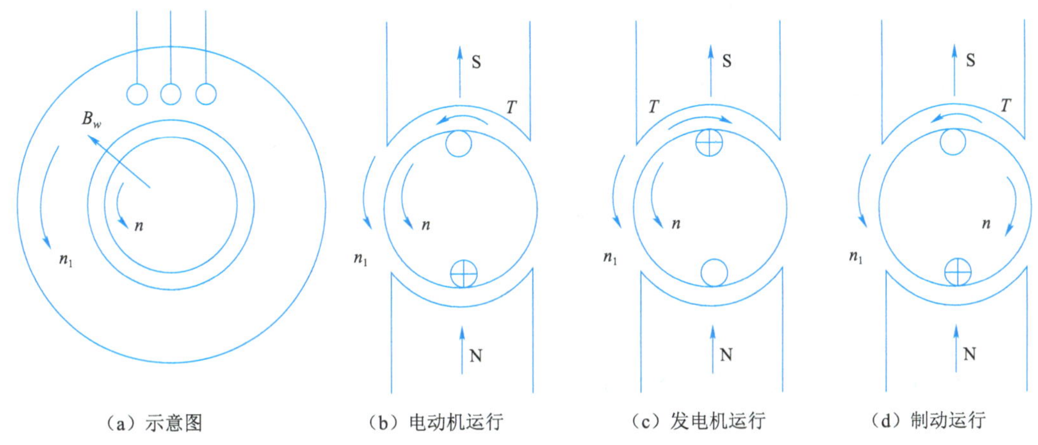

图 5.14　三相异步电机的工作原理

1. 三相异步电机作为电动机运行

三相异步电机作为电动机运行是其最普通的工作状态。三相电流流入三相定子绕组，产生旋转磁势，并在气隙中产生相应的旋转磁场，旋转磁场也是以同步转速 n_1 在旋转。在图 5.14（a）中用一对旋转的磁极来表示该旋转磁场。

当旋转磁场 B_w 切割转子导体时，在其中产生感应电势，使转子导体中产生电流流过。如图 5.14（b）所示，当 B_w 逆时针旋转时，转子感应电流方向可利用右手定则判断为上出下进。由左手判断转子电流产生的电磁转矩为逆时针方向，与 B_w 方向相同。转子以转速 n 旋转，从而将电能转换成机械能，做电动机运行。

三相异步电机的转速 n 总是略低于同步转速 n_1，以便能够形成相对运动，使气隙中的旋转磁场能够切割转子导体而在其中产生感应电流，从而产生电磁转矩来拖动转子旋转。如果 n 等于 n_1，转向又相同，则气隙旋转磁场与转子导体之间没有相对运动，转子导体中就不会产生感应电势和电流，也不会产生电磁转矩。因此，异步电机产生电磁转矩的必要条件是：磁场的同步转速和转子的转速不相等。

将同步转速和转子转速的差值称为转差，转差与同步转速的比值称为转差率，转差率用 s 来表示，即

$$s = \frac{n_1 - n}{n_1} \tag{5.12}$$

转差率 s 是异步电机的一个基本变量，它可以表示异步电机的各种不同运行状态。

① 在电机刚起步时，转子转速 $n = 0$，则 $s = 1$，转子导体切割旋转磁场的相对速度为最大，转子中的电势及电流也最大。如果电机产生的电磁转矩足以克服机械负载的阻力转矩，转子就开始旋转，转速会不断上升。

② 随着转子转速的上升，转差率 s 减小，转子切割旋转磁场的相对速度减小，转子中电势及电流也最大。在额定状态下，转差率 s 的数值通常都是很小的，中小型异步电机的转差率约为 0.01～0.07，转子转速与同步转速相差并不很大。空载时，因阻力矩很小，转子转速很高，转差率则更小，约为 0.004～0.007，可以认为转子转速近似等于同步转速。

③ 假设 $n_1 = n$，则转差率 $s = 0$，此时转子导体不切割旋转磁场，转子中就没有感应电势及电流，也不产生电磁转矩。

2. 三相异步电机作为发电机运行

如果用一台原动机拖动异步电机的转子以大于同步转速的速度与旋转磁场同方向旋转，即 $n_1 < n$，转差率 $s<0$，如图 5.14（c）所示。此时，转子导体相对于旋转磁场的运动方向与图 5.14（b）相反，转子导体中的电势电流也反向。此时转子感应电流方向为上进下出，转子导体所产生的电磁转矩为顺时针方向，与转子转向相反，起着制动作用。为了克服电磁转矩的制动作用，使转子能继续旋转下去，原动机就必须不断地向电机输入机械功率。而电机则将输入的机械功率转换为电功率输出给电网，此时异步电机成为发电机。

3. 三相异步电机在制动状态下运行

若在外力的作用下，使转子逆着旋转磁场方向转动，即 $n<0$，转差率 $s>1$，如图 5.14（d）所示，此时，转子导体相对于磁场的运动方向与电机运行状态相同，故转子导体中的电势和电流方向仍与电机状态相同，作用在转子上的电磁转矩方向与旋转磁场方向一致，但却与转子转向相反，起到阻止转子旋转的作用，故称为三相异步电机的制动运行。它一方面消耗原动机的机械功率，另一方面也从电网吸收电功率，这两方面功率均变为三相异步电机内部的损耗。

异步电机常采用此原理进行反接制动，通常是将定子绕组的三根供电线任意对调两根，使定子电流的相序改变，相应的旋转磁场立即反转，从电动状态下与转子转向一致变为相反，从而产生制动状态。此方法称为正转反接，为防止制动电流过大，需串入附加电阻，转速降为 0 时，必须立即断开定子电源，否则转子将向相反方向运动。

由于在这三种运行状态下，转子转速总是与旋转磁场的同步转速不同，因而称为异步电机。又由于异步电机的转子绕组并不直接与电源相连，而是依靠转子和定子之间的气隙磁通的电磁感应来产生感应电动势和电流，从而产生电磁转矩使电机旋转，因而异步电机又称为感应电机。

4. 运行特性

1）三相异步电动机的电路特性及其功率

异步电动机通过电磁感应将定子边（原边）的电功率转换成转子边（副边）的机械功率。从电磁关系上来看，异步电动机同变压器的运行祖似，即定子可看成原边绕组，转子则相当于副边绕组。

三相异步电机的每相等效电路如图 5.15 所示。

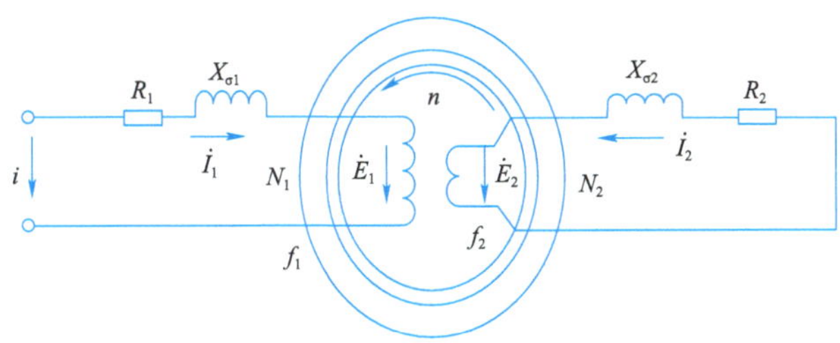

图 5.15　三相异步电机的每相等效电路

图中的 E_1 和 E_2 分别为旋转磁场在定子绕组和转子绕组上产生的感应电动势；R_1 和 R_2 分别为定子绕组和转子绕组上的电阻；$X_{\sigma1}$ 和 $X_{\sigma2}$ 分别为定子磁路和转子磁路漏磁通产生的感抗；N_1 和 N_2 分别为定子和转子绕组的匝数。

（1）定子电路

异步电动机的定子绕组是静止的，所以旋转磁场产生的感应电动势的频率等于电源频率 f_1，根据三相异步电动机的每相等效电路，其电压方程为

$$\dot{U}_1 = R_1\dot{I}_1 + jX_{\sigma1}\dot{I}_1 + \left(-\dot{E}_1\right) \tag{5.13}$$

仿照变压器的分析方法可得

$$U_1 \approx E_1 = 4.44 f_1 N_1 \varphi \tag{5.14}$$

式中，φ 为气隙主磁通量。

（2）转子电路

当电动机旋转时，旋转磁场切割转子绕组导体，并产生感应电动势。由于旋转磁场是旋转的，对于转子上的每相绕组的导体来讲，旋转磁场的 N 极和 S 极都能扫过它们，所以在绕组上产生的感应电动势应当是一交流电动势。感应电动势的频率取决于旋转磁场同转子的相对速度和磁极对数。旋转磁场切割转子绕组导体的速度为 $n_1 - n$，则转子感应电动势的频率同转差的关系可表示为

$$f_2 = \frac{p\left(n_1 - n\right)}{60} = \frac{n_1 - n}{n_1} \cdot \frac{pn_1}{60} \tag{5.15}$$

通常，$f_2 = 0.5 \sim 4.5$ Hz（$f_1 = 50$ Hz）。

在电动机启动瞬间，$n = 0$，$s = 1$，$f_1 = f_2$，此时转子绕组中的感应电动势最大，为

$$E_{20} = 4.44 f_1 N_2 \varphi \tag{5.16}$$

当电动机旋转时，在转子绕组上的感应电动势为

$$E_2 = 4.44 f_2 N_2 \varphi = 4.44 s f_1 N_2 \varphi = sE_{20} \tag{5.17}$$

由此可见，转子感应电动势与转差率 s 有关。在电动机启动瞬间，$n = 0$，$s = 1$，$f_1 = f_2$，此时转子感抗最大，为

$$X_{s20} = 2\pi f_1 L_{s2} \tag{5.18}$$

这里的 L_{s2} 是转子漏磁电感。电动机旋转时，转子感抗为

$$X_{\sigma 20}=2\pi f_2 L_{s2}=2\pi s f_1 L_{s2}=sX_{s20} \tag{5.19}$$

可见，$X_{\sigma 20}$ 也与转差率 s 有关。

根据图 5.15 所示的等效电路，可写出转子绕组中的电流有效值为

$$I_2=\frac{E_2}{\sqrt{R_2^2+X_{\sigma 2}^2}}=\frac{sE_{20}}{\sqrt{R_2^2+(sX_{s20})^2}} \tag{5.20}$$

由于转子漏电感的存在，$\dot{I}_2$ 要滞后 $\dot{E}_2$ 一定角度，这个角度用 ϕ_2 来表示，因此转子电路的功率因数为

$$\cos\phi_2=\frac{R_2}{\sqrt{R_2^2+X_{\sigma 2}^2}}=\frac{R_2}{\sqrt{R_2^2+(sX_{s20})^2}} \tag{5.21}$$

转子电流和转子功率因数同转差的关系曲线如图 5.16 所示。

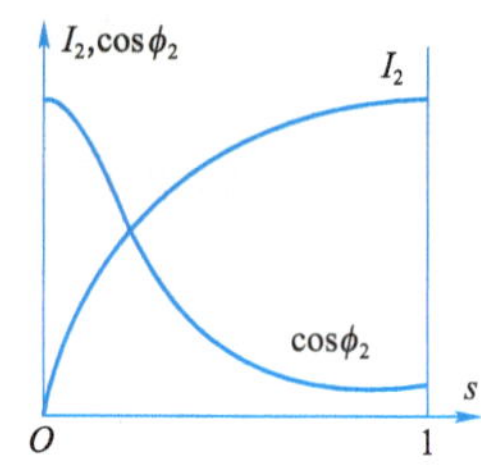

图 5.16 转子电流和转子功率因数同转差的关系曲线

由上述分析可见，由于转子电路是旋转的，转子绕组和旋转磁场之间的相对速度不同，所以转子电路中的各个量，如频率、电动势、感抗、电流和功率因数等都与转差率有关，实际上也就是同电动机的转速有关。

（3）三相异步电动机的功率

若在图 5.15 中右边的电路中串入等效负载电阻 $\frac{1-s}{s}R_2'$，则其 T 形等效电路图如图 5.17 所示。

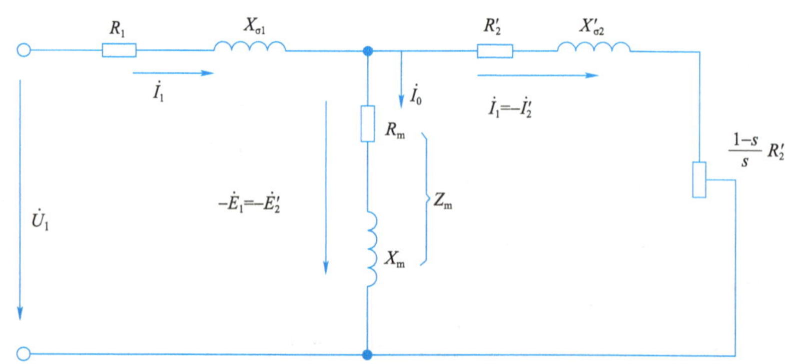

图 5.17 三相异步电动机 T 形等效电路图

① 功率平衡方程式。

异步电动机的功率关系可用 T 形等效电路图来分析。当异步电动机通电运行时，T 形等效电路中每个电阻上均产生一定损耗。

定子电阻 R_1 产生的定子铜损耗为

$$P_{Cu1}=3I_1^2R_1 \tag{5.22}$$

励磁电阻 R_m 产生的定子铁损耗为

$$P_{Fe}=P_{Fe1}=3I_m^2R_m \tag{5.23}$$

这里忽略P_{Fe2}。转子电阻产生的转子铜损耗为

$$P_{Cu2} = 3I_2'^2 R_2' \tag{5.24}$$

从而可得三相异步电动机运行时的功率关系如下。

电源输入电功率除去定子铜损耗和铁损耗，便是定子传递给转子回路的电磁功率，即

$$P_{em} = P_1 - P_{Cu1} - P_{Fe} \tag{5.25}$$

电磁功率又等于等效电路转子回路全部电阻上的损耗，即

$$P_{em} = 3I_2'^2\left(R_2' + \frac{1-s}{s}R_2'\right) = 3I_2'^2\frac{R_2'}{s} \tag{5.26}$$

电磁功率除去转子绕组上的损耗，就是等效负载电阻$\frac{1-s}{s}R_2'$上的损耗，这部分等效损耗实际上是传输给电动机转轴上的机械功率，用P_{MEC}表示。它是转子绕组中电流与气隙旋转磁场共同作用产生的电磁转矩，带动转子以转速n旋转所对应的功率为

$$P_{MEC} = P_{em} - P_{Cu2} = 3I_2'^2\frac{1-s}{s}R_2' = (1-s)P_{em} \tag{5.27}$$

电动机运行时，还存在由于轴承等摩擦产生的机械损耗P_{mec}及附加损耗P_{ad}。大型电机中P_{ad}约为0.5%P_N，小型电机的$P_{ad} = (1\sim3)\%P_N$。

转子的机械功率P_{MEC}减去机械损耗P_{mec}和附加损耗P_{ad}才是转轴上实际输出的功率，用P_2表示为

$$P_2 = P_{MEC} - P_{mec} - P_{ad} \tag{5.28}$$

可见异步电动机运行时，从电源输入电功率P_1到转轴上输出机械功率的全过程为

$$P_2 = P_1 - \left(P_{Cu1} + P_{Cu2} + P_{Fe} + P_{mec} + P_{ad}\right) \tag{5.29}$$

功率关系如图 5.18 所示。从以上功率关系定量分析看出，异步电动机运行时电磁功率P_{em}，转子损耗P_{Cu2}和机械功率P_{MEC}三者之间的定量关系为

$$P_{em} : P_{Cu2} : P_{MEC} = 1 : s : (1-s) \tag{5.30}$$

也可写成

$$P_{em} = P_{Cu} + P_{MEC}, P_{Cu2} = sP_{em}, P_{MEC} = (1-s)P_{em} \tag{5.31}$$

上式表明，当电磁功率一定时，转差率s越小，转子铜损耗也越小，机械功率相应也越大，即效率越高。电动机运行时，若s增大，转子铜耗也增大，电机易发热，效率降低。

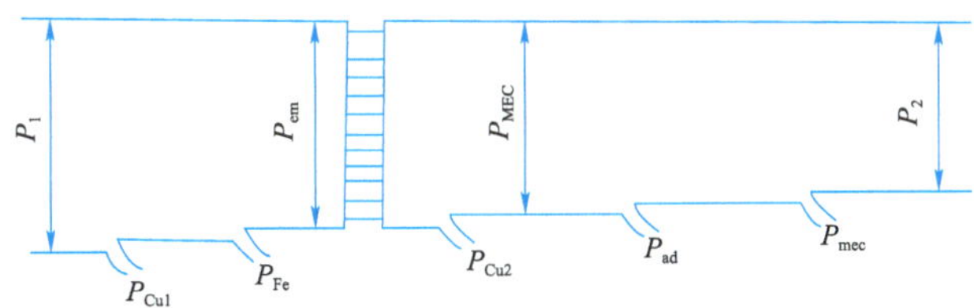

图 5.18　异步电动机功率关系图

② 转矩平衡方程式。

机械功率P_{MEC}除以轴的角速度Ω就是电磁转矩，即

$$T_{em}=\frac{P_{MEC}}{\Omega} \tag{5.32}$$

电磁转矩与电磁功率关系为

$$T_{em}=\frac{P_{MEC}}{\Omega}=\frac{P_{MEC}}{\dfrac{2\pi n}{60}}=\frac{P_{MEC}}{(1-s)\dfrac{2\pi n_0}{60}}=\frac{P_{em}}{\Omega} \tag{5.33}$$

式中，Ω_0 为同步角速度（用机械角速度表示）。

将式（5.28）两边同时除以角速度可得

$$T_2=T_{em}-T_0, T_0=\frac{P_{mec}+P_{ad}}{\Omega} \tag{5.34}$$

式中，T_0 为空载转矩，T_2 为输出转矩。

在电力拖动系统中，常可忽略 T_0，则有

$$T_{em}\approx T_2=T_L \tag{5.35}$$

式中，T_L 为负载转矩。

2）三相异步电动机的电磁转矩及机械特性

异步电动机的作用是将电能转换为机械能，它输送给生产机械的是转矩和转速。因此，电动机的转矩同哪些因素有关？它的大小受哪些因素的影响？转矩同转速之间的关系怎样？下面将对这些问题进行探讨。

（1）异步电动机的电磁转矩

三相异步电动机的电流与旋转磁场相互作用产生电磁力，电磁力对电机的转子产生了电磁转矩，由此可见电磁转矩是由转子电流和旋转磁场共同作用所产生的结果，因此电磁转矩与转子电流及旋转磁场磁通成正比。从前面对转子电路的分析知道，转子电路不但有电阻，还有漏感阻抗存在，所以转子电流 $\dot{I}_2$ 与转子感应电动势 $\dot{E}_2$ 之间有一个相位差，用 ψ_2 来表示，于是转子电流可以分为有功分量和无功分量两部分。只有转子电流的有功分量部分 $I_2\cos\psi_2$ 才能与旋转磁场相互作用而产生电磁转矩，可得电磁转矩同磁场和转子电流的关系为

$$T=K_T\phi I_2\cos\psi_2 \tag{5.36}$$

式中，T 为电磁转矩，K_T 为电动机结构常数。

将式（5.14）、式（5.16）、式（5.20）、式（5.21）代入式（5.36），可得到转矩的另一种表达方式为

$$T=K\frac{sU_1^2R_2}{R_2^2+(sX_{20})^2} \tag{5.37}$$

式中，K 是整理式（5.37）时得到的一个新的常数。上式表明，三相异步电动机的转矩与每相电压的有效值平方成正比，也就是说，当电源电压变动时，对转矩产生较大的影响。例如，电源电压降低至额定电压的 80%时，则转矩只为原来的 64%。过低的电压常使电动机不能启动或被迫停转，此种现象一旦发生就会引起电流剧增，若不及时切断电源，在短时间内就会使电动机烧毁，故在运行中必须引起注意。

此外，转矩与转子电阻也有关。当电压和转子电阻一定时，电磁转矩还同转差率有关。

$T = f(s)$ 关系式就称为异步电动机的机械特性。$T = f(s)$ 曲线如图 5.19（a）所示。

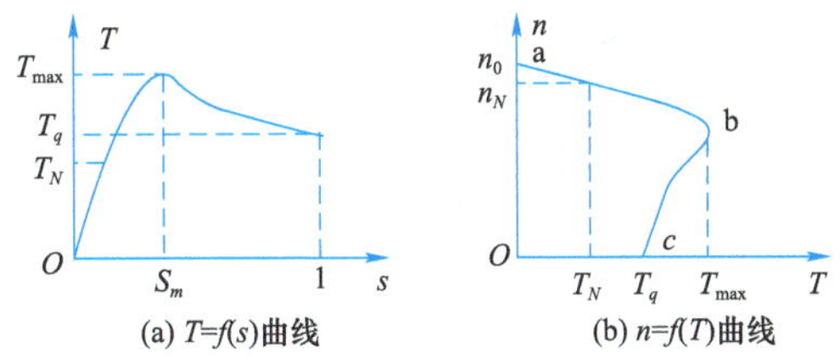

图 5.19　异步电动机的机械特性曲线

（2）异步电动机的机械特性

电磁转矩特性即 $T = f(s)$ 曲线间接地表示了电磁转矩与转速之间的关系，而人们关心的是电动机的电磁转矩与转速的关系，称为机械特性。若将 $T = f(s)$ 曲线的 s 坐标变换成 n 标，并顺时针旋转 90°，再将表示 T 的横轴移下，便得到机械特性曲线 $n = f(T)$ 曲线，如图 5.19（b）所示。

研究机械特性的目的是分析电动机的运行性能。现就机械特性曲线讨论三个转矩。

① 额定转矩 T_N。

电动机转轴上的输出功率等于角速度与转矩的乘积，故电动机的转矩 T 为

$$T = \frac{1\,000P_2}{\dfrac{2\pi n}{60}} = 9\,550\frac{P_2}{n} \tag{5.38}$$

式中，P_2 为异步电动机的输出功率；n 为异步电动机的转速；T 为异步电动机的输出转矩。

在额定转速 n_N 下输出功率 P_{2n}，电动机的转矩为额定转矩。由式（5.38）可得

$$T_N = 9\,550\frac{P_{2n}}{n_N} \tag{5.39}$$

通常三相异步电动机都工作在图 5.19 所示特性曲线的 ab 段。若负载转矩增大时，在最初瞬间电动机的转矩 $T<T_L$，所以转速 n 开始下降。随着转速的下降，由图 5.19 可见，电动机的转矩增加到 $T = T_L$，当转矩增加时，这时转速较前稍低。由于 ab 段比较平坦，当负载在空载与额定值之间变化时，电动机的转速变化不大。这种特性称为硬的机械特性。

② 最大转矩 T_{max}。

从机械特性曲线看出，转矩有一个最大值，称为最大转矩或临界转矩。从图 5.18 可见对应于最大转矩的转差率为 s_m。由式（5.37）对 s 求导，并令 $\frac{dT}{ds} = 0$，可求得

$$s_m = \frac{R_2}{X_{20}} \tag{5.40}$$

式（5.40）表明：s_m 与转子电阻 R_2 成正比，增大 R_2 可使最大转矩向下移，如图 5.20 所示。当 $R_2 = X_{20}$ 时，可使最大转矩在转差率 $s = 1$ 时出现，这对重载启动很有利。

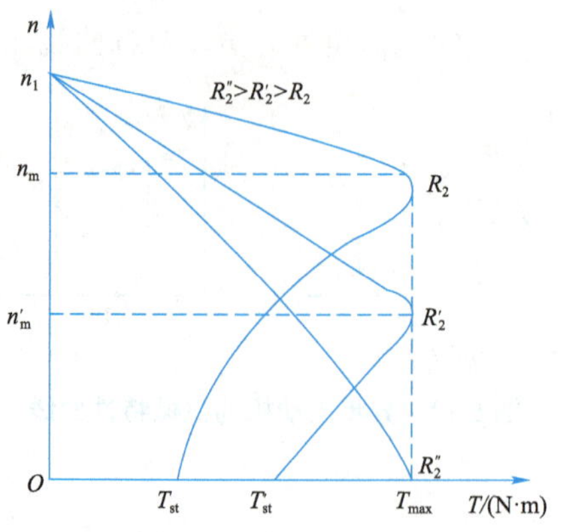

图 5.20　转子电阻不同时的特性曲线

将 s_m 代入（5.37），则得

$$T_{max} = K\frac{U_1^2}{2X_{20}} \tag{5.41}$$

可见，最大转矩 T_{max} 与电源电压 U_1 的平方成正比，而与转子电阻无关。若 U_1 下降会使 T_{max} 迅速减小。

当电动机工作电流超过它所允许的额定值时，这种工作状态称为过载。为了避免过热，不允许电动机长期过载运行。在温升允许时，可以短时间地过载。但这时的负载转矩不得超过最大转矩 T_{max}，否则就会停转而烧毁电动机。通常将最大转矩 T_{max} 与额定转矩 T_N 的比值称为电动机的转矩过载系数或过载能力，用 λ 表示，即

$$\lambda = \frac{T_{max}}{T_N} \tag{5.42}$$

一般异步电动机的过载系数 λ 为 1.8～2.2；过载系数越大，表明电动机的过载能力就越强。

③ 启动转矩 T_{st}。

电动机刚接通电源的瞬间（$n=0$），这时的电磁转矩称为启动转矩 T_{st}。启动转矩 T_{st} 与额定转矩 T_N 的比值称为电动机的启动能力 K_{st}，即

$$K_{st} = \frac{T_{st}}{T_N} \tag{5.43}$$

一般异步电动机的 K_{st} 约在 1.7～2.2 之间。启动时，将 n=0、s=1，代入式（5.37）中，则启动转矩 T_{st} 为

$$T_{st} = \frac{R_2 U_1^2}{R_2^2 + X_{20}^2} \tag{5.44}$$

由式（5.44）可知，启动转矩 T_{st} 与转子电阻 R_2 及电源电压 U_1 有关。在绕线转子异步电动机中，转子三相绕组通过外接电阻的方法来适当增加转子电阻，就可以提高其启动转矩 T_{st}（参见图 5.20），改善电动机的启动性能。

3）三相异步电动机的工作特性

异步电动机的工作特性是当定子的电压及频率为额定时，电动机的转速 n、定子电流 I_1、功率因数 $\cos\psi_1$、电磁转矩 T_{em}、效率 η 与输出功率 P_2 的关系曲线。

上述关系曲线可以通过直接给异步电动机带负载测得，也可以利用等效电路参数计算得出。图 5.21 为三相异步电动机的工作特性曲线。

（1）转速特性

转速特性即 $n=f(P_2)$，当三相异步电动机空载时，转子的转速 n 接近于同步转速 n_1，随着负载的增加，转速 n 要略微降低，这时转子电动势 $E_2=sE_{20}$ 增大，从而使转子电流 I_2 增大，以产生较大的电磁转矩来平衡负载转矩。因此，随着 P_2 的增加，转子转速 n 下降，转差率 s 增大。转速特性是一条“硬”特性，如图 5.21 所示。

（2）转矩特性

转矩特性即 $T_{em}=f(P_2)$，空载时 $P_2=0$，电磁转矩 T_{em} 等于空载制动转矩 T_0，随着 P_2 的增加，已知 $T_2=\dfrac{9.55P_2}{n}$，如 n 基本不变，则 T_2 为过原点的直线。考虑到 P_2 增加时，n 略有降低，故 $T_2=f(P_2)$ 随着 P_2 增加略向上偏离直线。在 $T_{em}=T_0+T_2$ 中，T_0 的值特别小，而且认为它是与 P_2 无关的常数，所以 $T_{em}=f(P_2)$ 将比 T_2 上移 T_0 数值，如图 5.21 所示。

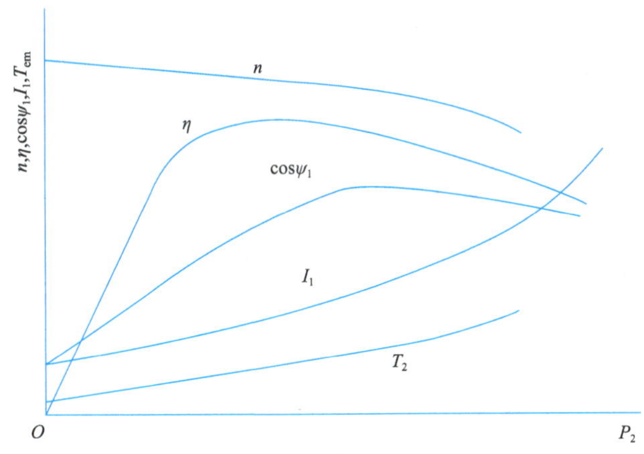

图 5.21 三相异步电动机的工作特性曲线

（3）定子电流特性

定子电流特性即 $I_1=f(P_2)$，当电动机空载时，转子电流 I_2 近似为 0，三相异步电动机的工作特性曲线为零，定子电流等于励磁电流 I_0，随着负载的增加，转速下降，转子电流增大，定子电流也增大，如图 5.21 所示。

（4）功率因数特性

功率因数特性即 $\cos\psi_1=f(P_2)$，当三相异步电动机运行时，必须从电网中吸取感性无功功率，它的功率因数总是滞后的，且永远小于 1。电动机空载时，定子电流基本上只有励磁电流，功率因数很低，一般不超过 0.2。当负载增加时，定子电流中的有功电流增加，使功率因数提高。接近额定负载时，功率因数也达到最高。超过额定负载时，由于转速降低较多，转差率增大，使转子电流与电动势之间的相位角 ψ_2 增大，转子的功率因数下降较多，引起定子电流中的无功电流分量也增大，因而电动机的功率因数$\cos\psi_1$趋于下降，如图 5.21所示。

（5）效率特性

功率因数特性即$\eta = f(P_2)$，根据η关系式即

$$\eta = \frac{P_2}{P_1} = 1 - \frac{\sum P}{P_2 + \sum P} \tag{5.45}$$

可知，电动机空载时$P_2 = 0$，$\eta = 0$；随着输出功率的增加，效率η也增加。在正常运行范围内，因主磁通变化很小，所以铁损耗变化不大，机械损耗变化也很小，合起来称不变损耗。定、转子铜损耗与电流平方成正比，随着负载而变化，称可变损耗。当不变损耗等于可变损耗时，电动机的效率达到最大。如果负载增大，可变损耗增加较快，效率反而降低。

由此可见，效率曲线和功率因数曲线都是在额定负载附近达到最高，选用电动机容量时，应注意与负载相匹配。如果选得过小，电动机长期过载运行影响寿命；如果选得过大，则功率因数和效率都很低，浪费能源。

5. 调速方式

由于直流电动机控制技术非常成熟，而以前交流电机的调速控制系统无法与直流调速系统相匹敌，因此高性能可调速拖动都采用直流电机。但由于直流电机本身存在一些难以克服的缺点，如直流电机的电压、电流的极限容许值对转速和功率的限制；直流电机体积大、质量大、转动惯量大、动态响应差；维护检修工作量大、成本高；应用环境受限制。特别是直流电机的换向问题难以解决，例如，由于具有电刷和换向器，因而必须经常检查维修，换向火花使直流电机的应用环境受到限制，以及换向能力也限制直流电机的容量和速度。而交流电机虽然控制复杂，但交流电机本身比直流电机结构简单、成本低廉、工作可靠、维护方便、惯量小、效率高，特别是不存在换向的问题。所以用交流调速拖动系统代替直流调速拖动系统的呼声越来越强烈。随着交流电机控制技术的进展，交流调速拖动控制系统已经成为当前电力拖动控制的主要发展方向。

目前，交流电机不但可以应用于风机、水泵等通用机械的一般性能调速，而且还可用在高性能的交流调速系统和伺服系统。特别是 20 世纪 70 年代初发明了矢量控制技术，也称磁场定向控制技术，它通过坐标变换，将交流电机的定子电流分解成转矩分量和励磁分量，用来分别控制电机的转矩和磁通，就可以获得和直流电机相仿的高动态性能，从而使交流电机的调速技术取得了突破性的进展。以后又陆续提出了直接转矩控制、解耦控制等方法，形成了一系列可以和直流调速系统媲美的高性能交流调速系统。还有特大容量、极高转速的交流调速，这是直流电机所不能胜任的。

根据异步电机的转速公式即

$$n = (1-s)n_1 = \frac{60 f_1}{p}(1-s) \tag{5.46}$$

异步电动机的调速方式有以下几种。

1）变极调速

对于异步电动机定子而言，为了得到两种不同极对数的磁动势，采用两套绕组是很容易实现的。为了提高材料利用率，一般采用单绕组变极，即通过改变一套绕组的连接方式而得

到不同极对数的磁动势，以实现变极调速。至于转子，一般采用笼形绕组，它不具有固定的极对数，它的极对数自动与定子绕组一致。下面以最简单的倍极比为例加以说明。

（1）变极原理

图 5.22（a）是一个四极电机的 A 相绕组示意图，它在图示电流方向即 $a_1 \rightarrow X_1 \rightarrow a_2 \rightarrow X_2$ 下产生磁动势基波极数 $2p=4$。

如果按图 5.22（b）改接，即 a_1 与 X_2 连接作为首端 A，X_1 与 a_2 相连接，作为尾端 X，则它产生的磁动势基波极数 $2p=2$，这样就实现了单绕组变极。

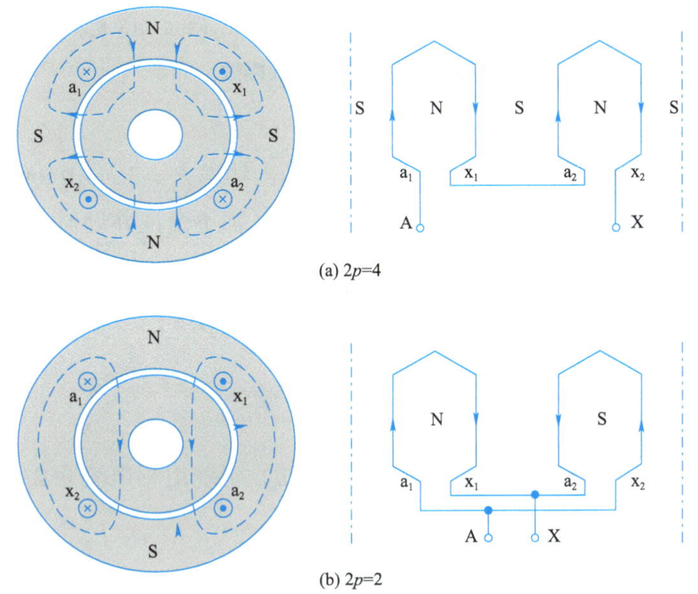

图 5.22　变极原理

（2）变极绕组的连接方法

下面介绍两种典型的变极绕组连接方法，分别如图 5.23、图 5.24 所示。

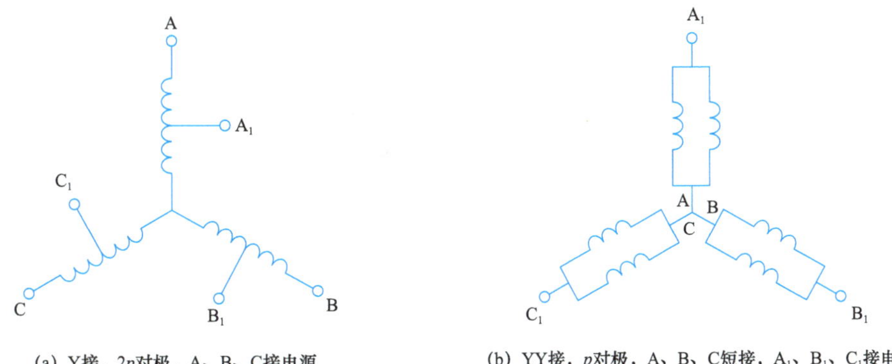

图 5.23　Y/YY 变极接法

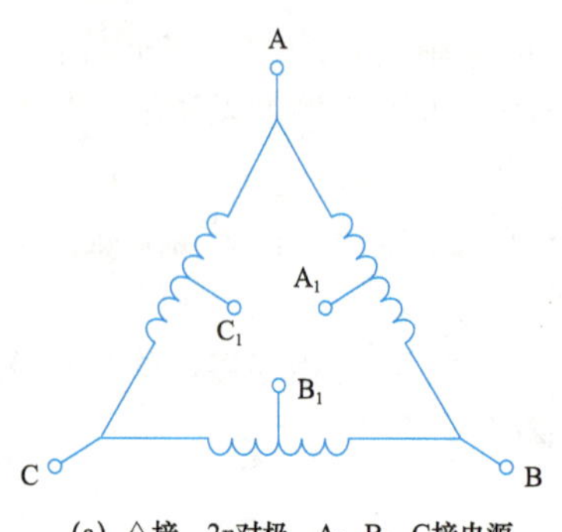

(a) △接，2p对极，A、B、C接电源

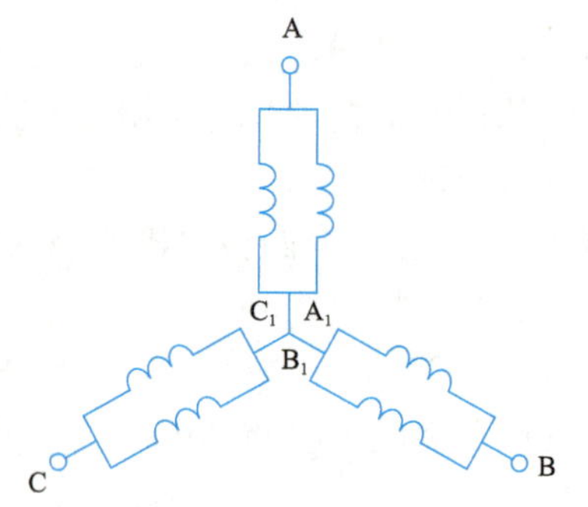

(b) YY接，p对极，A1、B1、C1短接，A、B、C接电源

图 5.24 △/YY 变极接法

（3）变前极-变后极的转矩与功率变化

假设定子绕组相电压为U_X，相电流为I_1，则输出功率$P_2=3U_XI_1\eta\cos\psi$。

假设在变前极、变后极两种极对数下，η、$\cos\psi$都不变，并近似认为$P_{\text{em}}\approx P_2\approx P_1$，则电磁转矩为

$$T_{\text{em}}\propto\frac{P_{\text{em}}}{\Omega_1}\propto\frac{U_XI_1}{n_1}\propto U_XI_1p \tag{5.47}$$

这是一个适用于变前极、变后极的一般公式。

① Y/YY 接法。

设图 5.23（a）中绕组相电流为I，则图 5.23（b）中绕组相电流为$2I$，变前极、变后极电磁转矩之比为

$$\frac{T_{\text{Y}}}{T_{\text{YY}}}=\frac{U_XI(2p)}{U_X(2I)p}=1 \tag{5.48}$$

故这种变极连接方法适用于恒转矩变极调速。

② △/YY 接法。

由于定子△接绕组极对数为$2p$，而 YY 接极对数为p，则同步角速度之比为

$$\frac{\Omega_{\triangle}}{\Omega_{\text{YY}}}=\frac{p}{2p}=\frac{1}{2} \tag{5.49}$$

假设图 5.23（a）所示相电压为$\sqrt{3}U_X$，图 5.23（b）相电压为U_X；图 5.23（a）所示相电流为I，图 5.23（b）所示相电流为$2I$。两种极对数下输出功率之比为

$$\frac{P_{2\triangle}}{P_{2\text{YY}}}=\frac{T_{\triangle}\Omega_{\triangle}}{T_{\text{YY}}\Omega_{\text{YY}}}=\frac{\sqrt{3}}{2} \tag{5.50}$$

故这种连接较适用于恒功率变极调速工况。

变极调速方法简单、运行可靠、机械特性较硬，但只能实现有极调速。单绕组三速电机绕组接法已相当复杂，故变极调速不宜超过三种速度。

2）变频调速

由于异步电动机的转速$n=\dfrac{60f_1}{p}(1-s)$，当转差率变化不大时，n近似正比于频率f_1，可见改变电源频率就能改变异步电动机的转速。在变频调速时，总希望主磁通φ_m保持不

变。若 $\varphi_m > \varphi_{mN}$，则磁路过饱和而使励磁电流增大。功率因数降低；若 $\varphi_m < \varphi_{mN}$，则电机转矩下降。在忽略定子漏阻抗的情况下，有

$$U \approx E_1 = 4.44 N_1 k_{N1} f_1 \varphi_m \tag{5.51}$$

为了使变频时 φ_m 维持不变，则 $\dfrac{U_1}{f_1}$ 应为定值。

变频调速的优点是调速范围大，平滑性好，变频时 U_X 按不同规律变化可实现恒转矩调速或恒功率调速，以适应不同负载的要求。这是异步电机最有前途的一种调速方式，其缺点是目前控制装置价格仍比较贵。

3）转子回路串电阻调速

绕线式转子回路串电阻调速属于改变转差率 s 的调速方式。图 5.25 为转子串电阻调速时的机械特性，它们的同步转速相同，最大转矩相同，但 s_m 不同。当电压一定时，$E_1 \approx U_1$，主磁通 φ_m 近似认为不变。图 5.26 所示为经过频率折算的转子回路等效电路。在转子回路不串电阻、带额定负载时，有

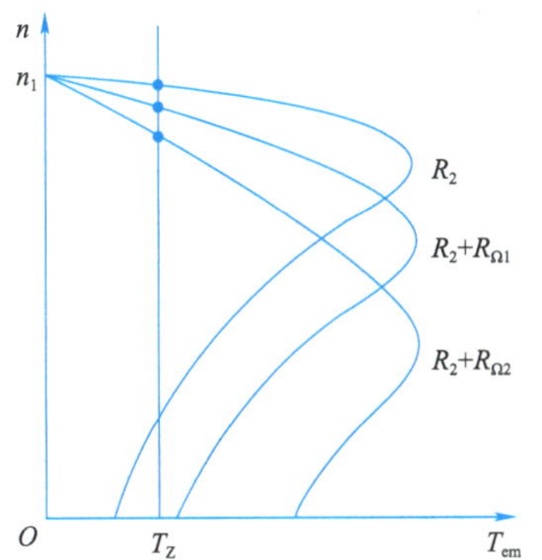

图 5.25　转子串电阻时的机械特性

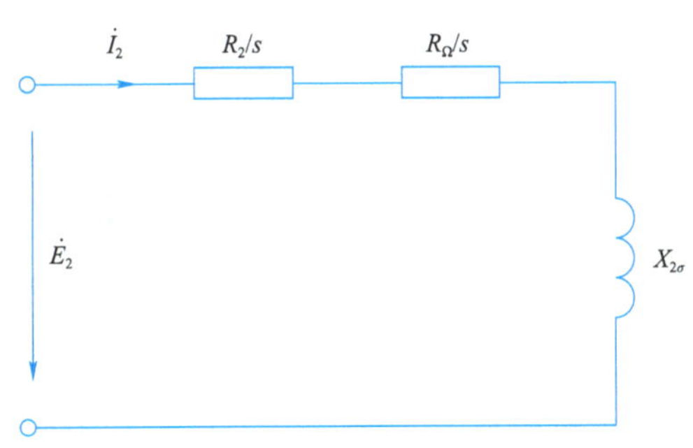

图 5.26　转子串电阻时的等效电路

$$I_{2N} = \frac{E_2}{\sqrt{\left(\dfrac{R_2}{S_N}\right)^2 + X_{2\sigma}^2}} \tag{5.52}$$

当转子回路串电阻 R_Ω 时，有

$$I_{2N} = \frac{E_2}{\sqrt{\left(\dfrac{R_2 + R_\Omega}{S_N}\right)^2 + X_{2\sigma}^2}} \tag{5.53}$$

为了使在两种转差下转子绕组都能得到充分利用，令 $I_2 = I_{2N}$，则有

$$\frac{R_2}{s_N} = \frac{R_2 + R_\Omega}{s} \tag{5.54}$$

故转子串电阻前、后功率因数为

$$\cos\psi_2 = \frac{\dfrac{R_2 + R_\Omega}{s}}{\sqrt{\left(\dfrac{R_2 + R_\Omega}{s}\right)^2 + X_{2\sigma}^2}} = \frac{\dfrac{R_2}{s_N}}{\sqrt{\left(\dfrac{R_2}{s_N}\right)^2 + X_{2\sigma}^2}} = \cos\psi_{2N} \tag{5.55}$$

电磁转矩为

$$T_{\text{em}} = C_M \varphi_m I_2 \cos\psi_2 \tag{5.56}$$

故在串电阻前、后的电磁转矩相等。这种调速方式适用于恒转矩调速。这种调速方式简单、可靠，其缺点是效率低。

4）改变定子端电压调速

这种调速方式也属于改变转差调速。三相异步电动机在改变定子电压U_X时，由于n_1不变，$T_{\text{em}} \propto U_X^2$，$T_{\max} \propto U_X^2$，故其机械特性如图 5.27 所示。对于普通笼形异步电动机带恒转矩负载，其工作点如图 5.27 中 A、B、C 所示，因其转速变化太小，无实用价值。而对于风机型负载T_Z，其调速范围较大，如图中 A'、B'、C'所示。由于这种调速方式仍属于改变转差调速，故在转速低、转差 s 较大时，电机的效率低、温度升高。

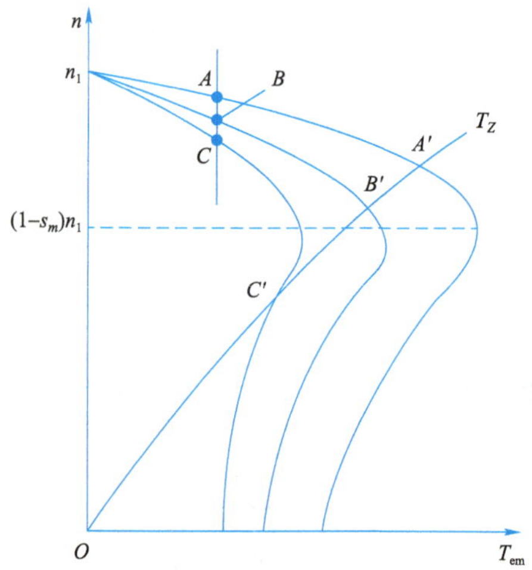

图 5.27 改变定子端电压调速时的机械特性

任务 5.3 牵引电机常见故障的处理

工作任务

1. 掌握电机常见故障的种类。
2. 掌握常见故障的处理方法和措施。

相关配套知识

5.3.1　速度传感器损伤引“抱死”报警

（1）案例概况

CRH2－001C 动车组始发站开车后，MON 屏报 3 车“抱死 2”故障（代码 152），司机随即制动停车。随车机械师按规定联控后下车检查，确认 3 车 2 位转向架轮对踏面无擦伤，速度传感器接线无异常，制动缓解试验正常，制动夹钳动作状态良好。随车机械师上车后通知司机开车，安全运行到终点站后启动备用动车组担当后续交路。

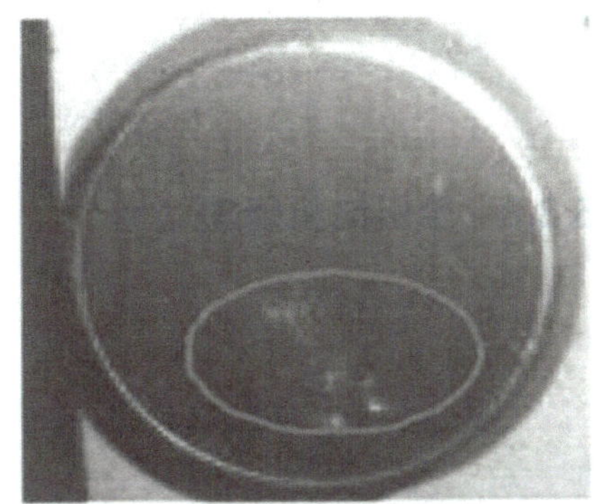

图 5.28　牵引电机速度传感器检测面损伤

（2）原因分析

200103 车 4 位牵引电机速度传感器高级修时检测面损伤，如图 5.28 所示，瞬间无法正常检测到 4 位牵引电机的转速，3 车 BCU 装置判断该轴与其他轴的转动速度不一致，形成“抱死”误报警。

（3）库内检查处理

更换 200103 车 4 位牵引电机速度传感器后进行动态试验，确认故障消除。

5.3.2　牵引电动机风扇接通状态异常

（1）案例概况

CRH3－059C 动车组担当运营交路，305900 车报牵引电机风扇接通状态异常（故障代码 24D6），该车牵引力自动丢失，维持最大牵引运行。

（2）原因分析

24D6 故障代码产生原理：TCU 发出牵引电机冷却风扇启动指令和高低速指令后，如果在 10 s 后仍未收到电机风扇高速或低速运转反馈信号。TCU 封锁牵引并发出 24D6 故障报告。

主要故障原因有：

① 牵引电机冷却风扇相关插头进水；

② 牵引电机冷却风扇电机接触器故障；

③ 冷却风扇电机接触器供电故障；

④ 牵引电机冷却风扇电机空开断开。

（3）库内检查处理

动车组入动车所检修库后，检修人员下载数据，发现 305900 车多次报牵引电机风扇接通状态异常（24D6）故障。

下载的数据如下：

Car number：104859

2099h　　14QC：SW－TRACO SIP 4QC TRIGGERED

Car number：104859

20B6h　　67 4QC：IMPULSE INHIBITION BY SIP 4QC

Car number：104859

24D6h　　　　　　　14 Traction motor fan：state ON implausible

Car number：104859

2504h　　　　　　　1 cooling water pump defective

通过分析数据和查找电路图，并打开 00 车设备舱检查，发现控制牵引电机风扇高速运行的空开=34－F84 跳闸，导致 TCU 检测到牵引电机风扇状态异常而自动切除 00 车牵引。经过复位空开=34－F84 后牵引恢复正常。

5.3.3　牵引电机烧损

（1）案例概况

CRH5.00A+CRH5.00B 重联车组，运行时，司机报告 500A01 车二位轴温异常，2 车牵引自动切除。司机停车后，随车机械师下车检查发现 500A01 车 2 位端牵引电动机处有浓烟，取灭火器灭火后，发现牵引电动机轴与万向轴十字连接部分呈较大角度下垂，安全装置脱开，牵引电动机输出轴烧熔变形，安全装置保护套撕裂变形。请求救援，故障列车由机车牵引至临时车站，拆掉万向轴与齿轮箱连接螺栓，拆掉万向轴长管，用铁丝悬吊电动机端进行了现场临时处理。

（2）原因分析

由于牵引电动机轴承油脂不足导致传动端轴承失效，轴承失效后，造成转子偏心，定子、转子表面摩擦，逆变器过载，牵引隔离，在无电状态下电动机被动随万向轴旋转继续摩擦，摩擦从传动端开始向非传动端逐渐扩展，摩擦引起的高温致使传动端绕组严重损坏，并导致一系列其他部件的毁损，如图 5.29 所示。

（a）电机下表面过热脱漆

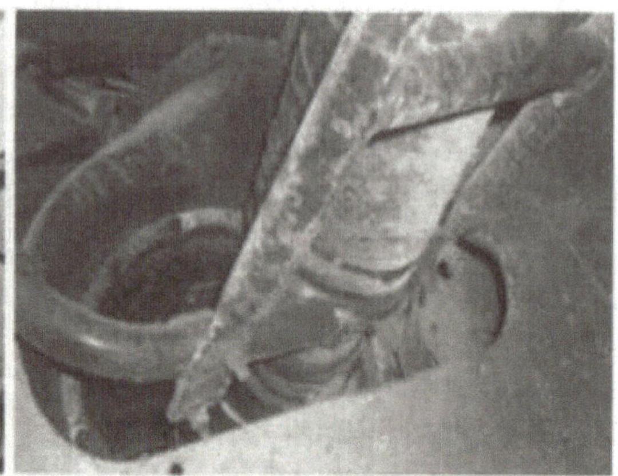

（b）电机风口处电缆烧损

图 5.29　原因分析

（3）库内检查处理

① 检查转向架外观状态，分解动力轮对，分解故障牵引电动机；

② 更换损坏的牵引电动机、万向轴、安全装置及动力轮对；

③ 严格按周期加注牵引电动机轴承油脂，确保润滑效果良好。

5.3.4　牵引电机风扇接通状态异常

（1）案例概况

CRH380BL 型动车组，运行途中报 16 车牵引丢失，HMI 报故障：牵引电机风扇接通异常（代码 24D6），维持运行，未影响正常行车。

（2）原因分析

24D6 故障代码产生原理：TCU 发出牵引电机冷却风扇启动指令和高低速指令后，如果在 10 s 后仍未收到电机风扇高速或低速运转反馈信号，TCU 封锁牵引并发出 24D6 故障报告。

主要故障原因有：

① 牵引电机冷却风扇电机接触器=34－Q81/82/83/84/85/86 烧损或故障；

② 冷却风扇电机接触器控制线圈供电线路或相关 KLIP 站输入或输出点故障；

③ 牵引电机冷却风扇电机断路器=34－F81/82/84/85 断开；

④ 牵引电机冷却风扇电机插头烧损。

（3）库内检查处理

① 动车组入库后，静态下 HMI 未显示 24D6 故障，全列牵引正常。

② 在 HMI 上选择“风扇－最大”，304203 车报故障 24D6（此时风扇高速运转）；选择“风扇－自动”，24D6 故障消失。用 Monitors 软件检测 304203 车牵引电机冷却风机接触器的状态，发现风机 1 的高速电源接触器=34－Q81 在高速状态下没有状态反馈。在车载电源箱中检查接触器=34－Q81，接触器线圈供电正常，但是接触器不吸合，靠近接触器能闻到轻微烧焦的味道，判断接触器=34－Q81 烧损。

③ 检查牵引电机冷却风扇 1 的插头，插针和插座没有进水现象。

④ 更换故障接触器，故障消除。

5.3.5　牵引电机过热限值

（1）案例概况

CRH380BL 型动车组，运行时 HMI 上闪报 06 车牵引电机轴承达到过热限制 2（2679），06 车牵引丢失，列车自动限速 140 km/h，维持运行。

（2）原因分析

电机轴承超温产生逻辑：在非紧急牵引模式下，TCU 检测到电机轴承温度在经过时间常数为 3 000 ms 的平滑后超过 120 ℃且持续 3 s，则会报电机轴承温度达到过热限制Ⅰ故障（267B）；TCU 将会封锁逆变器，牵引转矩置为零，CCU 延时 5 min 后限速 200 km/h。如果检测到电机温度超过 140 ℃且持续 3 s，则会报电机轴承温度达到过热限制Ⅱ故障（2679）；TCU 将会封锁逆变器，牵引转矩置为零，CCU 延时 5 min 后限速 140 km/h。造成此故障的原因主要有以下方面：

① 检测线路存在虚接故障；

② 温度采集模块故障；

③ 温度传感器故障；

④ 牵引电机传动端轴承损坏或润滑脂缺失。

（3）库内检查处理

更换 06 车 1 轴牵引电机及温度传感器。

5.3.6 高压接地故障

（1）案例概况

CRH380BL 型动车组运行时，09:18 过分相时，3 车牵引丢失，报故障代码 25EF：接地故障监控起作用。

（2）原因分析

正常情况下牵引变流器中间电压应为 2 700～3 600 V，接地检测电压应为中间电压的 25%，接地检测保护值设定范围为 5%～32.5%，当中间电压大于 1 000 V 且接地检测保护值超出该范围，就会封锁牵引并报 25EF 故障。

（3）库内检查处理

CRH380BL 型动车组，镟轮时铁屑进入牵引电机内部，在过分相时，牵引电机转换为发电机，铁屑与转子、定子机座接触，对磁力线造成破坏，成为导电体，导致牵引电机接地。更换牵引电机后故障消除。

项目 6

电器的基本理论

项目描述

动车组电器是动车组的基本组成部件之一，也是改善动车组性能的关键所在。动车组电器在整个动车组运行的方方面面都有使用。本项目主要介绍电器的基本理论，为解决电器故障打下扎实的基础。

学习目标

1. 能力目标

了解电器的发热和电动力的作用。

掌握电弧产生的原因及灭弧的方法。

掌握电器触头的类型及传动装置的工作原理。

2. 知识目标

分析电动力的作用。

根据电器的工作过程分析电弧产生的原因及如何避免电弧的产生。

通过学习研究，说明触头的类型及传动装置的工作原理。

3. 素质目标

培养学生自学的能力。

培养学生严谨认真的工作学习态度。

任务 6.1　电器元件的发热与电动力理论

工作任务

掌握电器元件发热的原因及电动力理论。

相关配套知识

电器元件的发热和电动力是电器存在的两种物理现象，它们对电器的正常工作有一定的影响。

电器都有载流系统，在工作过程中不可避免地伴随着热效应和电动力效应。

6.1.1 电器的发热与散热

有触点电器由导电材料、导磁材料和绝缘材料等组成。电器在运行中会产生各种损耗，大部分会转变为热能，其中一部分散发到周围介质，另一部分加热电器的零部件，使其温度升高。

电器温度升高后，其本身温度与周围环境温度之差，称之为温升。

金属载流体的温度超过某一极限值后，机械强度明显下降，轻则发生形变，影响电器的正常工作，重则使电器损坏，进而影响电器所在系统的工作。若电器温度过高，会使其使用寿命降低，甚至使电器遭到破坏。反之，电器工作时的温度也不宜过低，因为电器工作时温度太低，说明材料没有得到充分利用，经济性差，相对体积大，重量重。由此可见，研究电器的发热问题，对保证电器正常可靠地运行及缩小电器体积、节约原材料、降低成本、增加使用寿命等都具有重要意义。

电器的发热与散热是一个极其复杂的过程，影响它的因素很多，很难建立一个包含一切影响因素的热过程解析公式。电器的热计算只能是近似的，经过大量实验校核后，对于不同的具体条件，应用一些经验数据可以得到比较准确的结果，其中运用计算机采用温度场计算方法可以提高计算的准确度。为了确保电器的工作性能和使用寿命，各国电器技术标准都规定了电器各部件的发热温度极限及温升。

所谓发热温度极限就是保证电器的机械强度、导电性、导磁性及介质的绝缘性不受危害的极限温度。

因为电器工作环境直接影响电器的散热过程，考察电器的质量时一般以温升，即零部件温度与周围介质温度之差作为指标。我国国家标准规定最高环境温度为+40 ℃（一般为35 ℃），从发热温度极限减去最高环境温度即为允许温升值，即

$$允许温升=发热温度极限-40\ ℃$$

1. 电器的发热

电器工作时，电流通过导电部分将产生电阻损耗。截流导体的电阻损耗为

$$P=I^2R \tag{6.1}$$

式中，P 为电阻损耗功率（W），I 为通过导体的电流（A），R 为导体电阻（Ω）。

此损耗将转变为热能。正常状态时，其中一部分散发到周围介质中去，另一部分使导体的温度升高，形成温升。

2. 电器的散热

电器工作时，电器中损耗的能量转换为热能后，有一部分散失到周围的介质中，发热和散热同时存在于电器发热过程中。

当电器产生的热量与散失的热量相平衡时，电器的温升维持不变，成为热稳定状态。此时的温升称为稳定温升。若温升随着时间而变化，则称为不稳定发热状态。

电器的散热方式有热传导、热对流和热辐射三种。

热传导是指热能从物体的一部分向另一部分，或从物体向与之接触的另一物体传递的现象，它是借分子的热运动而实现的。热传导的方向是由较热的部分向其他部分传

播，或由发热体向与它接触的物质传播。热传导是固体传热的主要方式，温差的存在是热交换的充要条件。

热对流是指借液体或气体粒子的移动传输热能的现象。根据流体流动的原因，对流分为自然对流和强迫对流，对流一般总与热传导共存。只有在粒子能方便移动的流体中才能实现对流。机车的电机、电器因受安装空间的限制，较多采用强迫对流，可加强散热，缩小体积。

热辐射是指物体用电磁辐射的形式将热能向外散发的传热方式。热辐射能穿越真空和气体而传递热量，但不能透过固体和液体物质。热辐射以红外线传递的热量为最大，可见光电磁波传递的热量为最小。

发热体虽然同时以热传导、热对流和热辐射三种方式散热，但分开来计算颇为不便。因此，电器发热计算习惯上以综合散热系数 K_T 来综合考虑三种散热方式的作用。

K_T 在数值上相当于单位面积的发热面与周围介质的温差为 1 ℃时，向周围介质散出的功率，故其单位为 W/（m^2 • ℃）。

当综合考虑热传导、热对流、热辐射散热的热计算时，可以采用牛顿热计算公式，即

$$P = K_T S \tau \tag{6.2}$$

式中，P 为散热功率（W）；K_T 为综合散热系数［W/（m^2 • ℃）］；S 为有效散热面积（m^2）；τ 为温升（℃）。

通过上式可得出，散热功率与温升及有效散热面积成正比，温升越高，有效散热面积越大，则散热功率越大。

6.1.2　载流导体的电动力及电动稳定性

载流导体处在磁场中会受到力的作用，载流导体相互之间也会受到力的作用，这种力称为电动力。电器的载流件，如触头、母线、绕组线匝和电连接板等，彼此间均有电动力作用。此外，载流件、电弧和铁磁材料制件之间亦有电动力在作用。电动力与电流的平方成正比。在正常工作条件下，这些电动力都不大，不致损坏电器。但出现短路故障时，情况则比较严重。短路时的电动力异常大，在其作用下，载流件和与之连接的结构件、绝缘件，如支持瓷瓶、引入套管和跨接线等，均可能发生形变或损坏，并且载流件在短路时的严重发热还将加重电动力的破坏作用。除此之外，电动力亦能从电气方面损坏电器，例如，巨大的电动斥力会使触头因接触压力减小太甚而过热乃至熔焊，使电器无法继续正常运行，严重时甚至使动、静触头斥开，产生强电弧而烧毁触头和电器。

对于这种现象，也有可利用的一面，例如，电动机就是利用载流导体在磁场中受力将电能转换为机械能。

电动力的方向判断可用左手定则或磁通管侧压力原理来进行。

左手定则如下：伸平左手，让磁力线垂直穿过手心，四指指向电流方向，大拇指的指向就是电动力方向。

磁通管侧压力原理是：将磁力线看成磁通管，并认为它有一种趋势，即纵向力图缩短，横向力图扩张，从而具有纵向张力和横向侧压力。因此磁通管密度高的一侧具有推动导体向密度低的一侧运动的电动力。

判断电动力方向的两种方法其结果是一样的，可根据具体情况采用其中一种。在结构及产生磁场因素复杂的情况下用磁通管侧压力原理来判定电动力方向较为方便。

1. 载流导体电动力计算基础和电动稳定性

当长为L并通有电流I的导体垂直置于磁感应强度为B的均匀磁场中时，作用在该导体上的电动力F为

$$F = BIL \tag{6.3}$$

若该导体与磁感应强度B的方向成β夹角时，则作用在导体上的电动力为

$$F = BIL\sin\beta \tag{6.4}$$

电器的电动稳定性是指电器具有在最大短路电流产生的电动力作用下，不致遭受损坏的能力。通常从电动稳定电流来校核电器的电动稳定性。若最大短路电流比规定的电动稳定电流小，则认为电器具有电动稳定性。

2. 触头电动力

触头闭合通过电流时，在触头间有电动力存在。这是因为触头表面无论加工得怎样平整，从微观上看仍然是凹凸不平的。由于接触面积远小于触头表面积，电流线在接触点处产生收缩，由此而引起触头间的电动力。当电流很大时，此电动力可将触头拉开或使触头间接触压力减小。触头处在闭合位置能承受短路电流所产生的电动力而不致损坏的能力，称为触头的电稳定性。由于触头面加工情况不同，触头压力情况不同，因而难以确定触头接触处电流线收缩的情况，因此电流线收缩而产生的电动力计算比较复杂。

通过分析可得，视在接触面积S、触头材料的抗压强度越大，电流线收缩得越厉害，电动力也越大。触头压力F_j越大，有效接触面积增加，电动力也就越小。

任务 6.2　电器元件电危害的产生与防治

工作任务

掌握电弧产生的原因及灭弧的方法。

相关配套知识

6.2.1　电弧的产生

电弧是触头从闭合状态过渡到断开状态过程中产生的。触头的断开过程是逐步进行的，开始时接触面积逐渐减小，接触电阻随之增加。根据试验，当触头切断电路时，如果电路电压在10～20 V，电流在80～100 mA，触头之间就会产生电弧。由于电弧的高温及强光，它被广泛应用于焊接、熔炼、化学合成、强光源及空间技术等方面。对于有触点电器而言，由于电弧主要产生于触头断开电路时，高温将烧损触头及绝缘，严重情况下甚至引起相间短路、电器爆炸，酿成火灾，危及人员及设备的安全。所以研究电弧的目的在于了解它的基本规律，找出相应的办法，让电弧在电器中尽快熄灭。

电弧是气体中的一股强烈电子流，属于气体放电的一种形式。电子的源泉是阴极，接受电子的是阳极，外观像一团亮度极高、温度极高的火焰。若仔细观察电弧可以发现，除了两个极（触头），可明显分为三个区域，即近阴极区、近阳极区及弧柱区。弧柱区是电弧中温度最高、亮度最强的区域。产生电弧的极限条件是，电路中的电流和电压必须大于某一最小生弧电流（I_{SH}）和最小生弧电压（U_{SH}）。

触头分断瞬间，由于间隙很小，电路电压几乎全部加在触头之间，在触头间形成很强的电场，阴极中的自由电子会逸出到间隙中，并向阳极加速运动。前进中的自由电子中途碰撞中性粒子（气体分子或原子），使其分裂为电子和正离子，电子在向阳极运动的过程中又碰撞其他粒子，这就是碰撞电离。经碰撞电离后产生的正离子向阴极运动，撞击阴极表面并使其温度逐渐升高，当温度达到一定值时，部分电子将从阴极表面逸出，再次参与碰撞电离。此时，触头间隙内产生弧光并使温度进一步上升，当弧温达到8 000～10 000 K以后，触头间的中性粒子以很高的速度作不规则的运动并相互剧烈碰撞，也产生电离，这就是由于高温作用而使中性粒子碰撞产生的热电离。上述几种电离的结果导致在触头间出现大量的离子流，这就是电弧。电弧形成后，热电离占主导地位。

电弧的存在延长了开关电器开断故障电路的时间，加重了电力系统短路故障的危害。电弧产生的高温将使触头表面熔化，烧坏绝缘材料；对充油电气设备还可能引起着火、爆炸等危险。由于电弧在电动力、热力作用下能移动，很容易造成飞弧短路和伤人，或引起事故的扩大。因此，应采取适当措施熄灭电弧。

6.2.2　常用的灭弧方法和装置

加速电弧熄灭有很多方法，如拉长电弧、降低温度、将长弧变为短弧、将电弧放置于特殊介质中、增大电弧周围气体介质的压力等。为了减少电弧对触头的烧损和限制电弧扩展的空间，通常将这些方法加以应用，为此而采用的装置称为灭弧装置。

一个灭弧装置可以采用某一种方法进行熄弧。但在大多数情况下，则是综合采用几种方法，以增加灭弧效果。例如，拉长和冷却电弧往往是一起使用的。

1. 拉长电弧

电弧拉长以后，电弧电压增大，改变了电弧的伏安特性。在直流电弧中，其静伏安特性上移，电弧可以熄灭。在交流电弧中，由于燃弧电压的提高，电弧重燃困难。

电弧的拉长可以沿电弧的轴向（纵向）拉长，也可以沿垂直于电弧轴向的方向（横向）拉长，如图 6.1 所示。

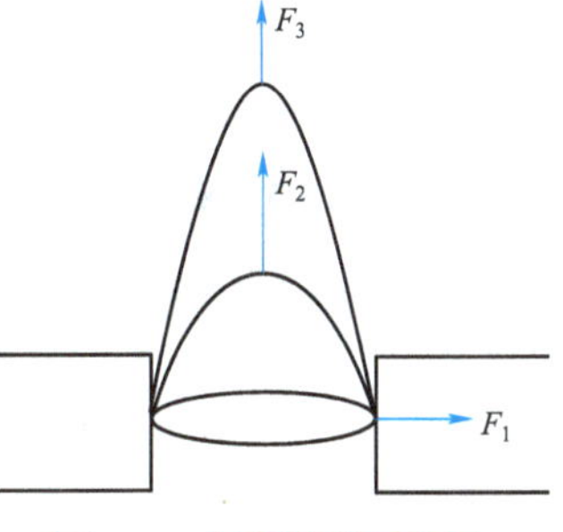

图 6.1　电弧拉长示意图

（1）机械力拉长

电弧沿轴向拉长的情况是很多的，电器触头分断过程实际上就是将电弧不断拉长，刀开关中闸刀的拉开也是拉长电弧，电焊过程中将焊钳提高可使电弧拉长并熄灭。

（2）回路电动力拉长

载流导体之间会产生电动力，如果将电弧看作为一根软导体，那么受到电动力，它就会发生变形，即拉长。

如图 6.2 所示，在一对桥式双断点结构形式的触头断开时，电弧受回路电动力 F 的作用被横向拉长，也就是图 6.1 中受 F_2 作用力的情况。横向拉长时电弧与周围介质发生相对运动而加强了冷却，这样就加速了电弧的熄灭。有时为了使磁场集中，在触头上添加磁性片 6，以增大吹弧力，如图 6.2（b）所示。

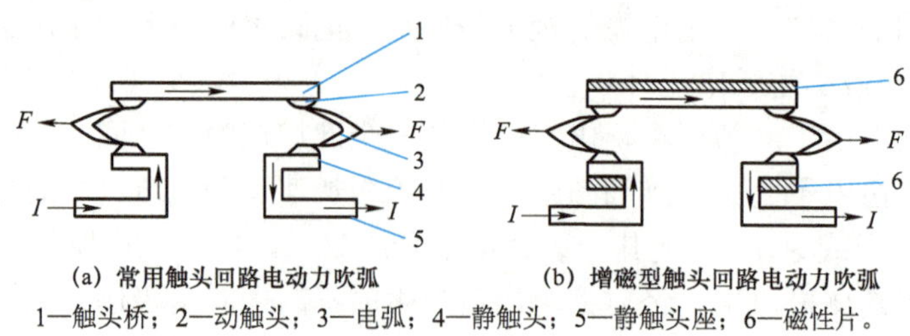

(a) 常用触头回路电动力吹弧　　(b) 增磁型触头回路电动力吹弧

1—触头桥；2—动触头；3—电弧；4—静触头；5—静触头座；6—磁性片。

图 6.2　回路电动力灭弧

在利用电路本身通过电流而产生的回路电动力拉长电弧时，要注意当回路电流较小时，其效果较差。

2. 多断点灭弧

在电路中常用桥式触头。

（1）磁吹灭弧

当需要较大的电动力来拉长电弧时，可专门设置一个产生磁场的吹弧线圈，这种利用磁场力使电弧运动熄灭的方法称为磁吹灭弧，如图 6.3 所示。由于这个磁场力比较大，其拉长电弧的效果也较好，如图 6.1 中 F_3 作用力的情况。

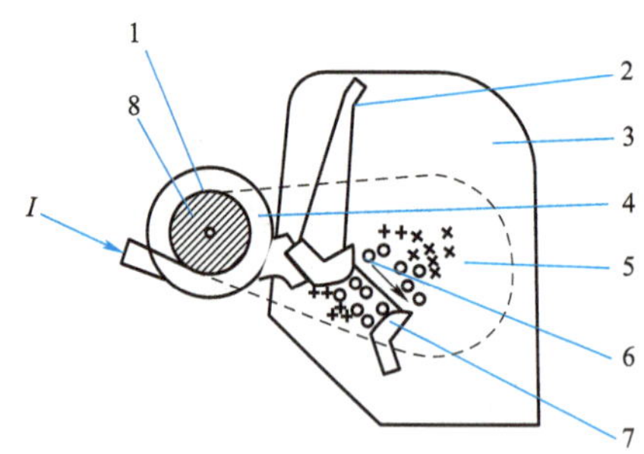

1—磁吹铁心；2—导弧角；3—灭弧罩；4—磁吹线圈；5—铁夹板；6—静触头；7—动触头；8—绝缘套。

图 6.3　磁吹灭弧装置示意图

图 6.3 中所示的导弧角 2 是根据回路电动力的原理而设置的。其作用是引导电弧很快离开触头且按一定方向运动，以保护触头接触面表面免受电弧的烧伤。

由于磁吹线圈与电路的连接方式不同而形成串激线圈和并激线圈。磁吹线圈和触头相串联的激磁方法称为串激法。当磁吹线圈与触头相串联而构成串激线圈时，若电流流向改变但磁吹力方向不变，即磁吹方向不随电流极性变化而变化，具有这种磁吹的电器称为“无极性电器”。同时因为是串激，通过磁吹线圈的电流与弧电流相同，因此，弧电流越大则灭弧效力就越强；反之弧电流越小，灭弧效力就越弱。

当磁吹线圈与电路并联构成并激线圈时，它的特点与串激线圈上述两方面正好相反，即吹弧力的方向与弧电流方向有关，产生一个与回路电流无关的恒定磁场。这样，在一定的恒定磁场下，无论开断大电流或小电流，都可使电弧很快熄灭。但缺点是使电器的接线带有极性，即当触头上的电流反向时，必须同时改变并激线圈的极性，否则磁吹力就会反向，所以使用中不太方便。还有一种不需线圈和电源也能产生和并励线圈同样效果的磁吹装置，那就是用永久磁铁，其结构更简单。

（2）灭弧罩

灭弧罩是让电弧与固体介质相接触，降低电弧温度，从而加速电弧熄灭的比较常用的装

置。其结构形式是多种多样的，但其基本构成单元为“缝”，即灭弧罩壁与壁之间构成的间隙。根据缝的数量可分为单缝和多缝。根据缝的宽度与电弧直径之比可分为窄缝与宽缝：缝的宽度小于电弧直径的称窄缝；反之，大于电弧直径称宽缝。根据缝的轴线与电弧轴线间的相对位置关系分为纵缝与横缝：缝的轴线和电弧轴线相平行的称为纵缝；两者相垂直的则称为横缝。

（3）纵缝灭弧罩

图 6.4 为一纵向窄缝式灭弧罩的灭弧情况。

当电弧受力被拉入窄缝后，电弧与缝壁能紧密接触。在继续受力的情况下，电弧在移动过程中能不断改变与缝壁接触的部位，因而冷却效果好，对熄弧有利。在频繁开断电流时，缝内残余的游离气体不易排出，这对熄弧不利。所以此种形式适用于操作频率不高的场合。

图 6.5 为一纵向宽缝式灭弧罩的灭弧情况。

宽缝灭弧罩的特点与窄缝的正好相反，冷却效果差，但排出残余游离气体的性能好。图 6.5 中所示情况是将一宽缝中又设置了若干绝缘隔板，这样就形成了纵向多缝。电弧进入灭弧罩后，被隔板分成两个直径较原来小的电弧，并和缝壁接触而冷却，冷却效果加强，熄弧性能提高。此外，由于缝较宽，熄弧后残存的游离气体容易排出，所以这种结构形式适用于较频繁开断的场合。

图 6.6 所示为纵向曲缝式灭弧罩的灭弧情况。

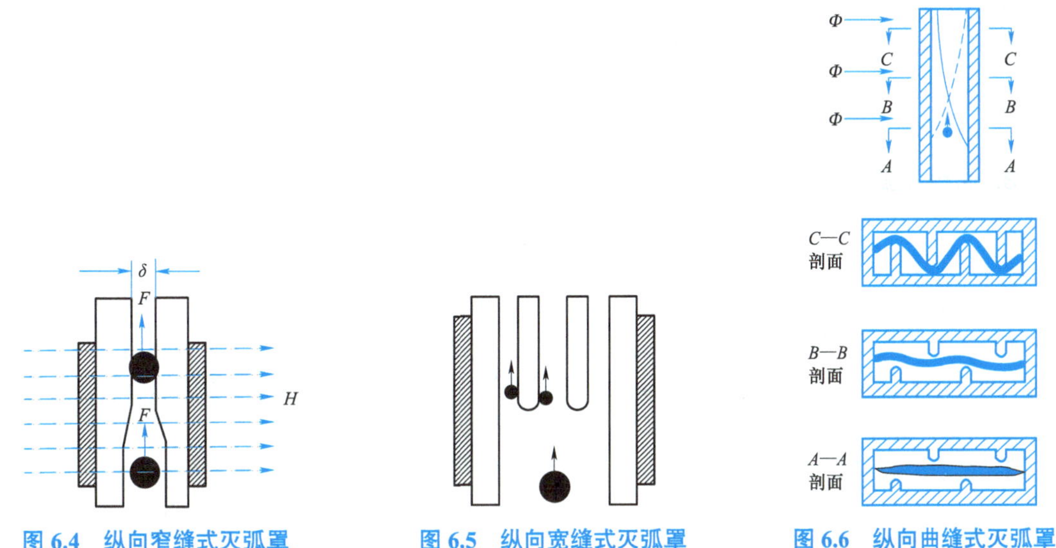

图 6.4　纵向窄缝式灭弧罩　　图 6.5　纵向宽缝式灭弧罩　　图 6.6　纵向曲缝式灭弧罩

纵向曲缝式又称迷宫式，它的缝壁制成凹凸相间的齿状，上下齿相互错开。同时，在电弧进入处齿长较短，越深处，齿长越长。当电弧受外力作用从下向上进入灭弧罩的过程中，它不仅与缝壁接触面积越来越大，而且长度也越来越长，加强了冷却作用，具有很强的灭弧能力。但是，也因为缝隙越往深处越小，电弧在缝内运动时受到的阻力越来越大，所以这种结构的灭弧罩一定要配合以较大的让电弧运动的力，否则，其灭弧效果反而不好。

（4）横缝灭弧罩

为了加强冷却效果，横缝灭弧罩往往以多缝的结构形式使用，也称为横向绝缘栅片式灭弧罩，如图 6.7 所示。

当电弧进入灭弧罩后，因受到绝缘栅片的阻挡，在外力作用下便发生弯曲，从而拉长了电弧，并加强了冷却。为了分析电弧与绝缘栅片接触时的情况，以图 6.8 来放大说明。设磁通方向为垂直向里，电弧 *AB*、*BC* 和 *CD* 段所受的电动力都使电弧压向绝缘栅片顶部，而 *DE* 段所受的电动力使电弧拉长，*CD* 段和 *EF* 段相互作用产生斥力。这些力的作用，使电弧拉长并与缝壁接触面增大而且紧密，所以能收到比较好的灭弧效果。

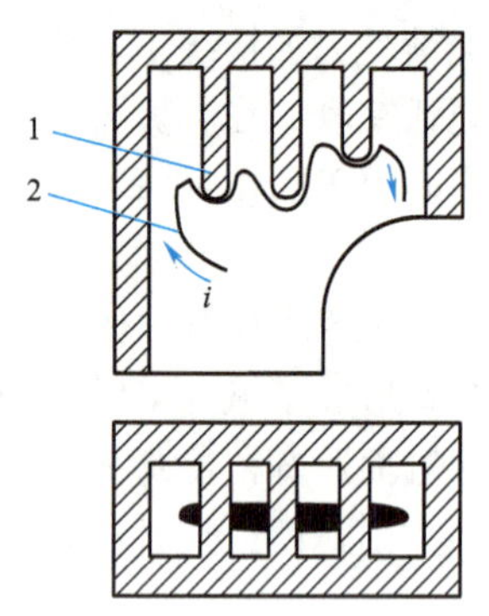

图 6.7　横向绝缘栅片式灭弧罩

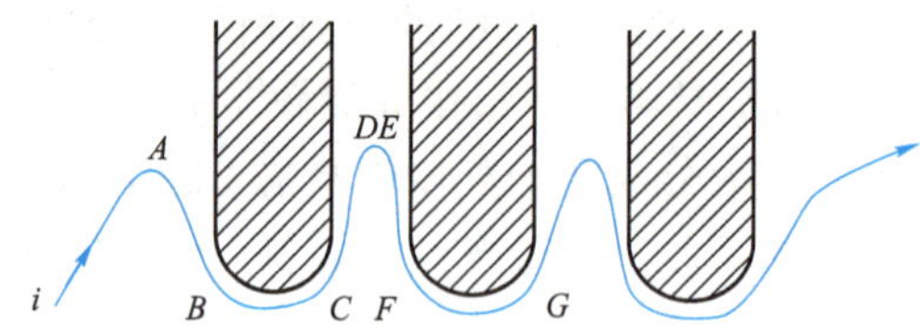

图 6.8　电弧在横向绝缘栅片式灭弧罩中的放大图

由于灭弧罩要受到电弧高温的作用，所以对灭弧罩的材料也有一定的要求，例如，受电弧高温作用不会因热变形、绝缘性能不能下降，机械强度好且易加工制造等。灭弧罩材料过去广泛采用石棉水泥和陶土材料。现在逐渐改为采用耐弧陶瓷和耐弧塑料，它们在耐弧性能与机械强度方面都有所提高。

3. 油冷灭弧装置

油冷灭弧是将电弧置于液体介质（一般为变压器油）中，电弧将油气化、分解而形成油气。油气中的主要成分是氢，在油中以气泡的形式包围电弧。氢气具有很高的导热系数，这就使电弧的热量容易散发。另外，由于存在着温度差，所以气泡产生运动，又进一步加强了电弧的冷却。若再要提高其灭弧效果，可在油箱中加设一定机构，使电弧定向发生运动，这就是油吹灭弧。由于电弧在油中灭弧能力比在大气中拉长电弧大得多，所以这种方法一般用于高压电器，如油开关中。

4. 气吹灭弧装置

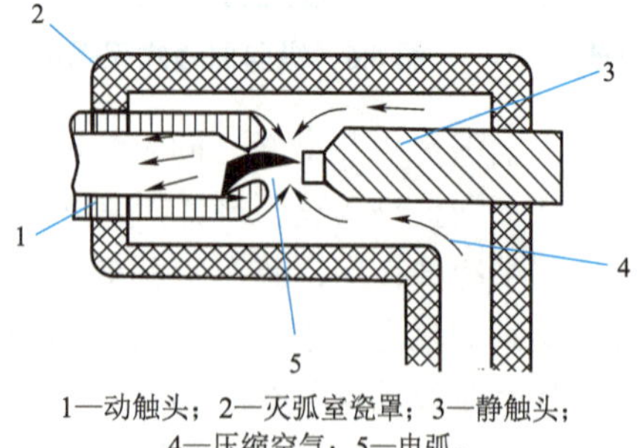

1—动触头；2—灭弧室瓷罩；3—静触头；
4—压缩空气；5—电弧。

图 6.9　气吹灭弧装置

气吹灭弧是利用压缩空气来熄灭电弧的。压缩空气作用于电弧，可以很好地冷却电弧，提高电弧区的压力，很快带走残余的游离气体，所以有较高的灭弧性能。按照气流吹弧的方向，它可以分为横吹和纵吹两类。横吹灭弧装置的绝缘件结构复杂，电流小时，横吹过强会引起很高的过电压，故已被淘汰。

图 6.9 显示了纵吹（径向吹）的一种形式。压缩空气沿电弧径向吹入，然后通过动触头的喷口、内孔向大气排出，电弧的弧根能很快被吹离触头表面，因

而触头接触表面不易烧损。因为压缩空气与电弧本身无关，所以使用气吹灭弧时要注意熄灭小电流电弧，因其容易引起过电压。

5. 横向金属栅片灭弧

横向金属栅片又称为离子栅，它利用的是短弧灭弧原理。用磁性材料的金属片置于电弧中，将电弧分成若干短弧，利用交流电弧的近阴极效应和直流电弧的极旁压降来达到熄灭电弧的目的。

横向金属栅片灭弧罩的结构及原理如图 6.10 所示。栅片的材料一般采用铁。当电弧靠近铁栅片时，由于铁片为磁性材料，所以栅片本身就具有一个将电弧拉入栅片的磁场力（当电弧移近金属栅的上沿时，铁栅片又具有将电弧拉回的特性，可防止电弧逸出栅外，烧损它物）。当电弧被这个磁场力或外力拉入铁片栅中时，空气阻力较大。为了减少电弧刚进入铁栅片时的空气阻力，铁栅片做成楔口并交叉装置，即只让电弧先进入一半铁片栅中。随着电弧继续进入铁片栅中，磁阻减小，铁片对电弧的拉力增大，使电弧进入所有的铁片栅中。电弧进入栅片后分成许多串联短弧，电流回路产生作用于各短弧上的电动力使短弧继续发生运动。此时应注意短弧被拉回向触头方向运动的力，它会使电弧重燃并烧损触头。为了消除这种现象，可以采用凹形栅片和 O 形栅片。铁栅片在使用时一般外表面要镀上一层铜，以增大传热能力和防止铁片生锈。

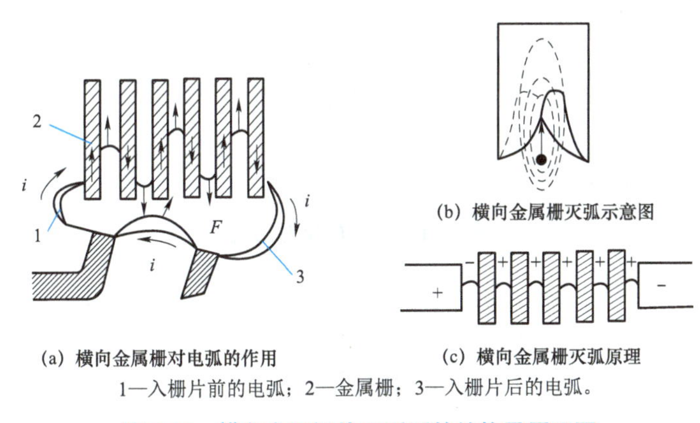

1—入栅片前的电弧；2—金属栅；3—入栅片后的电弧。

图 6.10　横向金属栅片灭弧罩的结构及原理图

横向金属栅片灭弧装置主要用于交流电器，因为它可使起始介质强度成倍地增长。对于直流电弧而言，因无近阴极效应，只能靠成倍提高极旁压降来进行灭弧。如果极旁压降值较小，要想达到较好的灭弧效果，金属栅片的数量则必须足够多，这将会造成灭弧装置体积庞大。

任务 6.3　触头和电磁传动装置

工作任务

掌握触头的分类及结构组成。

掌握触头的技术参数及工作原理。

掌握电磁传动装置的工作原理。

相关配套知识

6.3.1 触头的分类及其结构

1. 按接触面的形式分类

（1）点触头

点触头是指两个触头间的接触面为点状的触头，如球面和平面接触、两个球面接触等都是点接触。这种接触形式的优点是压强较大、接触点较固定、接触电阻稳定、触头结构简单、自净作用较强；缺点是接触面积小、不宜通过较大电流、热稳定性差。因此，这种触头通常只用在工作电流和短路电流较小的情况下，如继电器和开关电器的辅助触点等。图 6.11（a）为点接触示意图。

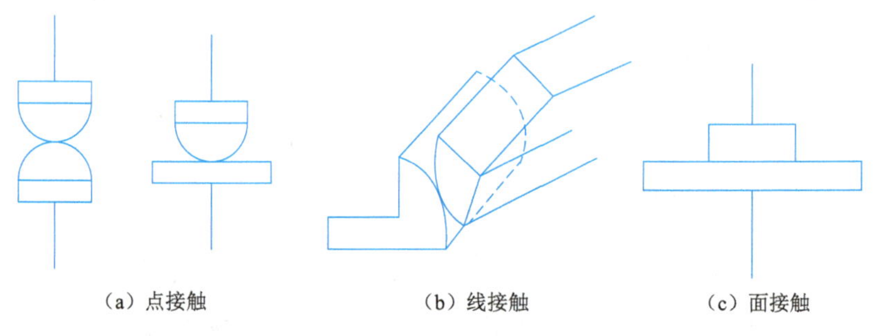

图 6.11　触头的接触形式

（2）线触头

线触头是指两个触头的接触面为线状的触头，如柱面与平面接触，或两个圆柱面间的接触等都属于线接触，图 6.11（b）所示为线接触示意图。线触头的压力强度较大，在同样压力下，线触头比面接触触头的实际接触点要多。线触头在接通或断开时，触头间的运动形式是一个触头沿另一个触头的表面滑动。由于触头的压强很大，滑动时很容易将触头表面的金属氧化层破坏掉（这种效应也被称为自洁作用），从而可减小接触电阻，铜制线触头的接触电阻是平面触头的 1/3～1/2。线触头的接触面积比较稳定，广泛应用于高、低压开关电器中。

（3）面触头

面触头是指两个平面或两个曲面的接触触头，触头容量较大。在受到较大压力时，接触点数和实际接触面积仍比较小，所以，为保证触头的动稳定，减小接触电阻，就必须对触头施加更大的压力。图 6.11（c）所示为面接触示意图。

2. 按结构形式分类

图 6.12 所示为常见触头的结构与分类。各种触头均需满足接触性能、动热稳定性、抗熔焊、耐电弧烧伤等各种要求，同时还要尽可能地便于安装、维修，降低造价。

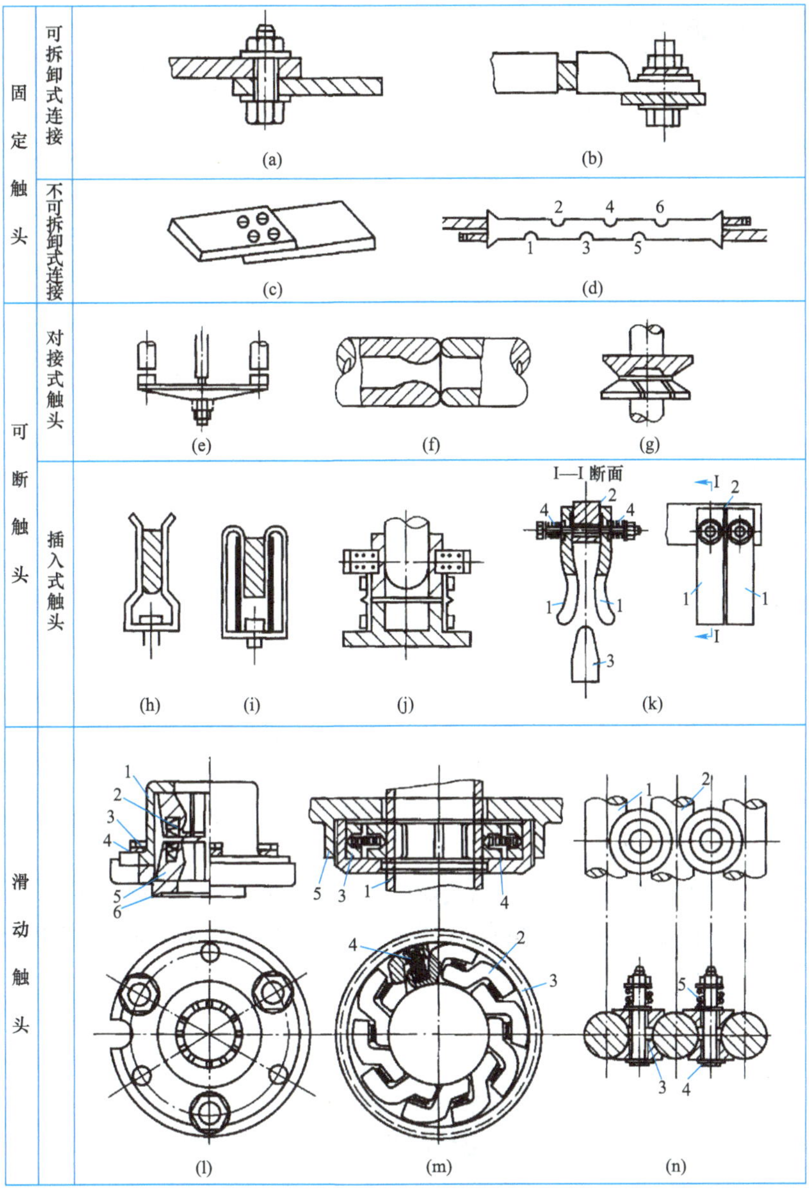

固定触头	可拆卸式连接	(a)	(b)		
	不可拆卸式连接	(c)	(d)		
可断触头	对接式触头	(e)	(f)	(g)	
	插入式触头	(h)	(i)	(j)	(k) I—I 断面
滑动触头		(l)	(m)	(n)	

（a）、（b）螺栓连接；（c）铆接；（d）压接；（e）～（g）对接式触头；（h）、（i）刀形触头；（j）瓣形触头；（k）指形触头（1—接触指；2—载流导体；3—楔形触头；4—弹簧）；（l）豆形触头（1—触头片；2—弹簧；3—环；4—动触头；5—挠性连接条；6—触头底座）；（m）Z 形触头（1—触杆；2—触指；3—环；4—静触头；5—导电座）；（n）滚动触头（1—固定导电杆；2—圆形导电杆；3、4—滚轮；5—弹簧）。

图 6.12　触头的结构与分类

（1）固定触头

固定触头是指连接导体之间不能相对移动的触头，如母线之间、母线与电器引出端头的连接等。如图 6.12（a）、（b）、（c）、（d）所示为常见的固定触头形式。

固定触头按其连接方式可分为可拆卸和不可拆卸两类。

① 可拆卸式连接。采用螺栓连接方式，以方便安装和维修。

② 不可拆卸式连接。采用铆接或压接方式，触头连接后便不可拆卸。压接时，使用专

用的压接模具，由压接工具施压成形。

固定触头的接触表面应采取适当的防腐措施，以防止外界的侵蚀，保证接触可靠、耐用。防腐的方法一般是在触头连接后，在外面涂以绝缘漆、瓷釉或凡士林油等。

（2）可断触头

可断触头是在工作过程可以分开的触头，广泛应用于高、低压开关电器中，按其结构可分为以下几种。

① 对接式触头。如图 6.12（e）、（f）、（g）所示。这种触头优点是结构简单，分断速度快。缺点是接触面不够稳定，关合时易发生触头弹跳，由于触头间无相对运动，故基本上没有自净作用，触头容易被电弧烧伤、动热稳定性较差。因此，对接式触头只适用于 1 000 A 以下的断路器中。

② 插入式触头。如图 6.12（h）～（k）所示。其结构特点是所需接触压力较小，有自洁作用，无弹跳现象，触头磨损小，动热稳定性好。缺点是除了刀形触头外，结构复杂，分断时间长。

刀形触头如图 6.12（h）、（i）所示，其结构简单，广泛用于手动操作的高低压电器，如刀开关、隔离开关等。

瓣形触头，又称插座式或梅花形触头，如图 6.12（j）所示，其静触头是由多瓣独立的触指组成一个圆环，如同插座状，动触头是圆形导电杆。接通时导电杆插入插座内，由强力弹簧或弹簧钢片将触指压向导电杆，静触指与动触头间形成线接触。插座式触头接触面工作可靠，接触电阻稳定，结构复杂，断开时间较长，广泛用于少油断路器中作为主触头和灭弧触头。为了使触头具有抗电弧烧伤能力，常在外套的端部加装铜钨合金保护环，在动触头的端部镶嵌铜钨合金制成的耐弧端。

指形触头如图 6.12（k）所示，它由成对的装在载流体 2 两侧的接触指 1、楔形触头 3 和夹紧弹簧组成。其优点是动稳定性好，有自洁作用。缺点是不易与灭弧室配合，工作表面易被电弧烧伤。用在少油断路器中做工作触头，在一些隔离开关中也有应用。

（3）滑动触头

滑动触头也叫中间触头，又称可动触头，是指在工作中被连接的导体总是保持接触，能由一个接触面沿着另一个接触面滑动的触头，其结构形式如图 6.12（l）～（n）所示。这种触头的作用是给移动的受电器供电，如电机的滑环碳刷、行车的滑线装置、断路器的滑动触头等。

① 豆形触头。如图 6.12（l）所示，它的静触指分上、下两层，均匀分布在上、下触头座的圆周上，每一触指配有小弹簧作缓冲，以减少摩擦力和防止动触杆卡涩，动触杆从其中心孔通过。这种触头接触点多，在较小的接触压力下，具有良好的导电能力，而且结构紧凑。缺点是通用性差。

②“Z”形滑动触头。如图 6.12（m）所示，“Z”形触头的结构与插入式触头相近。它是将“Z”形触指 2（静触头）装在导电座里面，用弹簧 4 保持触指的位置，并将触指紧压在圆形导电座 3 和动触杆 1 上。这种触头结构简单、工作可靠，没有导电片，高度低，接触稳定而有自洁作用。

③ 滚动式滑动触头。如图 6.12（n）所示，滚动式滑动触头是在工作中，导体由一个接触面沿着另一个接触面滑动的触头。它由圆形导电杆 2、成对的滚轮 3、固定导电杆 1 及弹

簧 5 等组成。弹簧的作用是保持滚轮和可动导电杆及固定导电杆的接触压力。在接通和断开过程中，滚轮沿着导电杆上、下滚动。滚动式滑动触头接触面的摩擦力小，自洁作用较差。

6.3.2　触头的主要参数

触头的主要参数有开距、超程、初压力、终压力、研距等。

1. 触头的开距

触头处于断开位置时，动静触头之间的最小距离 s 称为触头的开距（或行程），如图 6.13（a）所示。

开距是触头的一个主要参数。它不仅保证在开断正常电流时能可靠地熄弧，而且还能使触头间具有足够的绝缘能力，当电源出现不正常的过电压时不致击穿。它不仅影响触头与灭弧系统的尺寸，而且影响到电磁传动机构的尺寸。

从减小电器的尺寸和减少触头闭合时振动的观点出发，在保证可靠开断电路的原则下，触头开距越小越好。触头开距的大小与开断电流大小、线路电压、线路参数及灭弧装置等有关。

2. 触头的超程

触头的超程是指触头对完全闭合后，如果将静触头移开，动触头在触头弹簧的作用下继续前移的距离 r，如图 6.13（b）所示。

触头超程用来保证触头在允许磨损的范围内仍能可靠地接触。一般在计算时选取超程 r=（0.6～0.8）t，式中 t 为新触头的厚度。但应指出，超程不宜取得过大，因为当超程较大时，在一定的吸力情况下，触头的初压力相应要小些，而初压力小，对减小触头振动是不利的。

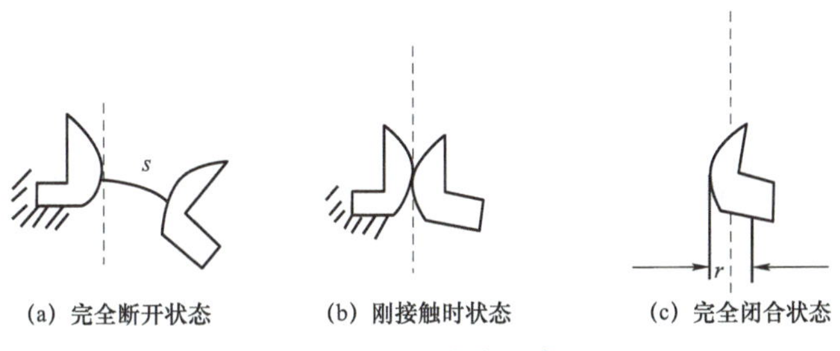

图 6.13　触头状态示意图

3. 触头的初压力

当动触头与静触头刚好接触，每个触头的压力称为触头的初压力 F_0，如图 6.13（b）所示。触头的初压力是由调节触头预压缩弹簧来保证的。增大初压力可以降低触头闭合过程的弹跳。

4. 触头的终压力

动、静触头闭合终了时，触头间的接触压力称为终压力 F_Z，如图 6.13（c）所示。它是由触头弹簧最终压缩量来决定的。它使触头闭合时的实际接触面积增加，使闭合状态时的接触电阻小而稳定。

5. 触头的研距

动触头和静触头接触过程中，触头接触表面既有滚动，又有滑动，这种滚动和滑动称为触头的研磨过程。由研磨所产生的距离称为研距。

为了保证触头工作时有良好的电接触，一般线接触触头开闭过程的起止点不重合，且有一定距离。研距是触头开闭过程中动静触头间滚动量与滑动量之和。

如图 6.14 所示，动、静触头开始接触时，其接触线在 *a* 点处，在触头闭合过程中，接触线逐渐移动，最后停在 *b* 点处接触，以导通工作电流。由于在动触头上的 *ab* 和静触头上的 *a′b′*长度不一样，因此，在两者接触过程中，不仅有相对滚动，而且有相对滑动存在，整个接触过程称为触头的研磨过程。

图 6.14　触头的研磨过程及研距

触头表面有滑动，可以擦除触头表面的氧化层及脏物，减小接触电阻，使触头有良好的电接触。触头表面有滚动可以使触头在闭合时的撞击处与最后闭合位置的工作点之间，以及开断电路时产生电弧处与闭合位置的工作点分开，保证正常工作的接触线不受机械撞击与电弧的破坏作用，保证触头接触良好。

触头的开距、超程、初压力和终压力等都是必须进行检测的重要参数。在电器的使用和维修中常用这些参数来反映触头的工作情况及检验电器的工作状态。

6.3.3　触头的工作情况

触头的工作情况主要有以下 4 种。

1. 闭合状态

触头处于闭合状态时的主要任务是保证能通过规定的电流，且触头温升不超过允许值，主要问题是触头的发热及热和电动稳定性，触头的发热是由接触电阻引起的，故应设法减小接触电阻。

2. 闭合过程

从动、静触头刚开始接触到触头完全闭合，由于会发生振动，使它不能一次接触就闭合，而是有一个过程，这个过程称为触头的闭合过程。由于触头在闭合过程中会因碰撞而产生机械振动，因此这个过程的主要问题是减小机械振动，从而减小触头的磨损，避免触头熔焊。

3. 断开状态

触头处于断开状态时，必须有足够的开距，以保证能可靠地熄灭电弧和开断电路。

4. 开断过程

触头开断过程是触头最繁重的工作过程。一般可分三个阶段：第一阶段是从触头完全闭合时起，到触头将开始分开为止；第二阶段是触头开始分开以后的一段时间；第三阶段是电路完全切断的过程。由于在触头开断电路时，一般会在触头间产生电弧，因此这个过程的主要问题是熄灭电弧，减小由电弧而产生的触头电磨损。

6.3.4　触头接触电阻

1. 接触电阻的产生

两个导电零件接触在一起实现电的连接，其导电能力显然比同样尺寸的完整导体要差。图 6.15 中为一段完整的导体，通过电流 I，用电压表测得其 AB 长度上的电压降为 U，则 AB 段导体的电阻 R 为

$$R=\frac{U}{I} \tag{6.5}$$

若将此导体截断，仍通以原来的电流 I，测得 AB 两点之间的电压降为 U_c，如图 6–16 所示，U_c 比 U 大得多，AB 两点之间的电阻 R_c 为

$$R_c=\frac{U_c}{I} \tag{6.6}$$

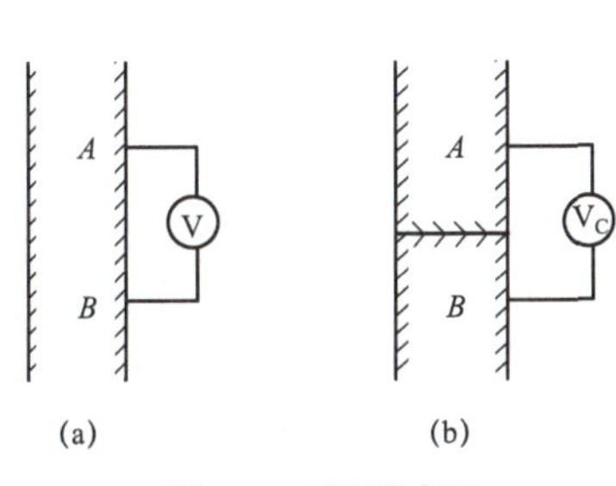

图 6.15　接触电阻

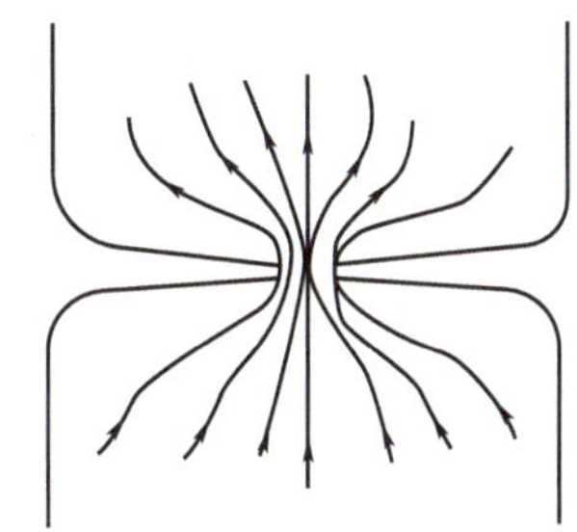

图 6.16　电流线收缩

R_c 处含有该段导体材料的电阻 R 外，还有附加电阻 R_j，即

$$R_c=R+R_j \tag{6.7}$$

称此附加电阻 R_j 为接触电阻，动、静触头接触时同样也存在接触电阻。

接触电阻 R_j 由收缩电阻 R_s 和表面膜电阻 R_b 组成，即

$$R_j=R_s+R_b \tag{6.8}$$

（1）收缩电阻 R_s

接触处的表面无论经过多么细致的加工处理，从微观角度分析，其接触面总是凹凸不平的，它们不是整个面积接触，实际上只有若干小的突起部分相接触，实际接触面积比视在接触面积小得多。当电流通过实际接触面积时，电流只从接触点上通过，在这些接触点附近迫使电流线发生收缩。由于有效接触面积（即实际接触面积）小于视在接触面积，由此产生的附加电阻称为收缩电阻 R_s。

（2）表面膜电阻 R_b

由于种种原因，在触头的接触表面上覆盖着一层导电性很差的薄膜，如金属的氧化物、硫化物等，也可能是落在接触表面上的灰尘、污物或夹在接触面间的油膜、水膜等，由此而形成的附加电阻，称为表面膜电阻 R_b。

2. 接触电阻的计算公式

接触电阻与触头材料、触头压力、接触面形式、表面清洁状况等因素有关。由于膜电阻难以计算，故接触电阻 R_j 可用经验公式计算，即

$$R_j = \frac{K_j}{F^m} \tag{6.9}$$

式中，R_j 为触头接触电阻（Ω）；F 为触头压力（N）；m 为与触头接触形式有关的常数，其值为 0.5～1.0（对于点接触 m=0.5、线接触 m=0.5～0.8、面接触 m=1）；K_j 为与接触材料、接触表面加工方法、接触面状况有关的常数，其值可查阅相关资料。

3. 影响接触电阻的各种因素

人们一般希望得到低值而稳定的接触电阻以保证电接触的可靠工作。影响接触电阻的因素有接触压力、温度、化学腐蚀、电化学腐蚀、接触表面粗糙度、触头材料等。

（1）接触压力

触头压力对接触电阻的影响最大，当接触压力很小时，接触压力微小的变化都会使接触电阻值产生很大的波动。

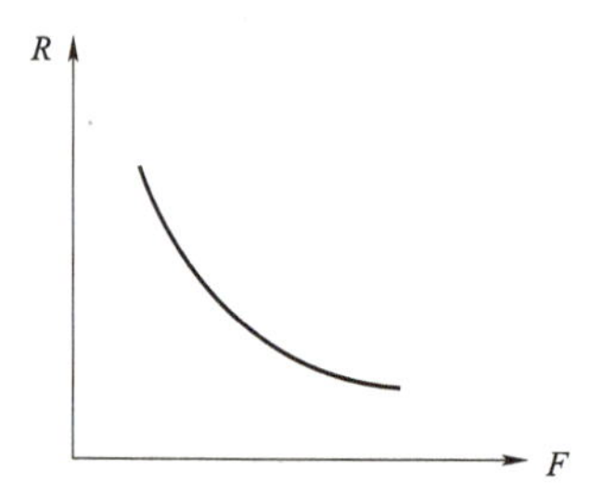

图 6.17　接触电阻与接触压力的关系

如图 6.17 所示，触头接触电阻与接触压力近似双曲线关系，即接触电阻值在一定的压力范围内是随外施压力 F 的增大而减小的。这是因为在压力作用下，两表面接触处产生弹性变形，压力增大，变形增加，有效接触面也增加，收缩电阻减小。而当压力达到一定值后，收缩电阻几乎不变，这是因为材料的弹性变形是有一定限度的，因而接触面积的增加也是有限的，故接触电阻不可能完全消除。

增大接触压力，可将氧化膜压碎，使膜电阻减小，但压力增大到一定程度后，膜电阻稳定在一个较小的数值。

（2）温度

接触点温度升高后，金属的电阻率有所降低，使得有效接触面积增大。前者使收缩电阻 R_s 增大，后者使收缩电阻 R_s 减小，两相补偿，所以接触电阻变化甚微。但是，当触头电流长期超过额定值时，温度升高，引起接触面氧化，接触电阻则急剧上升，发热加剧，形成恶性循环。为保证接触电阻稳定，电接触的长期工作允许温度规定得较低。

（3）化学腐蚀

单纯由化学作用引起的腐蚀称为化学腐蚀。例如，当金属与干燥气体接触时，在金属表面生成相应的化合物，如氧化物、硫化物、氰化物等。

暴露在空气中的接触面都将产生氧化作用。空气中的铜触头在室温下（20～30 ℃）即开始氧化，但其氧化膜很薄，在触头彼此压紧的过程中就被破坏，故对接触电阻影响不大。而当温度高于 70 ℃时，铜触头氧化加剧，氧化铜的导电性能很差，使膜电阻急剧增加。因此，铜触头的允许温度都是很低的。银被氧化后的导电与纯银差不多，所以银或镀银的触头工作很稳定。

为减小接触面的氧化，可以将触头表面搪锡或镀银，以获得较稳定的接触电阻。

（4）电化学腐蚀

采用不同的金属作触头对时，由于两金属接触处有电位差，当湿度大时，在触头对的接

触处会发生电解作用，引起触头的电化学腐蚀，使接触电阻增加。

常用金属材料的电化顺序是金（Au）、铂（Pt）、银（Ag）、铜（Cu）、氢（H）、锡（Sn）、镍（Ni）、镉（Cd）、铁（Fe）、铬（Cr）、锌（Zn）、铝（AL）。规定氢的电化电位为 0，在它后面的金属具有不同的负电位（如 AL 的电化电位为−1.34 V），在它前面的金属具有不同的正电位（如 Ag 的电化电位为+0.8 V）。选取触头对时，应取电化顺序中位置靠近的金属，以减小化学电势。例如，不宜采用铝–铜、钢–铜做触头对。电镀层或涂层也要注意电化顺序。

（5）接触表面粗糙度

表面粗糙度对接触电阻有一定的影响。接触表面可以粗加工，也可以精加工，至于采用哪种加工方式更好，要根据负荷大小、接触形式和用途而定。

对于大、中电流电器的触头表面，不要求精加工，最好用锉刀加工，重要的是平整。两个平整而较粗糙的平面接触在一起，接触数目较多且稳定，并能有效地清除氧化膜。相反，精加工的表面，当装配稍有歪斜时，接触点的数目显著减小。

对于某些小功率电器，触头电流小到毫安以下，为了保证接触电阻小而稳定，则要求接触表面粗糙度越低越好。粗糙度低的触头不易受污染，也不易生成膜电阻。为达到这样低的粗糙度，往往采用机械、电或化学抛光等工艺。

（6）触头材料

触头材料对接触电阻的影响主要决定于触头材料的电阻系数、材料的抗压强度、材料的化学性能等。

触头材料的电阻系数越大，接触电阻也越大。材料的抗压强度越小，接触电阻就越小。

材料越易氧化，就越容易在表面形成氧化膜，如不设法清除，接触电阻就会显著增大。小容量触头常采用点接触的双断点桥式触头，其结构难以实现研磨过程来消除氧化膜。银被氧化后的导电能力和纯银相差不多，银或镀银的触头工作很稳定，所以触头材料采用银或银基合金。

4. 减小接触电阻的方法

当电流通过闭合触头时，如果接触电阻过大，就会产生过大的附加损耗，使触头本身及周围的物体温度升高，加速绝缘材料的老化，寿命减短。触头的过度发热还会使触头表面加速氧化，而多数金属（除银外）氧化后产生高阻的氧化膜，使电阻增加，这样造成恶性循环。

为了避免触头超过允许温升，一方面要尽量减小接触电阻；另一方面应具有足够的触头散热面积。

根据接触电阻的形成原因，减小接触电阻一般可采用下列方法。

① 增加接触点的数目。为此，应选择适当的接触形式，用适当的方法加工接触表面，并在接触处加一定的压力。

② 选择合适的材料。采用本身电阻系数小，且不易氧化或氧化膜电阻较小的材料作为接触导体，或作为接触面的覆盖层。

③ 触头在开闭过程中应具有研磨过程，以擦去氧化膜。

④ 经常对触头进行清扫，使触头表面无油污、尘埃，保持干燥。

6.3.5　触头的振动与熔焊

1. 产生振动的原因

触头在闭合过程中，触头间的碰撞、触头间的电动力和衔铁与铁心的碰撞都可能引起触头的机械振动。

当触头闭合时，电器传动机构的力直接作用在动触头支架上，使得质量为 m 的动触头以速度 v_1 向静触头运动，在动、静触头相撞时，动触头具有一定的动能，如图 6.18（a）所示。触头发生碰撞后，触头表面将产生弹性变形，此时，一部分能量消耗在碰撞过程中（因为触头不是绝对弹性体），而大部分能量转变为触头表面材料的变形势能。当触头表面达到最大变形 x_{SD} 时［见图 6.18（b）］，变形势能达到最大，而动触头的动能降为零，于是动触头停止运动。紧接着触头的弹性变形开始恢复，将势能释放，由于静触头固定不动，动触头应会受到反力作用，以初速度 v_2 弹回［见图 6.18（b）］，甚至离开静触头，并将触头弹簧压缩，将动能储存在弹簧中，在触头弹簧的作用下，动触头反跳的速度逐渐减小。与此同时，传动机构继续推动触头支架将弹簧进一步压缩。当动触头反跳的速度降为零时，反跳距离达到最大值 x_m［见图 6.18（c）］。随后，动触头在弹簧张力的作用下又开始向静触头运动，触头间发生第二次碰撞和反跳。

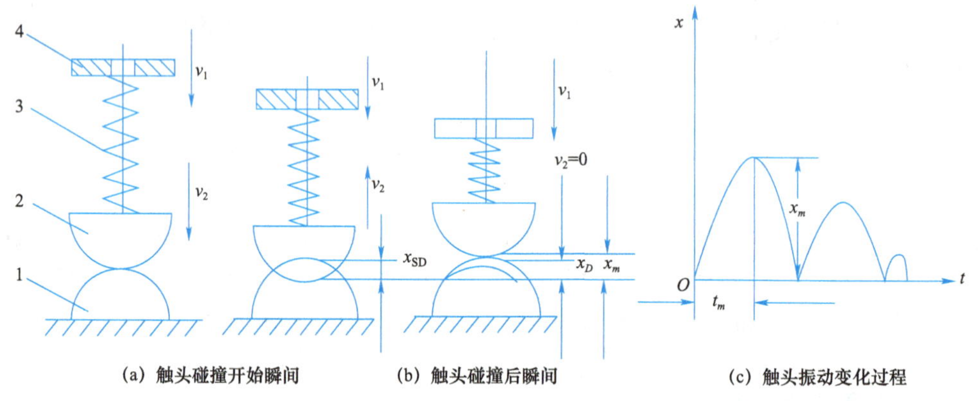

1—静触头；2—动触头；3—触头弹簧；4—动触头支架；

x_{SD} —塑性和弹性变形量；x_D —弹性变形量；x_m —最大振幅。

图 6.18　触头振动过程示意图

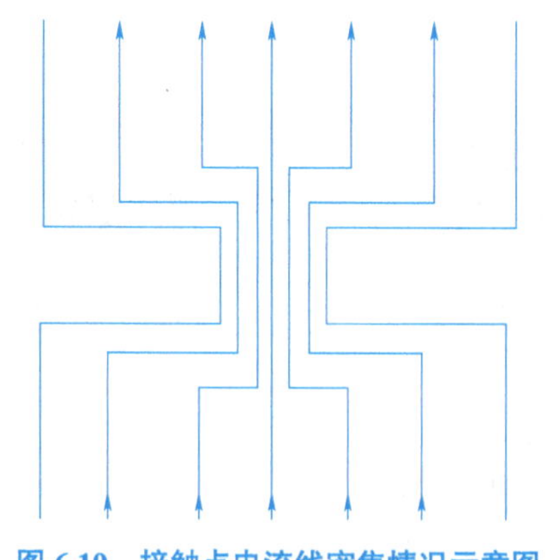

图 6.19　接触点电流线密集情况示意图

由于触头第一次碰撞和反跳都要消耗掉一部分能量，同时，在碰撞和反跳的过程中，传动机构使触头弹簧进一步压缩，因而动触头的振动时间和振幅一次比一次要小，直至振动停止，触头完全闭合。

另外，在触头带电接通时，由于实际接触的只有几个点，在接触点处便产生电流线的密集或弯曲，如图 6.19 所示。畸变的电流线和通过反向电流的平行导体一样，相互作用产生斥力，使触头趋于分离，该电动力称为收缩电动力。收缩电动力也能引起触头间的振动，特别是在闭合大的工作电流或短路电流时，收缩电动力的作用更为显著。

对于电磁传动的电器来讲，在触头闭合过程中，衔铁以一定的速度向静铁心运动，当衔铁吸合时，同样会因碰撞而产生振动，以致触头又发生第二次振动。

在触头振动过程中（见图 6.18），如果 $x_m \leqslant x_{SD}$，则碰撞后触头不会分离，这样的振动不会产生电弧，对触头无害，因而称为无害振动。反之，若 $x_m > x_{SD}$，则碰撞后动静触头分离，在触头间隙中会出现金属桥，造成触头磨损或熔焊，甚至产生电弧，严重影响触头寿命，故称为有害振动。两个触头在闭合时发生碰撞产生振动是不可避免的，所谓消除触头闭合过程中的振动，是指消除触头的有害振动。

2. 减小振动的方法

为了提高触头的使用寿命，必须减小触头的振动。减小触头振动有以下几种方法。

① 使触头具有一定的初压力。增大初压力可减小触头反跳时的振幅和振动时间。但初压力增大是有限的，如果初压力超过了传动机构的作用力（如电磁机构的吸力），则不仅触头反跳的距离增加，而且触头也不能可靠地闭合，反而造成触头磨损增加。

② 降低动触头的闭合速度，以减小碰撞动能。由实验可知，减小触头闭合瞬间的速度可减小触头振动的振幅。这要求吸力特性和反力特性良好配合。需要指出的是，当触头回路电压高于 300 V 时，若闭合速度过小，则在动、静触头靠近时，触头间隙会击穿形成电弧，反而会引起电磨损的增加。

③ 减小动触头的质量，以减小碰撞动能，从而减小触头的振幅。但是，在减小触头质量时，必须考虑触头的机械强度、散热面积等问题。

④ 对于电磁式电器，可减小衔铁和静铁心碰撞时引起的磁系统的振动，以减小触头的二次振动。其方法是吸力特性与反力特性有良好的配合及铁心具有缓冲装置。

3. 熔焊的概念

触头的熔焊主要发生在触头闭合有载电路的过程中和触头处于闭合状态时。

在触头闭合过程中，触头的机械振动使触头间断续产生电弧，在电弧高温的作用下，使触头表面金属熔化，当触头最终闭合时，这些熔化金属可能凝结而引起熔接，使动、静触头熔焊在一起不能打开。

在触头处于闭合状态时，若通过过大的电流，会使触头接触处温度升高，如果达到了熔化温度，两触头接触处的材料便熔化并结合在一起，使接触电阻迅速下降，其损耗和温度都下降，熔化的金属可能凝结而引起熔接，这种由热效应而引起的触头熔接，称为触头的“熔焊”。

还有一种触头熔接现象，产生于常温状态，通常称为“冷焊”。“冷焊”常常发在用贵金属材料（如金与金合金等）制成的小型继电器触点中。其原因为贵金属表面不易形成氧化膜，纯净的金属接触面在触头压力作用下，由于金属原子间化学亲和力的作用，使两个触头表面结合在一起，产生“冷焊”现象。由“冷焊”产生的触头间粘接力很小，但是在小型高灵敏继电器中，由于使触头分开的力也很小（一般小于 9.8×10^{-2} N），不能将冷焊粘接在一起的触点弹开，常常出现触头粘住不释放的现象。

6.3.6　触头的磨损

触头在多次接通和断开有载电路后，它的接触表面将逐渐产生磨耗和损坏，这种现象称为触头的磨损。磨损直接影响电器的寿命。

1. 磨损的原因

触头磨损达到一定程度后，其工作性能便不能保证，此时，触头的寿命即告终结。继电器和接触器的电寿命主要取决于触头的寿命。

触头磨损包括机械磨损、化学磨损和电磨损。机械磨损是在触头闭合和打开时研磨和机械碰撞所造成的，它使得触头接触面产生压皱、裂痕或塑性变形和磨损。化学磨损是由于周围介质中的腐蚀性气体或蒸气对触头材料浸蚀所造成的，它使得触头表面形成非导电性薄膜，致使接触电阻变大，且不稳定，甚至完全破坏了触头的导电性能。这种非导电性薄膜在触头相互碰撞及触头压力作用下逐渐剥落，形成金属材料的损耗。机械磨损和化学磨损一般很小，约占全部磨损的 10%。

触头的磨损主要取决于电磨损。电磨损主要发生在触头的闭合和开断过程中，尤其以触头开断过程中产生的电磨损为主。在触头闭合电流时产生的电磨损，主要是由于触头碰撞引起的振动所产生的，在触头开断电流时所产生的电磨损，主要是由高温电弧造成的。

2. 电磨损的形式

触头分断与闭合电路的过程中，会产生金属液桥、电弧和火花放电等各种现象，引起金属转移、喷溅和气化，使触头材料损耗和变形，这种现象称为触头的电磨损。电磨损直接影响电器的寿命。触头的电磨损形式主要有两种，分别为液桥的金属转移和电弧的磨损。

（1）液桥的形成和金属转移

触头开断时，在从触头完全闭合到触头刚开始分离的时间内，先是触头的接触压力和接触点数目逐渐减小，接触电阻越来越大，这样就使接触点的电流密度急剧增加，由此产生的热量促使接触处的金属熔化，形成所谓的金属液体滴。触头继续断开时，将金属液体滴拉长，形成液态金属桥，简称液桥。由于温度沿液桥的长度分布不对称，且其最大值是发生在靠近阳极的地方，因此，使金属熔液由阳极转移到阴极。实践证明，由于液桥的金属转移作用，经过很多次的操作后，触头的阳极因金属损耗而形成凹坑，阴极则因金属增多而形成针刺，凸出于接触表面。

在弱电流电器（如继电器）中，液桥对触头的电磨损有着重要的影响。

（2）电弧对触头的腐蚀

电弧对触头的腐蚀十分严重，电弧磨损要比液桥引起的金属转移高出 5～10 倍。当负荷电流超过 20 A，甚至达到几百或上千安时，电弧的温度极高，触头间距离又较大，一般都有电动力吹弧，再加上强烈的金属蒸气热浪冲击，往往将液态金属从触头表面吹出，向四周飞溅。这种磨损与小功率电弧的磨损是不同的，金属蒸气再度沉积于触头接触表面上的几率已大大减小，使触头阴、阳极都遭到严重磨损，由于阳极温度高于阴极，所以阳极磨损更为严重。

3. 减小触头电磨损的方法

减小触头的电磨损，提高触头的寿命，一般可从两方面着手，即减小触头在开断过程中的磨损和减小触头在闭合过程中的磨损。

减小触头在开断过程中的磨损，即减小触头开断时的电弧，其方法如下。

① 选择灭弧系统的参数，如磁吹的磁感应强度 B。如果 B 值过小，吹弧电动力太小，电弧在触头上停留时间较长，触头电磨损增加；如果 B 值过大，吹弧电动力过大，会将触头间熔化的金属液桥吹走，电磨损也增加，因此，应选择恰当的 B 值，在该值下电磨损最小。

② 对于交流电器（如交流接触器）宜采用去离子栅灭弧系统，利用交流电流通过自然零点时不再重燃而熄弧，减小触头的电磨损。

③ 可采用熄灭火花的电路，以减小触头的电磨损。这种方法就是在弱电流触头电路中，在触头上并联电阻、电容，以熄灭触头上的火花。这种火花熄灭电路对开断小功率直流电路很有效。

④ 正确选用触头材料。例如，钨、钼的熔点和气化点高，因此，钨、钼及其合金具有良好的抗磨损特性，银、铜的熔点与气化点低，其抗磨损性较差。

减小触头闭合过程中的磨损。

6.3.7　触头材料

1. 性能要求

触头所采用的材料关系到触头工作的可靠性，尤其是对触头磨损影响甚大。根据各种电器的任务和使用条件的不同，对触头材料性能的要求亦不同，一般要求如下。

（1）电气性能：要求材料本身的电阻系数小，接触电阻小且在长期工作中能保持稳定。要求生弧的最小电流大和最小电压高，电子逸出功及游离电位大。

（2）热性能：要求熔点高，导热性好，热容量大。

（3）机械性能：要有适当的强度和硬度，耐磨性好。

（4）化学性能：要具有很好的化学稳定性，在常温下不易氧化，或者氧化物的电阻尽量小，耐腐蚀。

此外，还要考虑材料的可加工性能好、价格便宜、经济适用。实际中是不可能同时满足以上各项要求的，只能根据触头的工作条件及负荷的大小，满足其主要的性能要求。

2. 种类

触头材料分为三大类，即纯金属、合金和金属陶瓷材料。

（1）纯金属材料

① 银

银是高质量的触头材料，具有高导电和导热性能。银在常温下不易氧化，其氧化膜能导电，在高温下易分解还原成金属银。银的硫化物电阻率很高，在高温时也可进行分解，因此，银触头能自动清除氧化物，接触电阻低且稳定，允许温度较高。银的缺点是熔点低，硬度小，不耐磨。由于银的价格高，一般仅用于继电器和小功率接触器的触头，或用于接触零件的电镀覆盖层。

② 铜

铜是广泛使用的触头材料，导电和导热性能仅次于银。铜的硬度较大，熔点较高，易加工，价格较低。铜的缺点是易氧化，其氧化膜的导电性很差，当长时间处于较高的环境温度下，氧化膜不断加厚，会使接触电阻成倍增长，甚至会使电流通路中断。因此，铜不适用于非频繁操作电器的触头材料，对于频繁操作的接触器，电流大于 150 A 时，氧化膜在电弧高温作用下分解，可采用铜触头，并做成单断点指式触头。在触头分、合过程中有研磨过程，以清除氧化铜薄膜。

③ 铂

铂是贵金属，化学性能稳定，在空气中既不生成氧化物，也不生成硫化物，接触电阻非常稳定，有很高的生弧极限，不易生弧，工艺性好。铂的缺点是导电和导热性能差，硬度低，价格昂贵。因此，不宜采用纯铂作为触头材料，一般用铂的合金做小功率继电器的触头。

④ 钨

钨的熔点高，硬度大，耐电弧，钨触头在工作过程中几乎不会产生熔焊。但是钨的导电性能较差，接触电阻大，易氧化，特别是与塑料等有机化合物发生蒸气作用（如在封闭塑料外壳内的钨触头），生成透明的绝缘表面膜，而且此膜不易清除，加工困难。因此，除少数特殊场合（如火花放电间隙的电极）外，一般不采用纯钨做触头材料，而是与其他高导电材料制成陶冶材料。

（2）合金材料

由于纯金属本身性能的差异，可将它们以不同的成分相配合，构成金属合金或金属陶瓷材料，使触头的工作性能得以改进。常用的合金材料有银铜、银钨、钯铜、钯铱等。

① 银铜合金

适当提高银铜合金的含铜量，可提高其硬度和耐磨性能。但是，含铜量不宜过高，否则，会和铜一样易于氧化，接触电阻不稳定。银铜合金熔点低，一般不用作触头材料，主要用作焊接触头的银焊料。

② 银钨和钯铜合金

银钨和钯铜都有较高的硬度，比较耐磨，抗熔焊。有时用于小功率电器及精密仪器仪表中。

③ 钯铱合金

钯铱合金使用较广泛，铱有效地提高了合金的硬度、强度及抗腐蚀能力。

（3）金属陶瓷材料

金属陶瓷材料是由两种或两种以上的彼此不相熔合的金属组成的机械混合物，其中一种金属有很高的导电性（如银、铜等），作为材料中的填料，称为导电相，另一种金属有很高的熔点和硬度（如钨、镍、钼、氧化镉等），在电弧的高温作用下不易变形和熔化，称为耐熔相，这类金属在触头材料中起着骨架的作用。这样既保持了两种材料的优点，又克服了各自的缺点，是比较理想的触头材料。常用的金属陶瓷材料有银－氧化镉、银－氧化铜、银－钨、银－石墨等。

① 银－氧化镉

导电性能和导热性能好，抗熔焊，耐电腐蚀，接触电阻低而稳定，特别是在高温电弧的作用下，氧化镉分解为氧气和镉蒸气，能驱使电弧支点迅速移动，有利于吹灭电弧，故称银－氧化镉触头具有一定的自灭弧能力。此外，它的可塑性好，且易于加工。因此，它是一种较为理想的触头材料，广泛用于大、中容量的电器中。

② 银－氧化铜

与银－氧化镉相比，耐磨损，抗熔焊性能好，无毒，在高温下触头硬度更大，使用寿命长，价格便宜。试验结果表明，银－氧化铜触头比银－氧化镉触头在接触处具有更低且稳定的接触电压降，导电性能更好，发热情况较轻，温升较低。因此，近年来银－氧化铜材料得到了广泛的应用。

③ 银－钨

具有银的良好的导电性，同时，又具有钨的高熔点。由于其高硬度、耐电弧腐蚀，抗熔焊、金属转移小等特性，常被用作电器的弧触头材料。随着含钨量的增加，其耐电弧腐蚀性能和抗熔焊性能也逐渐提高，但其导电性能下降。银－钨的缺点是接触电阻不稳定，随着开闭次数的增加，接触电阻增大，其原因在于断开过程中，触头表面产生三氧化钨、钨酸银等电阻率高的薄膜。

④ 银－石墨

导电性好，接触电阻低，抗熔焊，耐弧能力强，在短路电流作用下也不会熔焊，其缺点是电磨损大。

6.3.8　传动装置

传动装置是电器的感测部分。传动装置接收外界的信号，并通过转换、放大、判断，作出有规律的反应，使电器的执行部分动作，输出相应的指令，实现控制的目的。在动车组电器中，主要采用电磁传动装置和电空传动装置。

1. 电磁传动装置

电磁传动装置是一种通过电磁铁将电磁能转变成为机械能来驱动电器动作的机构，主要用于小型电器。电磁传动装置实际上就是一个电磁铁。它的形式有很多，可分为 U 形、E 形和螺管形。如图 6.20 中所示，（a）和（g）为 U 形，（b）和（c）为螺管形，（d）、（e）、（f）均为 E 形。但它们的基本组成和工作原理是相同的。

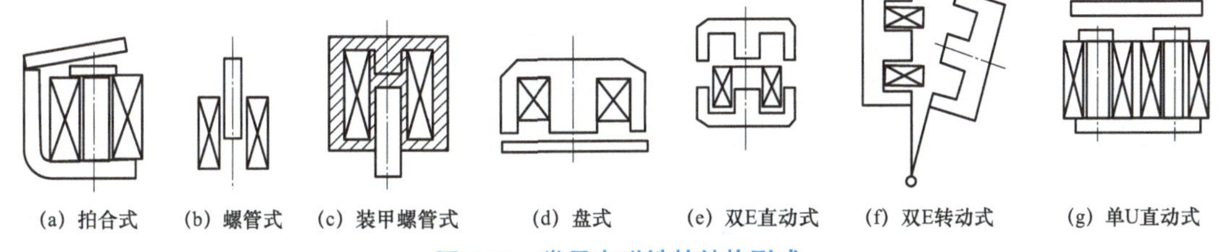

图 6.20　常见电磁铁的结构形式

电磁铁主要由吸引线圈和磁系统两部分组成。磁系统一般由铁心、磁轭和衔铁三部分组成。衔铁又称为动铁心，铁心和磁轭又称为静铁心。

电磁铁可根据线圈电流种类、磁路的形式、衔铁运动的方式、线圈接入电路的方式不同，分为多种形式和类型。

（1）按线圈电流种类分类

① 直流电磁铁。直流电磁铁的线圈中通过直流电流，当电流达到稳定以后，磁通是恒定的，导磁体中没有涡流和磁滞损耗，故其铁心和衔铁可以采用整块工程钢制成。

② 交流电磁铁。交流电磁铁的线圈中通过交流电流，导磁体中的磁通是交变的，有涡流和磁滞损耗，故其铁心和衔铁一般采用电工钢片叠成。

（2）按磁路形式和衔铁运动方式分类

① U 形拍合式。铁心制成 U 形，而衔铁的一端绕棱角或转轴做拍合运动。电磁铁为衔铁绕棱角运动的 U 形拍合式，这种形式的电磁铁广泛用于直流电磁式电器中。图 6.20（a）所示的电磁铁为衔铁绕转轴转动的 U 形拍合式，这种形式的电磁铁广泛用于交流电磁式电器中。

② E 形拍合式和 E 形直动式。铁心和衔铁都制成 E 形，并且都用电工钢片叠成，线圈套装在中间铁心柱上。这两种形式的电磁铁都用于交流电磁式电器中。E 形拍合式广泛用于 60 A 及以上的交流接触器中。E 形直动式广泛用于 40 A 以下的交流接触器和交流电压继电器、中间继电器及时间继电器中。

③ 空心螺管式。空心螺管式电磁铁只有空心线圈和圆柱衔铁，没有铁心，衔铁在空心线圈中做直线运动。这种电磁铁主要用于交流电流继电器和供电系统用的时间继电器中。

④ 装甲螺管式。在空心线圈的外面罩上用导磁材料制成的外壳，圆柱形衔铁在空心线圈中做直线运动。这种电磁铁常用于交流电流继电器中。

⑤ 回转式。铁心制成 C 形，用电工钢片叠成，两个串接或并接的线圈分别绕在铁心开口侧的铁心柱上，而衔铁是 Z 形转子。这种电磁铁应用于供电系统的电流继电器中。

（3）按线圈接入电路方式分类

① 串联电磁铁。电磁铁的线圈串接于电路中。串联电磁铁的衔铁动作与否取决于线圈中电流的大小，但衔铁的动作并不影响线圈中电流的变化。串联电磁铁的线圈称为电流线圈，具有这种电磁铁的电器都属于电流型电器。为了不影响电路中负载的端电压和电流，要求线圈内阻小，所以，串联电磁铁的线圈导线截面积较粗，线圈匝数较少。

② 并联电磁铁。电磁铁的线圈拼接于电路中。并联电磁铁的衔铁动作与否取决于线圈两端电压的大小，并联电磁铁的线圈又称为电压线圈，具有这种电磁铁的电器都属于电压型电器。直流并联电磁铁的衔铁动作不会引起线圈中电流的变化，但对于交流并联电磁铁，衔铁动作会引起线圈阻抗的变化，从而引起线圈中电流的变化。由实验得知，对于 U 形电磁铁，衔铁打开时线圈中电流值为衔铁闭合后的 6～7 倍，对于 E 形电磁铁，可达 10～15 倍，电磁铁的线圈允许电流值是根据衔铁闭合后的电流值设计的，所以，一旦线圈有电而衔铁由于某种原因闭合不上或频繁操作时，线圈易过热甚至烧坏，这也是交流电压型电器比直流电压型电器易损坏的原因之一。

（4）电磁铁的工作原理

在线圈未通电时，衔铁在反力弹簧的作用下，处于打开位置，衔铁与极靴之间保持一个较大的气隙。当线圈通电后，在导磁体中产生磁通 ϕ，根据磁力线流入端为 S 极，流出端为 N 极的规定，在衔铁与极靴相对的端面具有异极性。由于异性磁极相吸，于是铁心和衔铁间产生电磁吸力。当电磁吸力大于反力弹簧的作用力时，衔铁被吸向铁心，直到与极靴接触为止。这个过程称为衔铁的吸合过程。当线圈中的电流减小或中断时，铁心中的磁通就变小，吸力也随之减小，当电磁吸力小于反力弹簧的反作用力时，衔铁就在反力弹簧作用下返回至打开位置，这个过程称为衔铁的释放过程。

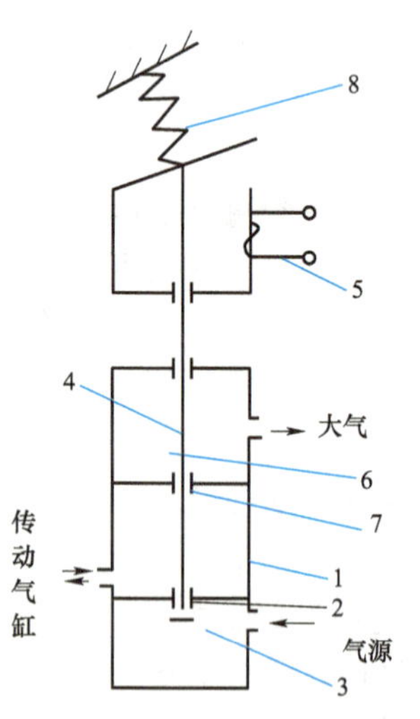

1—阀体；2—下阀门；3、6—阀块；4—阀杆；5—电磁铁；7—上阀门；8—反力弹簧。

图 6.21　闭式电空阀的结构原理

2. 电空传动装置

主电路电器通常采用电空传动装置。电空传动装置由压缩空气驱动装置和电空阀组成。电空传动装置按其结构形式分为气缸式传动装置和薄膜式传动装置。

电空阀借电磁吸力来控制压缩空气管路的导通或关断，从而达到远距离控制气动器械的目的。

电空阀按工作原理分开式和闭式两种。不管是开式电空阀还是闭式电空阀，从结构来说都由电磁机构和气阀两部分组成，工作原理也类似，其中闭式电空阀是应用较多的一种，如图 6.21 所示。其工作原理如下。

当线圈有电时，衔铁吸合，阀杆动作，使上阀门关闭，下阀门打开，关断了传动气缸和大气的通路，打开了气源和传动气缸的通路，压缩空气从气源经电空阀进入传动气缸，推动气动器械动作。当线圈失电时，衔铁在反力弹簧作用下打开，带动阀杆上移，使下阀门关闭，上阀门打开，关断了气源和传动气缸的通路，打开了传动气缸与大气的通路，传动气缸的压缩空气经电空阀排向大气，气动器械恢复原状。

（1）气缸式传动装置

气缸式传动装置主要由气缸、活塞和电空阀等组成。它又可分为单活塞和双活塞两种。

① 单活塞压缩空气驱动装置

如图 6.22（a）所示为单活塞压缩空气驱动装置，气缸内压缩空气的进入和排出是由电空阀控制的。当电空阀有电时，其控制的压缩空气进入传动气缸，推动活塞，压缩弹簧，使活塞杆右移，带动触头闭合。当电空阀失电时，其控制的气源被关断，在弹簧的作用下，推动活塞，带动活塞杆左移，使触头打开。通常活塞由皮碗或耐油橡胶制成，活塞上涂有机油，以减少摩擦力并具有良好的密封性能。

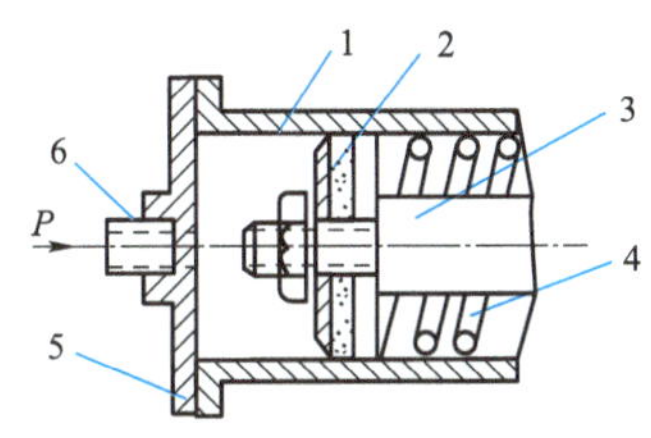

(a) 单活塞压缩空气驱动装置

1—气缸；2—活塞；3—活塞杆；4—弹簧；5—气缸盖；6—进气孔。

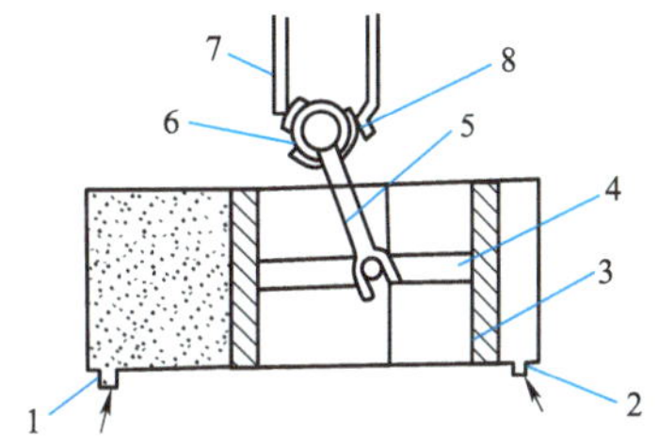

(b) 双活塞压缩空气驱动装置

1、2—气口；3—活塞；4—活塞杆；5—曲柄；6—转鼓；7—静触头；8—动触头。

图 6.22　气缸式传动装置

该种传动方式的优点是工作行程可以选择，以满足开距和超程的要求。缺点是摩擦力较大，动作较慢。

② 双活塞压缩空气驱动装置

图 6.22（b）所示为双活塞压缩空气驱动装置。与活塞杆 4 相连的两个活塞均由压缩空气驱动，压缩空气由电空阀控制，它有两个工作位置：当气口 1 开通与气源的通路时，气口 2 则开通与大气的通路，压缩空气从气口 1 进入气缸，活塞被推向右侧，活塞杆 4 带动曲柄 5 使转鼓 6 反时针方向转过一个角度，带动触头开闭转换，传动装置处在第一个工作位置；反之，若气口 2 开通与气源的通路，则气口 1 开通大气的通路，动作过程相反，传动装置处在第二个工作位置。该装置的活塞是通过涨圈与气缸内侧进行配合的。由于双活塞压缩空气驱动装置所能控制的行程受一定的限制，且对被控制的触头不具有压力的传递等原因而较少采用。

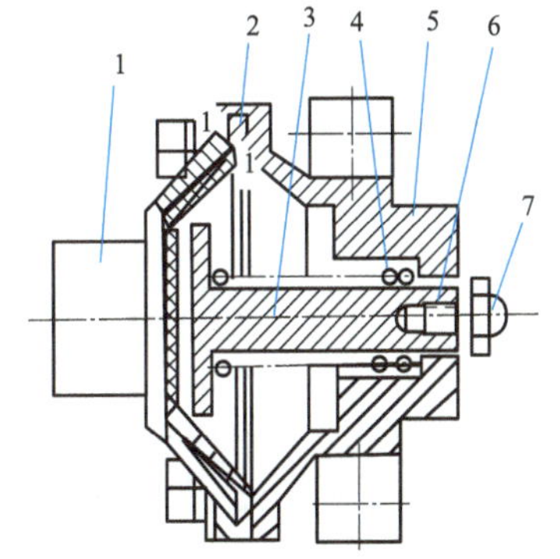

1—气缸盖；2—弹性薄膜；3—活塞杆；4—复原弹簧；5—气缸座；6—衬套；7—杆头。

图 6.23　薄膜式传动装置

（2）薄膜式传动装置

薄膜式传动装置的结构如图 6.23 所示。

当电空阀有电时，压缩空气进入气缸内，作用在弹性薄膜 2 上的压力增大到大于右侧复原弹簧 4 的反作用力时，鼓动弹性薄膜 2，推动活塞杆 3 右移，驱动电器触头闭合或断开。当电空阀失电时，气缸内的压缩空气排出，在复原弹簧 4 的反力作用下，使活塞杆 3 复原，驱动电器触头动作。

与气缸传动结构相比，薄膜式传动的优点是动作灵活，摩擦力和磨损较小，因此使用寿命较长，加工制作及维修方便。此外，它是靠薄膜突然变形驱动电器触头动作的，有利于触头断开时熄灭电弧。它加工制造方便，消耗金属材料较少，重量轻，在运行中不必润滑，维修较方便。薄膜式传动装置的缺点是行程由薄膜变形量决定，故其活塞杆行程较小。此外，在低温下薄膜材料易丧失弹性，使变形处容易开裂，需经常更换。

项目 7

动车组低压电器

项目描述

本项目主要介绍低压电器的结构原理和常见故障的分析处理，为实际解决低压电器故障打下基础。

学习目标

1. 能力目标

了解动车组低压电器相关理论知识。

熟悉动车组低压电器的结构组成及工作原理。

掌握动车组低压电器的检修规程及作业标准。

2. 知识目标

能够区分动车组各型低压电器。

能够对动车组低压电器进行一般维修。

能够判断动车组低压电器的简单故障并处理。

能够对动车组低压电器进行分解、检修组装及试验。

3. 素质目标

培养学生自学的能力。

培养学生勤奋刻苦的学习态度和严谨的职业素养。

任务 7.1　动车组用接触器的结构及原理

工作任务

掌握接触器的基本结构和工作原理。

掌握常用接触器的参数及特性。

相关配套知识

动车组在运行过程中除了要接收高电压、大电流之外，还要实现电路的开关、控制、转换、保护、检查、调节。在这个过程中，动车组就需要低压电器来进行控制。

动车组的主电路及辅助电路等控制电路中都采用了低压电器，所以低压电器的性能如何、运行是否可靠直接关系到动车组的运行质量高低。

接触器是指工业电中利用线圈流过电流产生磁场，使触头闭合，以达到控制负载的电器。接触器由电磁系统（铁心、静铁心、电磁线圈）、触头系统（常开触头和常闭触头）和灭弧装置组成。

与其他开关电器比较，接触器的特点是动作频繁；能通、断较大电流，但一般情况只通断正常额定电流，而不能通断短路或故障电流；可以实现一定距离的控制。

7.1.1 接触器的组成

接触器由触头装置、电磁机构、灭弧装置、安装固定装置组成，图 7.1 为 CJ20 系列交流接触器的结构示意图。

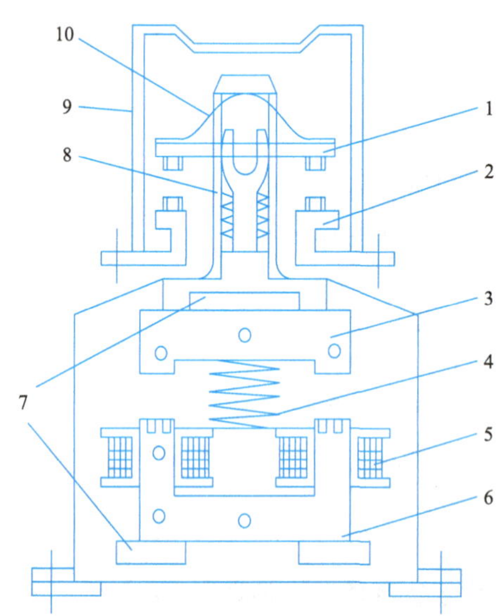

1—动触桥；2—静触点；3—衔铁；4—缓冲弹簧；5—电磁线圈；6—铁心；7—垫毡；8—触头弹簧；9—灭孤罩；10—触头压力弹簧。

图 7.1 CJ20 系列交流接触器的结构示意图

1. 触头装置

触头装置分为主触头和联锁触头（辅助触头）。触头系统中的主触头为常开触点，用于控制主电路的通断；辅助触头包括常开、常闭两种，用于控制电路，起电气联锁作用。辅助触头与灭弧装置通常在产品上要分开安装，以防电弧弧焰的危害。

辅助触头与主触头是联动的，在接触顺序上要求主触头闭合前常开联锁触头应提前闭合，闭合联锁触头应滞后分断；主触头分断时常开联锁触头应同时或提前分断，常闭联锁触头应同时或稍滞后闭合。

2. 电磁机构

电磁机构的主要作用是将电磁能量转换成机械能量，将电磁机构中吸引线圈的电流转换成电磁力，带动触头动作，完成通断电路的控制作用。其作用原理为当线圈中有工作电流通过时，电磁吸力克服弹簧的反作用力，使得衔铁与铁心闭合，由连接机构带动相应的触头动作。

电磁机构由吸引线圈、铁心、衔铁三大部分组成；按照衔铁的运动方式，电磁机构可以分为直动式和拍合式，如图 7.2 所示。

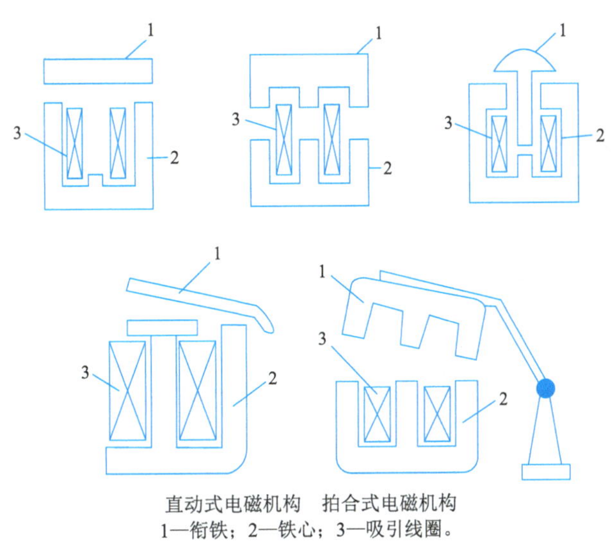

1—衔铁；2—铁心；3—吸引线圈。

图 7.2　电磁机构

3. 灭弧装置

灭弧装置一般与主触头配合使用，在主触头断开电路产生电弧时，用来及时地熄灭电弧，切断电路并保护触头。根据电流的性质、灭弧方法和原理，可以制成各种灭弧装置。

熄灭电弧的主要措施有：迅速增加电弧长度（拉长电弧），使得单位长度内维持电弧燃烧的电场强度不够而使电弧熄灭；使电弧与流体介质或固体介质相接触，加强冷却和去游离作用，使电弧加快熄灭。图 7.3 为金属栅片灭弧示意图。

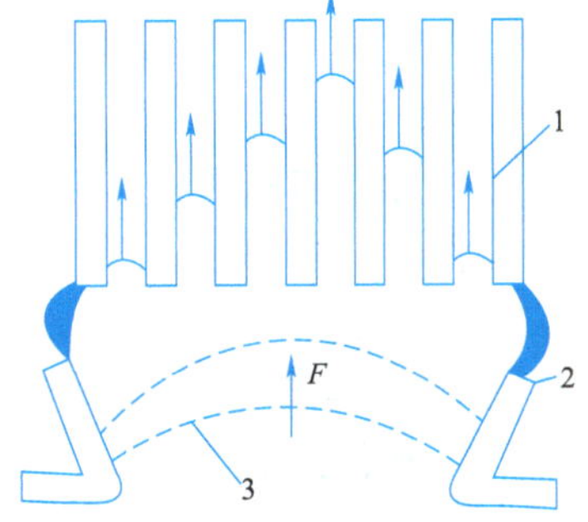

1—灭弧栅片；2—触头；3—电弧。

图 7.3　金属栅片灭弧示意图

4. 安装固定装置

安装固定装置属于非工作部分，用以合理地安装和布置电器各部件。

7.1.2　接触器的分类

1. 按传动方式分类

按传动方式可分为电磁接触器和电空接触器。电磁接触器采用电磁传动装置，电空接触器采用电空传动装置。电磁接触器一般应用于辅助电路中，电空接触器应用于主电路中。

2. 按主触头通断电流的性质分类

按主触头通断电流的性质可分为交流接触器和直流接触器。对于某些在触头系统中控制的是交流电路，而线圈接入的是直流电路的接触器，又称交直流接触器。在动车组中无论是交流接触器还是直流接触器，线圈一般采用直流控制。

3. 按线圈接入电路方式分类

按线圈接入电路方式可分为串联电磁接触器和并联电磁接触器。一般用并联电磁接触器。

4. 按主触头所处的环境分类

按主触头所处的环境可分为空气式接触器和真空式接触器。空气式接触器的主触头敞在大气中，采用的是一般的、常用的灭弧装置。而真空式接触器的主触头密封在真空装置中，它利用的是真空灭弧原理，具有很高的切换能力。

5. 按主触头的数量分类

按主触头的数量可分为单极接触器和多极接触器。单极接触器只是有一对主触头，多极接触器有两对以上的接触器，它们分别用于控制单相电路和多相电路。

7.1.3 接触器的基本参数

1. 额定电压

额定电压是指主触头持续工作制下的工作电压，在此电压范围之内，主触头可以长期持续工作。

2. 额定电流

额定电流是指主触头持续工作制下的工作电流，在此电流范围之内，主触头可以长期持续工作。

3. 切换能力

切换能力又称开闭能力、通断能力，是指触头在规定条件下接通和切断负载的电流值。在此电流值下通断负载时，不应发生触头熔焊、电弧和过分磨损等现象，保证接触器能在较坏的条件下可靠地工作。

4. 动作值和释放值

动作值是指接触器吸合时所需的电压或电流值。释放值是指接触器吸合后，逐渐降低电压或电流值，当减小到某一值时，接触器不能持续吸合而断开。对电空接触器而言，还应包括电空阀的动作电压（或气缸相应的气压值）。

5. 操作频率

操作频率是指接触器在每小时内允许操作的次数。接触器的操作频率越高，每小时开闭的次数就越多，触头及灭弧室的工作任务也就越重，对交流接触器来说，吸引线圈受到的冲击电流及衔铁铁心受到的冲击次数也就越多，操作频率对常用的交、直流接触器来说，常采用每小时 150、300、600、1 200 次的规定。

6. 机械寿命和电气寿命

机械寿命是指接触器在无负载操作下无零部件损坏的极限动作次数。电气寿命是指接触器在规定的操作条件下且无零部件损坏的极限动作次数。目前，接触器的机械寿命一般可达百万次到千万次以上，而电器寿命则按不同的使用类别和不同的机械寿命级别有一定的百分比，一般为机械寿命的 1/5 左右。

7. 动作时间和释放时间

动作时间（又称闭合时间）是指从电磁铁吸引线圈通电瞬间时起到衔铁完全闭合所需要的时间；释放时间（又称开断时间）是指从电磁铁吸引线圈断电瞬间起到衔铁完全打开所需要的时间。为了能准确可靠地对有关电路进行控制，对接触器的动作时间也有一定的要求。例如，直流接触器的闭合时间一般为 0.04～0.11 s，开断时间为 0.07～0.12 s；交流接触器的闭合时间一般为 0.05～0.1 s，而开断时间为 0.1～0.4 s。

接触器除应满足以上基本参数的要求外，还应满足在 85%额定电压下保证接触器正常工作的要求。

另外，在选择电磁接触器时还应考虑工作制的要求。

7.1.4　动车组接触器的结构和工作原理

1. 电磁接触器

动车组上所用的接触器全是电磁接触器，电磁接触器采用的是电磁传动装置，通常又分为直流、交流、交直流三大类。下面仅介绍直流和交流电磁接触器。

1）直流电磁接触器

CZT-20B 型直流电磁接触器的结构如图 7.4 所示，该型接触器现用在 SS_4、SS_{6B} 和 SS_8 型电力机车的控制电路中，也可用于辅助电路中。接触型号含义为：C——接触器；Z——直流；T——铁路用；20——负载级别（A）；B——主接触点构成，表示 2 常开、1 常闭，无 B 则表示 2 常开。

图 7.4　CZT－20B 型直流电磁接触器

接触器主要由触头装置、传动装置和灭弧装置等组成。

① 触头装置。由 2 常开、1 常闭的主触头和 2 常开、2 常闭的联锁触头组成，联锁触头的通断电流为 5 A，主触头可通断额定电压 DC440 V 的直流电路，主触头端子有“+”“－”极性，要按标志接线。

② 传动装置。为直动式直流电磁铁。

③ 灭弧装置。采用灭弧罩和磁吹装置。灭弧室不能装反，不要拆除灭弧室内的磁铁。

2）交流电磁接触器

（1）CJ20 系列三相交流电磁接触器

CJ20 系列三相交流电磁接触器主要型号为 CJ20－100Z 型和 CJ20－160Z 型。其型号含义为：C——接触器；J——交流；20——设计序号；100（160）——主触头额定电流（A）；Z——直流控制。

CJ20 系列三相交流电磁接触器用于动车组辅助电路。结构形式为直动式，立体布置、双断点、开启式，并采用压铸铝底座、增强耐弧塑料底板和高强度陶瓷灭弧罩组成三段式结构，使接触器结构紧凑，便于检修和更换线圈。它主要由触头装置、传动装置和灭弧装置等组成。

① 触头装置。动主触头中的动触桥为船型结构，因而具有较高的强度和较大的热容量。160 A 以下选用黄铜拉伸触桥。静主触头选用型材并配以铁质引弧角，使之既具有形状

的稳定性，又便于电弧的外运动，触头材料选用 Ag－CdO12，其特点是具有较好的抗熔焊性能和耐电磨损的性能。联锁触头安置在主触头两侧，采用无色透明聚碳酸酯做成封闭式结构，确保防尘，使接触可靠，160 A 及以下等级为 2 常开、2 常闭。

② 传动装置。采用具有双线的 U 形铁心磁系统，衔铁为直动式，没有转轴，气隙置于静铁心底部中间位置，因而释放可靠磁系统的缓冲装置采用新型的耐高温吸振材料硅橡胶，还选用了耐磨性好的聚氨酯橡胶做停挡。

③ 灭弧装置。采用高强度陶瓷纵缝灭弧罩。

CJ20 系列三相交流电磁接触器的主要技术参数见表 7.1。其参数、特性出厂时已调好，一般可直接使用，不必调整。

表 7.1　CJ20 系列三相交流电磁接触器的主要技术参数

型　号			CJ20－100Z	CJ20－160Z
额定工作电压/V			380	380
额定工作电流/A			100	160
主触头	开距/mm		6	6.6
	超程/mm		2.5±0.5	3±0.6
	初压力/N		15.7±1.6	24.5±2.5
	终压力/N		19.6±2	29.4±3
辅助触头	额定发热电流/A		10	10
	额定工作电流/A		0.55	0.55
	开距/mm		4.5	4.5
	超程/mm	常开	3±1	3±1
		常闭	3±0.5	3±0.5
	初压力		1.13±0.12	1.13±0.12
	终压力		2.06±0.2	2.06±0.12
控制线圈	线径/mm		0.41	0.55
	匝数		1 500	1 000
	20 ℃阻值/Ω		29.0	15.3

（2）3TB 系列三相交流电磁接触器

3TB 系列三相交流电磁接触器分为 3TB5217－OBF4 型和 3TB4817－OBF4 型。其型号含义为：3TB——3TB 系列；52、48——级别代号；17——辅助触头规格与数量（17 代表 2 常开、2 常闭）；OB——直流操作（OA 表示交流操作）；F4——线圈电压与频率代号（4 为直流 110 V）。主要用于接通和断开三相异步电动机等电气设备。

3TB 系列三相交流电磁接触器采用体积小，质量轻的双断点、直动式结构，3TB 系列三相交流电磁接触器均采用单 U 形双绕组磁系统，主要由触头装置、传动装置、灭弧装置等组成。

① 触头装置。采用接触电阻稳定、抗熔焊、耐磨的银氧化钢、银氧化锡及镍等材料，触头支持作用特别耐热耐弧的塑料制成。辅助触头安装在基座两侧，为 2 常开、2 常闭。

② 传动装置。采用单 U 形双绕组直流磁系统，线圈按长期工作制设计，寿命长、无噪声、无冲击电流。在单 U 形双绕组直流磁系统磁轭中部分有一不变气隙，可保证衔铁可靠释放。

③ 灭弧装置。灭弧室中装有桥形灭弧导板，两旁各有带齿形的缺口栅片，使电弧能快速拉出熄灭。

接触器采用机械强度高、导热性好的铝合金基座。

3TB 系列三相交流电磁接触器的主要技术参数参见表 7.2。

表 7.2　3TB 系列三相交流电磁接触器的主要技术参数

<table>
<tr><th colspan="3">型　号</th><th>3TB4817－OBF4</th><th>3TB5217－OBF4</th></tr>
<tr><td colspan="3">额定工作电压/V</td><td>380</td><td>380</td></tr>
<tr><td colspan="3">额定工作电流/A</td><td>75</td><td>170</td></tr>
<tr><td rowspan="2">主触头</td><td colspan="2">开距/mm</td><td>7.1±1.3</td><td>9.3±0.35</td></tr>
<tr><td colspan="2">超程/mm</td><td>2.6±0.4</td><td>3.2±0.35</td></tr>
<tr><td rowspan="8">辅助触头</td><td colspan="2">额定发热电流/A</td><td>10</td><td>10</td></tr>
<tr><td colspan="2">额定发热电压/V</td><td>110</td><td>110</td></tr>
<tr><td rowspan="2">额定工作电流/A</td><td>DC1</td><td>3.2</td><td>8</td></tr>
<tr><td>DC11</td><td>1.8</td><td>2.4</td></tr>
<tr><td rowspan="4">开距/mm
超程/mm</td><td rowspan="2">常开</td><td>5.4±2.4</td><td>9.4±2.1</td></tr>
<tr><td>4.9±1.5</td><td>3.11</td></tr>
<tr><td rowspan="2">常闭</td><td>6.2±1.9</td><td>7.2±3.2</td></tr>
<tr><td>4.11</td><td>5.3±2.2</td></tr>
<tr><td rowspan="3">控制线圈</td><td colspan="2">线径/mm</td><td>0.25</td><td>0.38</td></tr>
<tr><td colspan="2">匝数</td><td>2×7839</td><td>2×5560</td></tr>
<tr><td colspan="2">20 ℃阻值/Ω</td><td>618 683</td><td>300</td></tr>
</table>

（3）6C 系列交流电磁接触器

6C 系列交流电磁接触器分为 6C180 型和 6C110 型。其型号含义为：6——序号；C——接触器；180、110——主触头额定电流（A）。

主要用于动车组、SS4 型电力机车的辅助电路中，控制辅助电机等设备。

两种型号的结构基本相同，主要包括触头装置、传动装置、灭弧装置等。

① 触头装置。主触头采用常开直动式桥式双断点。

② 传动装置。磁系统为单 E 形直动式，具有较陡的吸力特性，控制线圈由启动线圈和保持线圈并联组成，并增加一个桥式整流器，使控制电流为交、直流两用，桥式整流器输入、输出端都加有压敏电阻进行过电压保护。控制线圈通电后，启动线圈和保持线圈同时工作，在接触器快吸合时，启动线圈断开，只有保持线圈工作。启动线圈的分断由接触器自身一常闭联锁触头完成。

③ 灭弧装置。灭弧罩采用高强度耐弧塑料制成，罩内设有割弧栅片。

6C180 型交流电磁接触器的灭弧室与触头支持件之间设有机械联锁装置，当灭弧罩取下后，机械联锁装置即将触头支持件锁住，此时即使有人操作，触头系统也不会动作，能可靠保证维修人员的安全。在控制线圈引线边有一红色指示器，指示接触器的闭合或断开。

6C180 型交流接触器具有操作频率高、主触头压力大、抗熔焊性好、耐电弧等优点，应用较多。在许多电力机车上，原用的 3TB 系列 6C110 型都改用 6C180 型。6C 系列交流接触器结构为模块化设计，配件通用性大，便于维护及更换。6C110 型、6C180 型交流接触器的主要技术参数如表 7.3 所示。

表 7.3　6C110 型、6C180 型交流接触器的主要技术参数

<table>
<tr><th colspan="3">型　　号</th><th>6C110</th><th>6C180</th></tr>
<tr><td rowspan="6">主触头</td><td colspan="2">额定绝缘电压/V</td><td>1 000</td><td>1 000</td></tr>
<tr><td colspan="2">运行电流频限/Hz</td><td>25～400</td><td>25～400</td></tr>
<tr><td rowspan="2">运行电流</td><td>I/A</td><td>160</td><td>260</td></tr>
<tr><td>AC3（415F）/A</td><td>110</td><td>180</td></tr>
<tr><td colspan="2">接通能力（均方根值）</td><td>1 100</td><td>1 800</td></tr>
<tr><td colspan="2">分断能力（≤440 V）</td><td>1 300</td><td>1 800</td></tr>
<tr><td rowspan="4">辅助触头</td><td colspan="2">型号</td><td colspan="2">6CA21R</td></tr>
<tr><td colspan="2">约定发热电流 I_{th}/A</td><td colspan="2">15</td></tr>
<tr><td colspan="2">额定绝缘电压/V</td><td colspan="2">660</td></tr>
<tr><td colspan="2">运行电流/A</td><td colspan="2">16.5（DV24 V），15（DC110 V）</td></tr>
<tr><td rowspan="3">控制线圈</td><td colspan="2">型号</td><td colspan="2">6CC180/415</td></tr>
<tr><td colspan="2">控制电源</td><td colspan="2">交流或直流</td></tr>
<tr><td colspan="2">额定电压/V</td><td colspan="2">110</td></tr>
<tr><td rowspan="2">控制线圈</td><td rowspan="2">电阻</td><td>闭合/Ω</td><td colspan="2">46</td></tr>
<tr><td>吸持/Ω</td><td colspan="2">1 240</td></tr>
<tr><td colspan="3">机械寿命/百万次</td><td>10</td><td>10</td></tr>
<tr><td colspan="3">电器寿命/百万次</td><td>1.2</td><td>1.2</td></tr>
<tr><td colspan="3">最大操作频率/（次/h）</td><td>2 400</td><td>2 400</td></tr>
</table>

2. 电空接触器

电空接触器因其具有较大的开断能力，在动车组中很少用到，一般用在电力机车上主电路中。

电空接触器的工作原理示意图如图 7.5 所示。其一般由触头装置、灭弧装置、传动装置等组成。当电空阀线圈得电时，其制控的压缩空气进入气缸，推动活塞，压缩开断弹簧而向上运动，使动、静主触头闭合。当电空阀线圈失电时，其控制的压缩空气排向大气，在开断弹簧的作用下，推动活塞带动活塞杆和动主触头下移，动、静主触头打开，同时灭弧。在主触头动作的同时，联锁触头也相应动作。

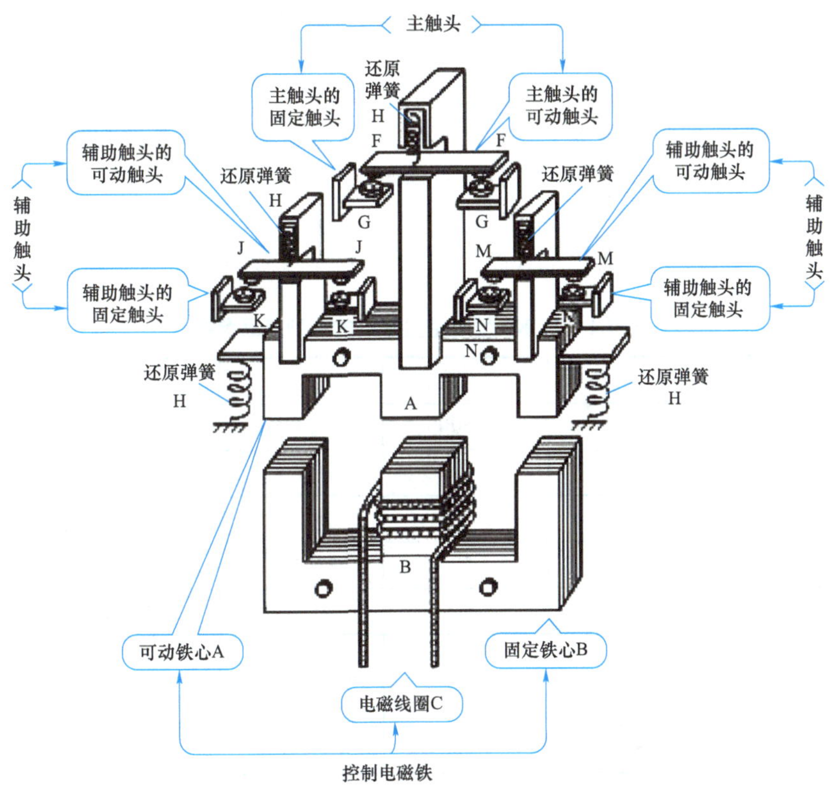

图 7.5　电空接触器的工作原理和结构示意图

（1）TCK7－400/1500 型电空接触器

其型号含义为：T——铁路用；C——接触器；K——压缩空气控制；7——设计序号；400——主触头额定电流，A；1500——开断电压（V）。

主要用于 SS_4 型和 SS_1 型电力机车上，用于控制磁场削弱电阻。由于磁场削弱电阻上的压降低，且又是电阻性负载，所以 TCK7－400/1500 型电空接触器不带灭弧装置，主要由触头装置和传动装置等组成，电空接触器结构示意图如图 7.5 所示。

① 触头装置。主触头为直动桥式双断点，触头表面成 120° 夹角，其材质为紫铜，其上焊有银片，且动、静主触头之间为面接触，有较好的导电性能。

② 联锁触头。采用通用件，为一行程开关。

③ 传动装置。采用的是薄膜传动装置，它主要由气缸、活塞、皮碗和反力弹簧等组成，本身不带有专门的电空阀。

其工作原理如下。当电空阀控制的压缩空气通过管接头进入气缸时，鼓动皮碗推动活塞克服反力弹簧之反力，使活塞杆、绝缘杆上移，动、静主触头闭合，联锁触头相应动作。当电空阀失电时，气缸内的压缩空气经电空阀排向大气，在反力弹簧作用下，使活塞杆、绝缘杆下移，带动主触头打开。

（2）TCK7－600/1500 型电空接触器

TCK7－600/1500 型接触器主要控制机车主电路的有关励磁电流回路和牵引电机回路。它主要由触头装置、灭弧装置和传动装置组成。

① 触头装置。主要由主触头和联锁触头组成，主触头为 L 型，线接触，紫铜基面上镶有银碳化钨粉末冶金片，它有较好的抗熔焊、耐电弧、耐机械磨损和电磨损性能，且导电、导热性能好。联锁触头为 KY1 型盒式桥式双断点触头，材质为银，2 常开、2 闭合。

② 灭弧装置。主要由灭弧罩（短弧灭弧和长弧灭弧原理）、灭弧线圈等组成。

③ 传动装置。由电空阀、传动气缸、绝缘杆等组成。电空阀为 TFKIB－110 型闭式电空阀。传动气缸竖放，绝缘杆用以隔离带电体。

TCK7 型电空接触器的系列产品参数见表 7.4，电空接触器的技术参数见表 7.5。

表 7.4　TCK7 型电空接触器的系列产品参数

型　号	用于机车型号	额定电压/V	额定电流/A	灭弧方式	联锁触头数
TCK7	SS_3	1 500	DC600	有灭弧罩	2 开 2 闭
TCK7A	DF_4	1 500	DC600	有灭弧罩	
TCK7B	SS_3	1 500	DC600	无灭弧罩	2 开 2 闭
TCK7C	SS_3	1 500	DC600	有灭弧罩	2 开 4 闭
TCK7D	SS_3	1 500	AC600	有灭弧罩	2 开 2 闭
TCK7E	DF_4	1 500	DC600	有灭弧罩	2 开 2 闭
TCK7F	SS_4	1 500	DC1 000	有灭弧罩	2 开 2 闭
TCK7G	SS_5	1 500	AC1 000	有灭弧罩	2 开 1 闭

表 7.5　电空接触器的技术参数

型　号	NCK－110（TCK2－830/150）	QC1－400（TCK1－400/1500）	TCK7B	NCK－3（TCK3－820/700）	QCK5－1	TCK7 TCK7D	UP－2929A
绝缘电压/V	1 000	1 500	1 500	1 000	1 500	1 500	1 000
工作额定电压/V	750	35	35	770	1 500	1 500	925
额定电流/A	830	400	600	800/820	400	600	945
触头形式	单断点	双断点	单断点	单断点	单断点	单断点	双断点
开距/mm	16～19	单边 5+5.5	＞18	16～19	27～30	19～23	25.5±0.5
超程/mm	6	2±1	4～6	＞0.5	＞3	7～14	
滚动距离/mm			＞8		8～12	＞8	

续表

型　号	NCK－110（TCK2－830/150）	QC1－400（TCK1－400/1500）	TCK7B	NCK－3（TCK3－820/700）	QCK5－1	TCK7 TCK7D	UP－2929A
滑动距离/mm			0.5～1.5		1.5	0.5～1.5	
初压力/N		68.65±9.8	58.84～83.86		68.65～88.26	58.54～83.86	
终压力/N	31.37	98±9.8	156.9～196.1	392.2	147.1～196.1	156.9～196.1	558.6±78.4
宽度/mm		25			25		
接触线宽度/mm		20			20		
弧触头开距/mm							15±1
弧触头压力/N							107.8±29.4
数量	2常开 2常闭	同CJ10接触器辅助触头	2常开 2常闭	2常开 2常闭	2常开 2常闭	2常开 2常闭	
额定电压/V	110	110	110	110	110	110	110
额定电流/A	5		10		5	10	10
终压力/N			3.138		1.96～3.923	3.138	2.94±0.98
升距/mm							$3.5^{+0}_{-0.5}$
额定工作气压/MPa	490	490	490	490	490	490	490
气缸直径/mm			45		45	45	
活塞行程/mm			22～24		29～30	22～24	
电空阀控制电压/V	110	110	110	110	110	110	110

TCK7型的派生产品很多，结构基本相同，例如，TCK7B型系列没有灭弧装置，TCK7C型系列仅多了两对常闭联锁触头，TCK7D型系列取消了灭弧线圈中的铁心。

3. 真空接触器

真空接触器由于其灭弧原理上的特点，比较适用于交流电路（若熄灭直流电弧，需采取适当的措施）。它比传统的空气交流接触器有更多的优点，具有耐压强度高，介质恢复速度快，接通分断能力大，电气和机械寿命长等特点，可在重任务条件下供重要场合使用。

真空接触器的型号包括：EVS630/1－110DC型、EVS700/1－110DC型。其型号含义为：EVS——接触器；630、700——工作电流（A）；1——极数；110——电源的电压值；DC——控制电源类型。

EVS630/1－110DC 型真空接触器在 SS_4 改型电力机车主电路中用来接通或断开功率因数补偿装置（PFC）。

EVS700/1－110DC 型真空接触器在列车供电电路中，实现机车向列车供电的控制。在真空接触器的基座上，电磁驱动结构和装在其旁的辅助开关组件位于真空开关管的上方。真空开关管的动触头经联轴节组件和电磁驱动机构连接，并经软连接和上连接板连接。真空开关管的静触头支杆经连接卡圈和下连接板连接。在断开状态下，真空开关管的两触头拉开 1.5 mm。由于在真空中，这么小的距离已能完全开断电路。触头被拉开的状态是由驱动系统中的压力弹簧实现的。真空接触器的电磁铁设计为带节能电阻的直流电磁铁。接通控制电源时，电磁铁对压力弹簧做功，释放动触头支杆，动触头支杆借助外部作用力使动、静触头闭合。真空接触器具有接通、分析能力大，电气和机械寿命长等特点，可在重任务条件下供重要场合作用。但也易出现电弧在电流过零前熄灭，出现截流现象，因而在电感电路中产生过电压。EVS630 型真空接触器主回路的技术参数见表 7.6。

表 7.6　EVS630 型真空接触器主回路的技术参数

额定工作电流/A	630
额定工作电压/V	1 140
额定工作频率/Hz	50
额定接通能力/ A	6 300
额定分断能力/ A	5 040
额定短时耐受电流/ A	8 000
额定峰值耐受电流/ A	13 600
机械寿命/次	$\geqslant 5\times10^6$
电寿命	0.6×10^5
最大机械操作频率/（次/h）	3 000

辅助电路的技术参数见表 7.7。

表 7.7　辅助电路的技术参数

额定工作电流/A	DC0.4
额定工作电压/V	DC220

任务 7.2　动车组用继电器的结构及原理

工作任务

掌握继电器的基本结构和工作原理。

掌握常用继电器的参数及特性。

相关配套知识

7.2.1　继电器的定义及组成

继电器是一种根据输入量变化来控制输出量跃变的自动电器，可控制、保护有关电器设备，是一种应用非常多的电器。

所有继电器，不论其形状、工作原理有何不同，均可认为是由测量机构、比较机构和执行机构等组成的。

输入量可以是电量，如电压、电流、阻抗、功率等，也可以是非电量，如压力、速度、温度等。输入量可以是一个量，也可以是两个或多个量。

测量机构（亦称环节或部分）的作用是反映输入量并进行物理量的相互转换。如电磁继电器，测量机构是线圈和铁心构成的磁系统，用来测量输入电量的大小，并在衔铁上将电量转换成相应的电磁吸力。

比较机构的作用是将输入量（或转换量）与其预设的整定值进行比较，根据比较结果决定执行机构是否动作，如电磁继电器的反力弹簧等。当电磁吸力大于反作用力时，衔铁吸合，接点（联锁触头）动作；当电磁吸力小于反作用力时，衔铁不吸合，接点不动作，没有输出。一般可以在比较环节上调整（整定）继电器的动作值。

执行机构的作用是根据比较结果决定是否动作，执行机构对有触点的继电器来说是接点。对无触点的继电器来说一般是晶体管的导通和截止。

输出量是根据比较结果来决定有无的。不管输入何种物理量，输出量往往是电量。需要说明的是，对于有触电的继电器来说，也可按电器的基本理论所述，将其分为触头装置和传动装置（一般没有灭弧装置）。

7.2.2　继电器的分类

继电器的用途广，种类多，有时对同一种继电器，也常从不同的方面去说明它的特点，此处仅根据目前在动车组上的使用情况来分类。

按用途分：有控制继电器和保护用继电器。

按输入的物理量分：有电量继电器（如电压、电流继电器）和非电量继电器（如风压、风速继电器）。

按动作原理分：有电磁式、电子式、机械式等。

按输入电流性质分：有直流继电器和交流继电器。

按接点情况分：有触点继电器和无触点继电器。

按作用分：有电流继电器、电压继电器、时间继电器、中间继电器、压力继电器等。

7.2.3　继电器的特点

在动车组上，继电器一般不直接控制主电路（或辅助电路），而是通过其他较大的电器来控制主、辅电路。同接触器等较大电器相比，继电器具有以下特点。

继电器触头容量小，采用点接触形式，没有灭弧装置，体积和质量也比较小。

继电器的灵敏度要求极高，输入量、输出量应易于调节。

继电器能反映多种信号（如各种电量、速度、压力等），其用途广泛，外形多样化。

继电器不能用来开断主电路及大容量的控制电路。

7.2.4 继电器的基本参数

额定值：指输入量的额定值及输出量的额定值。如额定电压、额定电流、额定气压等。

动作值：指能使接点闭合的输入物理量的最小值，有时也称整定值。

返回值：指能使接点打开的输入物理量中的最大值。需要注意的是，衔铁的释放值不一定是继电器的返回值。

返回系数：指继电器的返回值 X_{fh} 与动作值 X_{dz} 之比，称为返回系数，用 K_{fh} 表示，即

$$K_{fh}=X_{fh}/X_{dz} \tag{7.1}$$

返回系数是继电器的重要参数之一。对继电器来说，一般 $K_{fh}<1$，K_{fh} 越接近 1，继电器动作越灵敏，但抗干扰能力就越差，所以返回系数也不完全是越高越好，对控制继电器来说，返回系数要求不高，对保护继电器则要求有较高的返回系数。

动作值的调整：继电器的动作值（或返回值）的调整，也称继电器参数的整定。电磁继电器的整定，可通过改变反力弹簧和工作气隙来实现。对电子继电器来说，可改变比较环节的电位器的阻值等来实现。

7.2.5 动车组用继电器

电磁继电器具有工作可靠、结构简单及易于制造等优点，所以在动车组上被大量采用。

电磁继电器又分为直流和交流两种。为了与接触器对比认识，并利用电器基本理论，在介绍有关有触电继电器的组成时，会按传动装置和触头（接头）装置两部分来进行说明。

1. 中间继电器

中间继电器用于继电保护与自动控制系统中，以增加触点的数量及容量，还被用于在控制电路中传递中间信号。中间继电器的延时方式主要有两种，分别是通电延时和断电延时，安装方式主要分为固定式、凸出式、嵌入式、导轨式。它一般是没有主触点的，因为过载能力比较小，所以它用的全部都是辅助触头，数量比较多。

中间继电器均由固定铁心、动铁心、弹簧、动触点、静触点、线圈、接线端子和外壳组成。当线圈通电时，动铁心在电磁力作用下动作吸合，带动动触点动作，使常闭触点分开，常开触点闭合；当线圈断电时，动铁心在弹簧的作用下带动动触点复位。

对于不同的控制线路，中间继电器的作用有所不同，其在线路中的作用常见的有以下几种：代替小型接触器；增加接点数量；增加接点容量；转换接点类型；消除电路中的干扰。

2. 时间继电器

当时间继电器的线圈通电时，在磁路中产生磁通。当磁通增加到能使衔铁吸动的数值时，衔铁开始动作，随着衔铁与铁心之间气隙的减小，磁通也增加。在衔铁与铁心吸合以后，磁通最大（此时的磁通大于将衔铁吸住时所需的磁通）。当线圈通电时，因为磁通的增长和衔铁的动作时间很短，所以联锁触头的动作几乎是瞬时的。当线圈断电时，电流将瞬时下降为零。相应于电流的主磁通亦迅速减小，但因其变化率很大，根据楞次定律，在阻尼铜套（或阻尼铝套）内部将产生感应电动势，并流过感应电流，此电流产生与原主磁地通方向

相同的磁通以阻止主磁通下降。这样就使磁路中的主磁通缓慢地衰减，直到衰减到不能吸住衔铁时，衔铁才释放，联锁触头才相应地打开（或闭合），这样就得到了所需的延时。如图 7.6 所示。

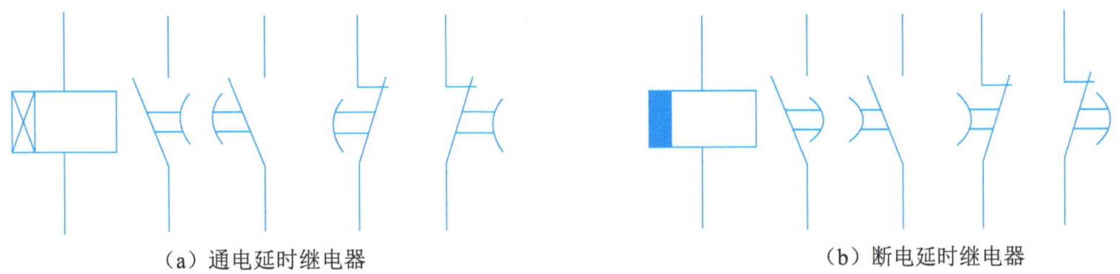

（a）通电延时继电器　　（b）断电延时继电器

图 7.6　时间继电器

延时时间的长短与阻尼铜套（或阻尼铝套）的电阻大小有关，电阻越小，延时越长。该型继电器的延时调整方法有两种。一种是更换不同厚度的非磁性垫片，亦即改变衔铁闭合后的工作气隙，增加垫片厚度可减少延时，反之将增加延时。非磁性垫片一般由磷钢片制成，厚度为 0.1 mm、0.2 mm、0.3 mm，这种延时调节为阶梯形，用于粗调。另一种是改变反力弹簧的松紧程度，反力弹簧越紧，延时越短，反之延时越长。但反力弹簧不能调得太松，否则有被剩磁粘住不释放的危险。这种方法可以平滑连续调节，用于细调。

3. 风道（风速）继电器

风速继电器装在各通风系统的风道里，用来反映通风系统的工作状态是否正常，以确保通风系统有一定的风量，保护发热设备。

风速继电器主要由测量、比较、执行 3 个环节组成。测量环节由风叶组成，用以感测风速。比较环节由扭簧和反力弹簧等组成，以决定继电器是否有输出（动作）。执行环节由微动开关来担任。在风叶轴上铆有传动块，并套有轴套，在轴套上套有扭簧，通过扭簧和传动块将风叶片上的力矩传到传动组件。传动组件由传动板、滚轮和弹性传动组件组成。传动块固定在轴套上，通过传动板上的拨杆，传动块又与扭簧相连，弹性传动组件上端套在微动开关的支架上，下端装有滚轮，通过滚轮与传动板接触。

当风叶片在风压力作用下转动时，传动块随着转动，传动块通过扭簧拨动传动组件，克服反力弹簧的作用，压迫微动开关动作，使其常开触头闭合，接通相应的控制电路并正常工作。

当通风系统发生故障无风量或风量很小时，风叶片在扭簧和反力弹簧的作用下恢复到原位，使继电器返回，微动开关释放，其常开触头打开，从而切断相应的控制电路。

继电器的动作值（风速）靠调节反力弹簧来整定，其返回值约为 6 m/s。

4. 风压继电器

风压继电器作为电力机车电阻制动和空气制动间的安全联锁，在电阻制动时，空气制动不能太强，以免车轮被抱死。

在风压继电器运行过程中，当气压达到动作值时，空气压力大于反力弹簧的反力，推动橡皮薄膜及活塞上行，通过传动件使接点动作。

5. 油流继电器

当油流正常循环时，油流推动叶片克服扭簧的扭力而转动，使其常闭联锁触头（叶片和接线柱）断开，从而使司机台上油流信号不显示。

当油流停滞时，叶片在扭簧的作用下返回，其常闭联锁触头接通，司机台上油流信号显示，表示油流不正常。油流继电器管体上标有油流方向箭头，分左、右两方向，不能装错。

近年来，在动车组上还采用了新型的电子继电器（晶体管保护装置），它具有功能好、体积小、动作灵敏、可靠等优点。其组成亦可分为测量环节、比较环节和执行环节三大部分。电子继电器通过触发器的翻转状态变化（晶体管的导通和截止）来完成控制电路的通和断，由于电路的通或断是靠晶体管的导通和截止来实现，无明显的开断点，所以也称无触点继电器。实际上，为了扩大输出功率，有时晶体管继电器的最终输出用的是小型中间继电器。一般电子继电器中还采用了大量的电阻、电容和二极管等，用来组成各功能电路。

任务 7.3　电器元件的维护与检修

工作任务

掌握接触器及继电器的维护方法。

掌握接触器及继电器常见故障的分析及处理措施。

相关配套知识

交流接触器是一种用来自动地接通或断开大电流电路的电器，它可以频繁地接通或分断交流电路，并可实现远距离控制。其主要控制对象是电动机，也可用于其他负载，具有控制容量大、过载能力强、寿命长、设备简单经济等特点，因此在电器控制中应用十分广泛。然而，交流接触器因其特殊的工作环境，难免会发生各种故障，如果不能及时有效地发现故障并将之排除，必然会对电气设备的正常工作带来影响，甚至导致电气设备烧毁的严重后果。

7.3.1　接触器的维护与检修

在对接触器进行维护前必须先断开电源，以保证人员和设备安全。

1. 外观检查

压缩空气清除灰尘。铁心极面上的灰尘用毛刷清除。用棉布蘸少量酒精擦拭油污后再用干布擦净，观察外观。如无异常情况，拧紧所有紧固件。

2. 灭弧罩维护

取下灭弧罩，用毛刷清除罩内落物及金属颗粒。当发现破裂、烧损、零部件（如灭弧栅片）变形松脱、位置变化等现象而不易修复时，应及时换新。重装时复原位，不能随意更换极位。

3. 触头的维护

定期检查触头的温升是否超过标准（主触头温升 75 ℃）。银或银基粉末冶金制成的触头表面有烧毛发黑的现象属正常，不影响工作，一般可不必清理。触头接触处如有金属颗粒或毛刺，可用细锉轻轻锉平，不能用砂纸或砂布擦拭。有铜触头的转动式接触器，若长时间没使用或连续工作 8 h 以上，在使用前先开闭 1～2 次，除去触头的氧化膜。当触头有开焊、裂缝或磨损到原厚度的 1/3 时，应换新。

4. 吸引线圈的维护

观察线圈外表层有无过热变色。定期检查线圈温升是否超过所规定的值（一般规定，当环境温度为 40 ℃，A 级绝缘的线圈用温度计测得的表面温升不得超过 60 ℃）。引线与导线是否有松动、开焊或将断的情况。线圈骨架有无碎裂、磨损或固定不正常现象。缓冲件是否完整。

5. 铁心的维护

观察铁心极端面有无变形、松开现象。用棉纱蘸少量汽油擦拭极面上的污垢。注意交流电磁铁的分磁环有无断裂。中柱气隙是否保持在 0.1～0.3 mm（如发现过小可略锉去一些）。观察直流电磁铁铁心的非磁性垫片是否磨损或脱落。缓冲件是否完整，位置是否正确。

6. 接触器转轴的维护

经常注意接触器的转轴转动是否灵活，在转轴与轴承处可注入少量润滑油，以保持转动灵活。

7. 常见故障分析及处理

（1）线圈故障

线圈烧毁的原因很多，例如，当电源电压过高时，超过额定电压的 110%就有可能烧毁线圈。另外，当电源电压过低时，低于额定值的 85%也有可能烧毁接触器线圈，这是由接触器衔铁吸合不上，线圈回路电抗值较小、电流过大而造成的。此外，电源频率与额定值不符、机械部分卡阻致使不能吸合、铁心极面不平造成吸合磁隙过大，环境方面的因素如通风不良、过分潮湿、环境温度过高等，都会引起这种故障。线圈断线故障常由线圈过热烧毁引起，也可能由外力损伤引起。

针对不同的原因，应采取不同的对策。如果是线圈不良故障，更换同型号线圈即可，铁心如有污物或极面不平，可视情况清理极面或更换铁心。

（2）交流接触器响声过大

电源电压过低、触头弹簧压力过大、铁心歪斜都可造成响声过大。交流接触器产生较大的响声，主要原因是线圈通入的是交流电，吸力是脉动的，因此可在极面上加短路环，以避免噪声的产生，而短路环的断裂会造成响声过大。排除的方法一般为检查短路环，调整弹簧，清洗或研磨铁心极面等。当然，电源电压比所需电压低得太多也会产生这种现象，故也应检查电源。

（3）接触器触头烧损太快

接触器触头烧损太快有本身的质量问题，也有选用不当造成触头烧蚀太快的原因。遇到这种问题，首先应该检查负荷电流是否超过接触器额定电流太多，或者是否用于频繁启动的场合，如确属这种情况，则应更换大容量的交流接触器。如果被控对象是三相电动机，则应检查三相触头是否同步。如果不同步，三相电机启动时短时间内属于缺相运行，导致启动电流过大，应进行调整。

另外，还应检查触头压力是否正常，触头压力太小，会造成触头接触电阻增大，引起触点严重发热。测触头压力可用纸条法测定，方法是取一条比触头稍宽一点的纸条，放在触头之间，交流接触器闭合时，若纸条很容易抽出，说明触头压力不足；若将纸条拉断，说明压力过大。小容量交流接触器稍用力能将纸条拉出并且纸条完好，大容量电器用力能拉出纸条但有破损，则认为触头压力合适。

对于触头上氧化层、烧灼或毛刺、熔焊等问题的处理可以参考以下方法。

触头上有氧化层时，如果是银的氧化物则不必除去；如是铜的氧化物，应用小刀轻轻刮去；如有污垢，可用抹布蘸汽油或四氯化碳将其清洗干净。

触头烧灼或有毛刺时，应使用小刀或什锦锉整修触头表面。整修时不必将触头整修得十分光滑，因为过分光滑反而会使触头接触表面面积减小。另外，不要用砂纸去修整触头表面，以免金刚砂嵌入触头，影响触头的接触。

触头如有熔焊，必须查清原因，修理时更换触头。发生熔焊的原因有负载侧短路、操作电压过低使交流接触器吸合不可靠或振动、灭弧装置损坏及接触器容量过小等。

当无法吸合或无法释放时，应分别进行分析。吸不上或吸不足的主要原因除了机械故障外，还有电源电压过低、内阻过大、线圈断线等。不释放或释放缓慢的原因有触头弹簧失去弹性或弹性过弱使触头复位力量不足、触头熔焊、铁心极面或铁心导槽有污物、铁心闭合时的去磁气隙减小等。

7.3.2 继电器的维护与检修

1. 感测机构的检修

对于电磁式（电压、电流、中间）继电器，其感测机构即为电磁系统。电磁系统的故障主要集中在线圈及动、静铁心部分。

2. 线圈故障检修

线圈故障通常包括：线圈绝缘损坏；受机械伤形成匝间短路或接地；由于电源电压过低，动、静铁心接触不严密，使通过线圈电流过大，线圈发热以致烧毁。修理时，应重绕线圈。如果线圈通电后衔铁不吸合，可能是线圈引出线连接处脱落，使线圈断路。检查出脱落处后焊接上即可。

3. 铁心故障检修

铁心故障主要为通电后衔铁吸不上。这可能是由于线圈断线，动、静铁心之间有异物，电源电压过低等造成的。应区别情况进行修理。

1）通电后衔铁噪声大

这可能是由动、静铁心接触面不平整，或有油污染造成的。修理时，应取下线圈，锉平或磨平其接触面；如有油污应进行清洗。噪声大可能是由于短路环断裂引起的，修理或更换新的短路环即可。

2）断电后衔铁不能立即释放

这可能是由动铁心被卡住、铁心气隙太小、弹簧劳损和铁心接触面有油污等造成的。检修时应针对故障原因区别对待，或调整气隙大小使其在 0.02～0.05 mm 范围内，或更换弹簧，或用汽油清洗油污。对于热继电器，其感测机构是热元件。常见故障是热元件烧坏或热元件误动作和不动作。

3）热元件烧坏

这可能是由负载侧发生短路，或热元件动作频率太高造成的。检修时应更换热元件，重新调整整定值。

4）热元件误动作

这可能是由整定值太小、未过载就动作，或使用场合有强烈的冲击及振动，使其动作机构松动脱扣而引起误动作造成的。

5）热元件不动作

这可能是由整定值太小，使热元件失去过载保护功能所致。检修时应根据负载工作电流来调整整定电流。

4. 执行机构的检修

大多数继电器的执行机构都是触点系统。通过它的“通”与“断”，来完成一定的控制功能。触点系统的故障一般有触点过热、磨损、熔焊等。引起触点过热的主要原因是容量不够，触点压力不够，表面氧化或不清洁等；引起磨损加剧的主要原因是触点容量太小，电弧温度过高使触点金属氧化等；引起触点熔焊的主要原因是电弧温度过高，或触点严重跳动等。触点的检修顺序如下。

打开外盖，检查触点表面情况。

如果触点表面氧化，对银触点可不做修理，对铜触点可用油光锉锉平或用小刀轻轻刮去其表面的氧化层。

如果触点表面不清洁，可用汽油或四氯化碳清洗。

如果触点表面有灼伤烧毛痕迹，对银触点可不必整修，对铜触点可用油光锉或小刀整修。不允许用砂布或砂纸来整修，以免残留砂粒，造成接触不良。

触点如果熔焊，应更换触点。如果是因触点容量太小造成的，则应更换容量大一级的继电器。

如果触点压力不够，应调整弹簧或更换弹簧来增大压力。若压力仍不够，则应更换触点。

5. 中间机构的检修

对于空气式时间继电器，其中间机构主要是气囊。其常见故障是延时不准。这可能是由于气囊密封不严或漏气使动作延时缩短，甚至不延时；也可能是气囊空气通道堵塞使动作延时变长。修理时，对于前者，应重新装配或更换新气囊；对于后者，应拆开气室，清除堵塞物。

对于速度继电器，其胶木摆杆属于中间机构。如反接制动时电动机不能制动停转，则可能是胶木摆杆断裂。检修时应予以更换。

知识拓展

低压电器的发展趋势

低压电器是一种能根据外界的信号和要求，手动或自动地接通、断开电路，以实现对电路或非电对象的切换、控制、保护、检测、变换和调节的元件或设备。根据目前的发展形势可以看出，低压电器正朝着智能化、小型化、模块化、通用化的方向发展。

新一代智能低压电器具有多功能、小体积、可靠、绿色环保、节能与节材等显著特点，其中新一代断路器、塑壳断路器、带选择性保护断路器为我国低压配电系统实现全范围包括终端配电系统、全电流选择性保护提供了基础，对提高低压配电系统供电的可靠性具有重大意义。与此同时，低压电器产品已注重向可靠性、智能化、模块化且绿色环保方面转型；在制造技术上，开始向提高工艺水平方面转型；在零件加工上，已开始向高速化、自动化、模块化转型；在产品外观上，已开始向人性化、美观化方面转型。

参考文献

[1] 王金华. 动车组控制电器及高压电器检修[M]. 北京：中国水利水电出版社，2019.
[2] 李笑. 动车组牵引传动系统[M]. 北京：北京交通大学出版社，2017.
[3] 杨丰萍，李中奇，彭伟发. 电器技术及控制[M]. 成都：西南交通大学出版社，2022.
[4] 李向超，王秀清. 列车电机电器[M]. 北京：中国铁道出版社，2021.
[5] 宋雷鸣. 动车组供电牵引系统与设备[M]. 北京：北京交通大学出版社，2012.
[6] 刘志明. 动车组设备[M]. 北京：中国铁道出版社，2010.
[7] 李桂梅，金晶. 机车电机电器[M]. 北京：中国铁道出版社，2013.
[8] 甘永双，邱林. 机车电机电器[M]. 成都：西南交通大学出版社，2016.
[9] 张龙. 动车组电机与电器[M]. 成都：西南交通大学出版社，2017.
[10] 张铁竹，王秀清. 交流传动机车牵引与控制[M]. 成都：西南交通大学出版社，2014.